내 꿈을 현실로 만드는 **진로 로드맵**

10대를 위한 진로탐색 가이드

# 내 꿈을 현실로 만드는
# 진로 로드맵

**초판 1쇄 발행** 2014년 6월 16일
**초판 19쇄 발행** 2024년 3월 11일

**지은이** 고봉익, 윤정은
**발행인** 이봉주 **단행본사업본부장** 신동해 **편집장** 김예원
**디자인** 올디자인 **일러스트** 유한숙 **교정교열** 류미정
**마케팅** 최혜진 신예은 **홍보** 반여진 허지호 정지연 송임선
**제작** 정석훈

**브랜드** 웅진윙스
**주소** 경기도 파주시 회동길 20
**문의전화** 031-956-7357(편집) 031-956-7087(마케팅)
**홈페이지** www.wjbooks.co.kr
**인스타그램** www.instagram.com/woongjin_readers
**페이스북** https://www.facebook.com/woongjinreaders
**블로그** blog.naver.com/wj_booking

**발행처** ㈜웅진씽크빅
**출판신고** 1980년 3월 29일 제406-2007-000046호

ⓒ 고봉익, 윤정은 2014
ISBN 978-89-01-16530-1 (13370)

내 꿈을 현실로 만드는

# 진로 로드맵

고봉익 · 윤정은 지음

웅진윙스

**PROLOGUE**
우리는 모두 꿈을 향해 가는 진로여행자 ··· 08

ROAD 1

# 진로는 배낭여행이다

**MAP 1** 10대 : "진로가 시험보다 어려워요." ··· 18

　　**학생 1** 왜 꿈을 강요해요? ··· 20

　　**학생 2** 저도 충분히 알아보고 결정했다고요 ··· 27

　　**학생 3** 이 길만이 내 길이에요 ··· 34

**MAP 2** 부모님 : "애가 딴생각이 너무 많아요." ··· 40

　　**학생 4** 쓸데없는 생각 말고 공부나 하래요 ··· 42

　　**학생 5** 내가 뭐가 되든 관심도 없어요 ··· 49

　　**학생 6** 내 꿈을 무시해요 ··· 54

**MAP 3** 진로는 내 꿈과 현재를 이어주는 다리 ··· 60

**MAP 4** 해리 포터처럼, 벽장 문을 열고 나를 찾아서 ··· 66

## ROAD 2

# 꿈의 시작, 나를 이해하자

**MAP 1** 나는 누구? 나의 아바타를 그려보자 ⋯ 74

나의 뇌구조 그리기 ⋯ 82

내가 보는 나 vs 남이 보는 나 ⋯ 84

**MAP 2** 내가 하고 싶은 일, 나의 버킷리스트를 적어보자 ⋯ 86

내가 좋아하는 것 vs 내가 싫어하는 것 ⋯ 94

나의 버킷리스트 ⋯ 96

**MAP 3** 내가 잘하는 것, 나를 자랑해보자 ⋯ 98

내가 제일 잘나가! ⋯ 104

**MAP 4** 내가 추구하는 것, 나에게 행복한 삶이란? ⋯ 106

가치 우선순위 매기기 ⋯ 112

나의 묘비명 짓기 ⋯ 114

## ROAD 3

# 꿈을 현실로 만드는 진로 로드맵

**MAP 1** 세상을 알아야 미래가 보인다 ⋯ 118

**MAP 2** 진로설계의 첫걸음, 직업 탐색하기 ⋯ 127

**MAP 3** 꿈을 그리는 자, 그 꿈을 닮아간다 ⋯ 134

**MAP 4** 진로 로드맵, 꿈을 이루는 기적의 도구 ⋯ 144

**MAP 5** 세상에 똑같은 진로 로드맵은 없다 ⋯ 155

두근두근, 직업세계 탐험! ⋯ 170

## ROAD 4

# 진로 로드맵, 이렇게 그린다


**MAP 1** 나의 각오, 비전과 목표 설정 ⋯ 176
**MAP 2** 나의 성장, 나이 또는 시기별 목표 186
**MAP 3** 나의 능력, 해야 할 공부와 갖춰야 할 자격 ⋯ 193
**MAP 4** 나의 관계, 인적 네트워크 쌓기 ⋯ 202
**MAP 5** 나의 감성, 가장 소중한 역할 ⋯ 210
**MAP 6** 나의 현실, 필요한 경비 ⋯ 221
나만의 진로 로드맵을 그려보자 ⋯ 229

## ROAD 5

# 진로 로드맵 완성! 이제부터가 진짜 시작이다


**MAP 1** 꿈을 꿨다면 실행하라 ⋯ 234
**MAP 2** 진로 로드맵으로 내 편을 만들어라 ⋯ 240
**MAP 3** 나의 정보관리 노트를 만들어라 ⋯ 248
**MAP 4** 관심 분야를 직접, 간접으로 체험하라 ⋯ 257
**MAP 5** 롤모델과 멘토를 찾아라 ⋯ 264
**MAP 6** 지속적으로 관리하고 업그레이드하라 ⋯ 273
**MAP 7** 진로 로드맵을 진학으로 연결하라 ⋯ 280
**MAP 8** 자기명언과 비전선언문을 만들어라 ⋯ 286

# ROAD 6

# 진로 로드맵으로 꿈을 키워가는 사람들


**MAP 1** 경제·경영 분야 ··· 296

**MAP 2** 자연·과학 분야 ··· 302

**MAP 3** 의학·보건 분야 ··· 308

**MAP 4** 기술·공학 분야 ··· 314

**MAP 5** 컴퓨터·IT 분야 ··· 320

**MAP 6** 행정·사법 및 국제기구 분야 ··· 326

**MAP 7** 교육·복지 분야 ··· 332

**MAP 8** 언론·문학 분야 ··· 338

**MAP 9** 문화·예술 분야 ··· 344

**MAP 10** 마케팅·홍보 분야 ··· 350

**MAP 11** 이색 분야 ··· 356

Special Thanks to ··· 363

# 우리는 모두 꿈을 향해 가는 진로여행자

"진로 그거 솔직히 형식적인 거 아니에요? 하고 싶다고 다 되는 것도 아니고, 어차피 내신이랑 수능 따라 갈릴 텐데. 엄마도 배부른 소리 말래요."

2014년부터 시작된 '진로탐색 집중학년제' 때문에, 툭하면 직업체험이다 뭐다 끌려다니느라 귀찮아 죽겠다는 어느 중학교 1학년 친구의 하소연입니다. 꼭 '애어른'이 하는 소리 같지요?

실제로 진로교육 현장에서 학생들을 만나보면 이 친구처럼 이른바 '진로 스트레스'를 호소하는 경우가 적지 않습니다. 공부 스트레스 하나만으로도 압사 일보직전인데 뭘 또 계획하라는 건지 모르겠다, 시험이나 진학이 코앞인데 한가하게 꿈타령 할 때냐 등등 불만을 쏟아내는 것이지요.

진로교육의 일선에 몸담고 있는 사람으로서 그런 말을 들을 때마다, 마음이 정말 짠합니다. 한창 미래를 꿈꿀 나이에 자신들이 처한 현실을 냉정하게 짚어내며 '꿈타령'일 뿐이라고 생각하다니……. 기성세대인 우리 또한 여러분을 그런 '애어른'으로 만든 책임에서 자유로울 수 없다는 생각이 들기 때문입니다.

그러나 진로 전문가로서 여러분에게 한 가지만은 자신 있게 말할 수 있습니다. 진로는 결코 꿈타령도, 배부른 소리도 아니라는 것입니다. 오히려 가장 현실적이며 실현 가능한 목표이자 계획, 그것이 곧 진로설계입니다. 웬 '근자감'이냐고요? 그럴 리가요! 지금부터 그 '근거'를 설명하겠습니다.

### 현실적인 계획? 그게 뭔데?

중학교에 들어갈 때부터 많은 친구들이 특목고 진학을 목표로 합니다. 고등학생이라면 '인 서울'의 주요 대학을 목표로 할 테고요. 하지만 실제로 그 '바늘구멍'을 통과하는 친구들은 알다시피 극히 소수입니다. 그럼 1차 목표에 실패한 친구들은 어떻게 할까요? 다음에는 '좀 더 큰 바늘구멍'을 목표로 삼습니다. 하지만 커봤자 바늘구멍이니 그 또한 통과하기가 만만치 않습니다.

많은 친구들이 이렇게 '현실적인 눈높이'라는 명분 아래 목표를 점점 낮춰갑니다. 그 과정에서 일부는 될 대로 되라는 식으로 목표 자체를 잃어버리기도 하지요. 이것이 '현실'임은 분명합니다. 하지만 일단 남들과 똑같이 높은 목표를 세웠다가 안 되면 계속 낮추는 것이 과연 '현실적'인 계획이라고 할 수 있을까요?

게다가 그 모든 것은 기대수명이 80세를 넘어선 지금, 고작 20세까지의 목표일뿐입니다. 그럼 '대학 입학'이 꿈이자 목표였던 사람들은 20세 이후 어떻게 살고 있을까요? 한 대학 신입생의 절반 이상은 "대학에서 이루고 싶은 꿈이나 목표를 구체적으로 생각해본 적이 없다", 4학년 재학생의 3분의 1이 "졸업 후 구체적인 진로 목표가 없다"고 응답했습니다. 더욱이 직장인 중 무려 83%가 "나는 꿈이 없으며, 현재의 직업은 10대 시절의 장래 희망과 거리가 멀다"고 응답하기도 했지요.

진로는 꿈타령일 뿐, 당장의 시험과 진학 준비가 현실이라고 생각하며 열심히 달려갔어도 결국은 이렇게 맥 빠진 삶을 살고 있습니다. 자, 그래도 이들을 따라가고 싶은가요?

### 진로가 가장 현실적인 목표이자 계획인 이유

진로설계, 즉 자신의 미래를 그려본다는 것은 '기대와 설렘'으로 가득한 일입니다. 하지만 많은 친구들과 부모님들은 진로를 또 다른 '걱정거리'로 받아들입니다. 그 이유는 진로를 어떻게 찾아야 할지 몰라서, 또는 아직까지 찾아본 적이 없기 때문입니다. 바로 그것이 이 책을 내놓은 이유이기도 하지요.

앞서 진로야말로 가장 현실적인 목표이자 계획이라고 단언했던 첫 번째 이유는 '나 자신'에서 출발하기 때문입니다. 시험 성적이나 내신 등급 따위가 아니라 나의 성격, 나의 강점과 단점, 나의 흥미, 나의 재능과 적성, 나의 가치관 등 '자기 이해'에서 시작하는 것이지요. 이 세상에 '나'만큼 확실한 현실은 없습니다. 그런데 정작 나는 온데간데없이 세상의 기준과 성적에 맞춰서 세운 목표는 앞서 살펴봤듯이 상황에 따라 수시로 바뀔 수밖에 없습니다.

두 번째 이유는 '세상과 직업'에 대해 깊이 있게 탐색할 수 있기 때문입니다. 하루도 빼놓지 않고 뉴스를 본다고 해서 세상을 다 알 수도 없으며, 그럴 필요도 없습니다. 대신 '진로'라는 관점에서 세상의 변화와 세상이 필요로 하는 인재상을 아는 것이 중요하지요. 그리고 자기 이해를 바탕으로 다양한 직업의 세계를 탐색해보는 것입니다.

마지막 세 번째 이유는 그러한 세상 가운데 나는 어디에서 무엇을 할 때 가장 어울리고 행복할지, 내 인생의 좌표를 발견할 수 있기 때문입니다. 성적에 따라 오락가락하는 목표나 막연히 괜찮을 것 같은 직업이 아닌, 자기 이해와 세상 탐색을 통해 찾아낸 '나에게 꼭 맞는 좌표'야말로 가장 현실적인 목표 아닐까요?

### 나만의 '꿈지도' 만들기, 이렇게 하면 완성!

이 책은 여러분이 위에서 말한 세 가지 과정, 즉 '자기 이해 → 진로 탐색 → 인생설계'로 나아갈 수 있도록 친절하게 안내해줄 것입니다. 그리고 이 3단계의 결과물이자 이 책의 제목이기도 한 '진로 로드맵'을 만나게 됩니다. 여러분이 일생에 걸친 진로여행을 통해 걸어가게 될 모든 중간 기착지들과 그곳으로 가기 위해 준비할 것들, 그곳에서 함께할 사람들, 내가 할 역할들, 그리고 필요한 경비까지 꼼꼼하게 기록한, '나만의 꿈지도'가 생기는 것이지요. 이 책과 함께하는 진로여행은 'ROAD 1'에서 'ROAD 6'까지, 총 여섯 개의 길로 이뤄져 있습니다.

먼저 'ROAD 1'에서는 여러분처럼 진로 찾기에 애를 먹고 있거나 진로 문제로 부모님과 갈등을 빚는 여섯 명의 친구들을 만나고 지혜로운 해결책을 알아봅니다. 아울러 진로는 뭐고 꿈은 뭔지, 또 진학이나 직업과는 어떻게 다른지 알아보면서 진로여행을 위한 사전 점검을 하게 됩니다.

'ROAD 2'는 진로여행의 1단계인 '자기 이해'! 나의 특징, 흥미, 적성, 가치관을 하나씩 발견해가는 재미가 쏠쏠할 거예요. 자기 이해를 돕기 위해 나의 뇌구조 그리기, 나의 버킷리스트 만들기 등 여러분이 직접 해볼 수 있는 워크시트 샘플도 마련했으니 기대해도 좋습니다.

'ROAD 3'은 진로여행의 2단계인 '진로탐색'의 시간입니다. 함께 세상의 변화를 알아보고, 흥미진진한 직업의 세계를 탐색해볼 것입니다. 그리고 드디어 '진로 로드맵'이 그 비밀의 정체를 드러내게 됩니다.

'ROAD 4'에서는 본격적으로 진로 로드맵을 그리는 방법을 알아봅니다. 로드맵을 구성하는 여섯 가지 항목을 하나하나 살펴보면서 여러분이 직접 로드맵을 그려볼 수 있도록 도와줄 것입니다.

'ROAD 5'에서는 1차로 완성된 진로 로드맵을 업그레이드하기 위한 일곱 가지 팁을 소개합니다. 공들여 만든 진로 로드맵이 의미 없는 계획표가 되지 않도록, 실현 가능성을 높여주는 비장의 무기라고 할 수 있지요.

마지막으로 'ROAD 6'은 이 책의 하이라이트! 11가지 주요 직업군별로 실제 직업인들이 작성한 로드맵과 그 분야를 희망하는 친구들이 만든 로드맵을 만날 수 있습니다. 총 22개의 생생한 로드맵을 통해 평소에 잘 몰랐던 분야에 대한 이해를 높일 수 있을 뿐만 아니라, 더욱 창의적이고 나만의 색깔을 담은 진로 로드맵을 그리는 데 큰 도움이 될 것입니다.

### 내 꿈을 현실로 만들어주는 진로 로드맵의 힘

진로의 좋은 점은 평등하다는 것입니다. 공부를 잘하든 못하든 누구에게나 똑같이 주어지며, 정답이 있는 것이 아니니 누가 더 낫고 못하고를 판단할 기준도 없으니까요. 그렇습니다. 성적에는 1등급, 2등급이 있을지 몰라도 사람에게, 또는 누군가의 꿈에 등급을 매길 순 없습니다.

이렇게 외모, 성적, 재능과 상관없이 누구나 자신의 미래를 꿈꿀 자유가 있지만 불행히도 그 자유는 시간에 반비례합니다. 시간이 흘러갈수록, 나이를 먹을수록 꿈을 실행할 수 있는 시간도 줄어들기 때문입니다. 그러니 인생의 목표도, 방향에 대한 확신도 없이 그저 열심히 공부하고 열심히 일하다가 김빠진 콜라 같은 삶을 사는 어른이 되고 싶지 않다면, 바로 지금이 잠깐 멈춰 서서 숨을 고를 때입니다. 공부는 왜 해야 하는지, 나는 누구이며 50년쯤 뒤에는 어떤 사람이 되어 있고 싶은지, 그런 사람이 되려면 지금부터 무엇을 준비해야 하는지 등을 생각하고 설계해보는 시간을 가져야 하는 것입니다.

진로여행을 통해 자기 이해를 하고 나면 여러분은 틀림없이 자기 자신을 사랑하게 될 것입니다. 그리고 자신을 잘 알고 사랑하는 사람이 그리는 미래는 아름다울 수밖에 없습니다. 실제로 우리는 지난 6년 동안 6만여 명을 대상으로 진로코칭을 하면서 진로설계, 더 정확히는 '진로 로드맵'의 힘이 얼마나 굉장한가를 수없이 경험했습니다. 못 믿겠다고요? 그렇다면 우리가 이 책에 소개한 '인증'을 직접 확인하기 바랍니다. '인증샷'의 인증이 아니라 '사람 인(人)'에 '증거 증(證)', 즉 사람 증거 말입니다.

아무 의욕 없이 투명인간처럼 학교를 오가던 지영이(중 2), 특별히 하고 싶은 것이 없어서 그저 엄마가 시키는 대로만 해온 상훈이(중 1), 중학교 때까지는 우등생이었다가 자사고 입학 후 성적도 자존감도 바닥을 치게 된 채원이(고 1), 술, 담배는 물론이고 놀 만큼 놀아봤다는 '자칭 날라리' 형준이(고 2)……. 이 친구들이 진로탐색을 하고 직접 로드맵을 작성하면서 어떻게 달라졌는지 궁금하지 않나요?

스티브 잡스와 함께 아이맥, 아이폰, 아이패드 등 혁신적인 제품을 만든 애플의 디자인 총괄수석 부사장 조너선 아이브는 이렇게 말했습니다.

"우리의 목표는 위대한 제품을 창조하는 것이고, 우리가 가슴 뛰는 흥분을 맛보는 순간은 바로 그 목표를 이루기 위해 노력할 때이다. 우리가 목표를 이루는 데 성공한다면 소비자들이 좋아할 것이고, 그런 가운데 수익도 창출될 것이다. 하지만 여전히 중요한 것은 우리가 분명한 목표를 가지고 있다는 사실이다."

여러분도 진로 로드맵을 그리며 그런 목표를 품어보세요. 그 목표를 위해 노력하는 매 순간을 가슴 뛰게 만드는, 돈이나 성공은 그 가운데 따라오는 결과물일 뿐이라고 말할 수 있는, 내 자신감의 원천이 되어줄 나만의 꿈 말입니다.

2014년 6월

TMD교육그룹 고봉익, 윤정은

START
ROAD MAP

→

**ROAD** 1

# 진로는 배낭 여행이다

TICKET

TO

▶▶▶▶▶▶▶▶▶▶▶▶▶▶

## 10대
# "진로가 시험보다 어려워요."

언제부턴가 진로라는 말이 여러분의 생활에 들어왔습니다. 다들 진로, 진로 하는데, 과연 진로란 무엇일까요? 좋은 대학에 입학하는 것? 좋은 직장에 취직하는 것? 아무튼 한참 먼 이야기 같은데, 대체 어떻게 준비해야 할지 막막하기도 하고 답답하기도 할 것입니다.

진로가 어렵게만 느껴지는 건 참고서도, 정답도 없고 점수를 매길 수도 없기 때문입니다. 다른 친구와 경쟁할 문제도 아니고, 어떤 진로가 더 낫고 못하고를 판단할 기준도 없습니다. 하지만 그래서 더 흥미진진하지 않나요? 승패도 등급도 없는, 오직 여러분의 선택만 기다리고 있는 세계니까요.

진로는 결코 또 다른 시험이 아닙니다. 그러니 괜한 걱정이나 부담일랑 내려놓고, 백지 위에 그림 한 장 그린다고 생각해봅시다.

흔히 여행의 즐거움은 떠나기 전이 절반이라고들 합니다. 어디 가서 뭘 보고 뭘 먹을지 궁리하는 시간은 무척이나 설레고 즐겁거든요. 하지만 가고 싶은 곳도, 먹고 싶은 것도 많은데 돈과 시간은 한정돼 있으니 계획을 짜기가 여간 어려운 게 아닙니다.

진로를 설계한다는 건 마치 배낭여행과도 같습니다. 단체여행처럼 갈 곳이 미리 정해져 있다면 고민할 필요가 없는 대신 별로 기대할 것도 없겠지요. 반대로 배낭여행은 모든 가능성이 열려 있으니 어떤 길로 가야 할지 고민하느라 머리가 조금 아프긴 해도, 그 길에서 만나게 될 새로운 세상을 생각하면 가슴이 설렙니다.

이제부터 우리는 진로라는 꿈의 지도를 그리는 여행을 시작할 것입니다. 떠나기 전에 가장 먼저 할 일은 뭘까요? 바로 본인의 상태를 점검하는 것입니다. 여행을 앞두고 가장 망설여지거나 걱정되는 게 뭔지, 자칫 여행을 그르칠 수도 있는 문제점이나 부족한 점은 뭔지, 곧 만나게 될 다양한 친구들의 이야기를 통해 자기 자신을 들여다볼 수 있을 거예요. 문제점을 알게 되면 자연히 해결책도 보이겠지요? 그리고 이 여행이 여러분에게 왜 필요한지, 얼마나 중요한지도 알게 될 것입니다.

자, 그럼 출발해볼까요?

# 왜 꿈을 강요해요?

중학교 1학년인 진수는 아직 꿈이 없습니다. 어른들은 걸핏하면 "넌 꿈이 뭐니?"라고 물어보는데, 뭐라고 대답해야 할지 난처하기만 합니다. 반에서 몇 등 하는지, 무슨 과목을 제일 잘하는지 물어보면 금방 대답하겠지만 꿈을 물어보면 말문이 막혀버립니다.

사실 진수는 특기도 공부, 취미도 공부입니다. 공부 말고는 특별히 잘하거나 관심 있는 일이 없거든요. 초등학교 때부터 전교 1, 2등을 놓친 적이 없는 우등생이다 보니, 진수가 꿈이 없다고 하면 어른들의 반응은 이런 식입니다.

"공부도 잘하는데 왜 꿈이 없어?"

"네 나이에 꿈이 없으면 쓰나……."

"에이, 있는데 말 안 하는 거지?"

그럴 때마다 진수는 화가 납니다. 왜 꿈을 강요하지? 꿈이 없는 게 죄야? 왜 당연히 꿈이 있을 거라고 생각하는 거지?

사춘기라 그런지 요즘 들어 진수는 생각이 많아졌습니다. 특히 '내가 왜 이렇게까지 공부를 하는 걸까?'라는 생각을 자주 하게 됩니다. 예전에는 부모님과 선생님이 공부하라고 하니까 열심히 했고, 그만큼 결과도 좋아서 공부가 재미있었습니다. 그런데 갑자기 '내가 뭘 위해서 공부하는 거지?'라는 의문이 머릿속에 떡하니 자리잡은 것입니다. 대학은 당연히 서울대, 연대, 고대가 목표지만 딱히 어느 학과를 가야 할지는 잘 모르겠습니다.

### 목적지 없이 달리기만 하면 무슨 재미야

여러분 중에는 진수와 비슷한 고민을 하는 친구들도 있고, 성적이 좋지 않기 때문에 할 수 있는 일이 별로 없을 거라고 생각하는 친구들도 있을 것입니다. 하지만 왜 공부를 해야 하는지 의문을 품은 채 공부에 매달리는 친구도, 공부를 못하니 아무 비전 없다고 생각하는 친구도 '진로'에 관한 한 똑같은 처지라고 할 수 있습니다. 둘 다 목적지가 없으니까요.

자동차에 비유하자면 진수는 비교적 빠른 속도로 달리는 중이고 성적이 좋지 않은 친구는 조금 느리게 달리는 중일 뿐입니다. 물론 당장은 진수가 좀 더 유리해 보이겠지요. 그러나 목적지도 없이 그저 다른 차들을 열심히 추월해가며 달리다 보면 금방 지치고, 연료도 그만큼 빨리 바닥날 수밖에 없습니다. 오히려 느릿느릿 가던 친구는 목적지가 생기면 어느 순간 속력을 낼 수 있을 테고요.

실제로 진수는 어느 순간 급브레이크를 밟고 말았습니다. 꼭 가고 싶은 곳이 없으니 달릴 이유도 없어진 것입니다. 진수는 학교에서도, 학원에서도 딴생각하는 시간이 점점 많아졌습니다. 왜 하는지도 모른 채 기계처럼 공부만 했던 자신이, 당당하게 말할 수 있는 꿈 하나 없는 자신이 한심하게 느껴졌지요. 자연히 성적도 조금씩 떨어지기 시작했습니다.

진수의 엄마는 속이 타들어갔습니다. 처음 한 번은 그럴 수도 있다고 생각했지만 그다음 시험에서도 성적이 더 떨어지자 불안감이 밀려왔습니다. 학원도 바꿔보고, 실력 있다는 과외 선생님을 붙여줬는데도 한번 떨어진 성적은 좀처럼 오르지 않았습니다. 진수의 엄마는 고심 끝에 마지막 희망을 안고 진수와 함께 진로코칭을 받으러 왔습니다.

### 나를 알고 세상을 알면 진로가 보인다

상담을 통해 진수의 고민을 알게 된 진로코칭 선생님은 이렇게 제안했습니다.

"'하고 싶은 것'이 없으니 '해야 하는 것'만 남은 거야. 그러니 지칠 수밖에. 이제부터라도 하고 싶은 것을 찾아보면 어떨까?"

선생님의 말에 힘을 얻어 진수는 꿈을 찾아보기로 했습니다. 물론 진수 말대로 꿈은 강요한다고 생기는 게 아닙니다. 하지만 자기 자신을 이해하고 세상에 대한 정보를 얻으면 자연히 관심 분야가 생기고 거기서부터 꿈이 시작될 수 있습니다.

'지피지기면 백전불태'라는 말 알지요? 흔히 백전백승으로 알고 있지만 원래는 백전불태입니다. 상대를 알고(지피知彼) 나를 알면(지기知己) 백번을 싸워도 위태롭지 않다는 뜻인데, 진로 찾기와 딱 들어맞는 말이기도 합니다. 먼저 자기 자신을 있는 그대로 들여다보고 자신이 살아가야 할 세상의 수많은 길에 대해 알게 되면, 최소한 엉뚱한 길에서 헤매느라 시간과 에너지를 낭비할 위험은 줄어들 테니까요.

다행히 진수는 공부 대신 딴생각하는 시간이 많아진 덕분(?)에 '지기(知己)', 즉 '나를 이해하기'는 상당히 진도가 나간 상태였습니다. 스스로 '나는 어떤 사람일까?', '공부 말고 내가 잘하는 건 뭐고 좋아하는 건 뭐지?' 같은 질문을 무수히 던지고 답을 고민했거든요. 그래서 곧바로 '지피(知彼)', 즉 '세상 알아보기' 단계로 들어갔습니다. 세상에 존재하는 다양한 직업 정보를 만날 수 있도록 도와주고, 그중에서 제일 흥미를 끄는 직업들을 골라보게 한 것입니다. 꿈이 없다던 진수도 그동안 미처 몰랐던 수많은 직업의 세계를 접하더니 눈빛이 반짝거렸습니다. 그리고 꽤 많은 관심직업을 골랐습니다.

### 나의 관심직업 리스트는?

"그럼 지금부터 '직업창문'을 만들어보자!"

"직업창문이요?"

직업창문이란 자신의 관심직업을 좋아하는 것, 좋아하지 않는 것, 잘할 수 있는 것, 잘하지 못하는 것을 기준으로 다시 나눠보는 활동을 말합니다.

| 직업창문 | | |
| --- | --- | --- |
| **구분** | **잘할 수 있는 것** | **잘하지 못하는 것** |
| **좋아하는 것** | 좋아하고 잘할 수 있는 것<br>행정부 고위공무원, 기자, 항공기 조종사, 국회위원, 아나운서 | 좋아하지만 잘하지는 못하는 것<br>약사, 한의사, 판사, 은행원 |
| **좋아하지 않는 것** | 잘할 수 있지만 좋아하지는 않는 것<br>사회복지사, 상담전문가, 심리학자 | 좋아하지도 않고 잘하지도 못하는 것<br>바텐더, 제과제빵사, 경호원, 외교관 |

진수는 이렇게 직업창문을 채웠습니다. 직업창문을 만드는 이유는 단번에 꿈을 정하기보다 관심직업을 추려나가기 위해서입니다. 무턱대고 마음에 드는 직업을 고른다면 한도 끝도 없겠지요? 하지만 관심직업을 내가 좋아하는 것과 아닌 것, 잘하는 것과 그렇지 않은 것으로 구분하고 눈으로 확인해보면 유력한 후보의 윤곽이 드러나게 됩니다. 이왕이면 잘할 수 있는 것과 좋아하는 것이 겹치는 칸(직업창문 표의

왼쪽 상단)에 있는 직업들에 초점을 맞추고, 관련 정보를 구체적으로 알아보면서 범위를 좁혀나가는 전략이라고 할까요?

이런 과정을 하나씩 밟아간 후 진수가 고른 최종 후보는 기자였습니다. 좋아하고 잘할 수 있는 일인 데다, 기자라는 직업에 대해 알면 알수록 매력을 느끼고 열정이 샘솟았기 때문입니다. 그리고 직업창문을 그려나가는 동안 진수는 자신이 다른 사람들에게 영향을 주는 일을 좋아한다는 것도 깨달았습니다.

### 꿈을 꾸려면 재료가 필요해

여러분도 진수가 그랬던 것처럼 특별한 목표나 꿈이 없어서 고민인가요? 그렇다면 혹시 '꿈의 재료'가 부족했던 건 아닐까요? 밤에 자면서 꾸는 꿈도 내가 어디선가 보고 듣고 생각한 것들이 짬뽕이 돼서 나타나듯이, 미래에 대한 꿈도 재료가 있어야 생기지 않을까요?

'아는 만큼 보인다'는 말이 있습니다. 만약 인간이 지구 외에 다른 행성이 있다는 걸 몰랐다면 우주여행이라는 꿈을 꿀 수 없었겠지요. 마찬가지로 여러분이 꿈이 없었다면, 그건 자신과 세상에 대해 충분히 알지 못해서였을 가능성이 높습니다. 그러니 꿈이 없다고 말하기 전에 세상에 흥미로운 직업이 얼마나 많은지 탐색해보세요! 자기 자신 안에 얼마나 멋진 가능성과 열정이 숨 쉬고 있는지 들여다보세요!

관심직업을 탐색하기 위해 '1일 1직업 알아보기'를 해보면 어떨까요? 한국직업능력개발원의 진로·직업정보센터가 운영하는 커리어넷

(www.career.go.kr)에서는 '미래의 직업세계'라는 메뉴를 통해 다양한 직업 정보와 직업인을 인터뷰한 동영상 자료를 제공하고 있습니다. 그리고 한국직업정보시스템(www.work.go.kr)에 접속해서 '직업·진료자료실'로 들어가면 '2014 직종별 직업사전'을 다운로드할 수도 있습니다.

이렇게 하루에 직업 한 가지씩 찾아보면서 관심직업을 골라 나만의 직업창문을 만들어보세요.

# 저도 충분히 알아보고
# 결정했다고요

**혜**미는 푸드스타일리스트를 꿈꾸는 중학교 3학년 친구입니다. 얼마 전에 본 드라마의 주인공 직업이 푸드스타일리스트였는데 그 일이 참 근사하고 재미있어 보였습니다. 더욱이 혜미의 별명은 '간신'입니다. 아부를 잘해서가 아니라 '간의 신', 즉 음식의 간을 기가 막히게 잘 본다는 뜻이지요. 엄마가 국을 끓이거나 반찬을 만들 때면 으레 혜미에게 맛을 보라고 할 정도입니다. 그때마다 이런 대화가 오고가지요.

"간장 한 숟갈만 더 넣으면 될 것 같은데요?"

"네, 네, 간신님!"

이렇게 미각이 발달한 데다 벌써부터 엄마

를 도울 정도로 요리를 잘하고 음식 먹는 것을 좋아하니, 푸드스타일 리스트야말로 자신에게 딱 맞는 직업이라고 생각했습니다.

푸드스타일리스트에 관심을 갖게 되면서 혜미는 가장 먼저 인터넷에서 검색을 해봤습니다. 그랬더니 유명한 푸드스타일리스트들의 블로그나 홈페이지가 많이 나왔습니다. 각종 광고나 영화, 드라마에 등장한 세련되고 화려한 음식 사진들을 구경하면서 혜미는 더욱 꿈에 부풀었습니다. 그리고 드디어 진로를 정했다며 이미 푸드스타일리스트가 된 듯 한껏 들떠 있었지요.

많은 친구들이 혜미처럼 주로 미디어를 통해 직업을 접하게 됩니다. 그리고 인터넷 검색을 조금 해보고는 진로를 정합니다. 그 일을 하기 위해서는 무슨 학과를 가야 하고, 어느 대학에 그 학과가 있는지 알아보고 나면 끝! 딱 거기까지 한 뒤 진로를 정했다며 안심하는 친구들이 대부분입니다.

진로탐색은 장차 내 명함에 새겨질 직업을 고르는 일인데 이렇게 쉽게 결정해도 될까요? 이 정도만 알아봐도 정말 충분한 걸까요? 혹시 '수박 겉핥기'가 될 위험은 없을까요?

**이런 일인 줄 꿈에도 몰랐어!**

진로코칭 선생님은 혜미에게 인터넷 검색을 다시 해보는 것이 어떻겠냐고 말했습니다. 이미 푸드스타일리스트로 성공한 사람들의 사이트만 볼 것이 아니라 그 직업을 가지려면 어떤 과정을 밟아야 하는지, 무엇을 배워야 하는지, 정확히 어떤 일들을 하게 되는지 등을 알아볼 필요가 있기 때문입니다.

혜미는 푸드스타일리스트를 키우는 학과들을 찾아보고, 관련 사이트나 카페에 들어가 자세히 탐색을 했습니다. 대학교에서 배우는 과목들, 졸업을 하고 일을 시작하는 경로, 그 일의 전망에 대해서도 알아봤습니다. 하지만 그것만으로는 뭔가 부족한 것 같았습니다. 가장 빠르고 확실한 방법은 직접 그 일을 하고 있는 사람을 만나보는 것이라는 생각이 들었지요.

알아보니 마침 사촌언니의 친구가 대학교를 졸업하고 푸드스타일리스트로 첫발을 내딛은 상태였습니다. 혜미는 사촌언니에게 부탁해서 광고 촬영장에 함께 갈 기회를 얻자 날아갈 듯 기뻤습니다. 선망하는 직업의 현장을 직접 볼 수 있게 된 데다, 혜미가 제일 좋아하는 아이돌 그룹의 리더가 그 광고의 메인 모델이었거든요.

그런데 웬걸. 푸드스타일리스트가 하는 일은 혜미가 머릿속으로 그리던 것과 완전 딴판이었습니다. 촬영 전날 몇 시간 동안 그릇과 소품을 고르고 장을 본 뒤 준비한 물품을 현장으로 일일이 날라야 하고, 수많은 음식을 만들어 세팅하고, 한 컷 찍었다가 마음에 안 들면 다시 하고……. 혜미는 고작 서너 시간 도왔을 뿐인데도 다리가 풀려서 주저앉을 것 같았습니다.

나중에 들어보니 촬영은 꼬박 24시간 동안 계속됐고, 촬영이 끝난 후에도 음식 뒤처리며 그릇과 조리 도구를 다시 챙겨 오는 일까지 모두 푸드스타일리스트의 몫이라는 것이었습니다. 그저 우아한 직업인 줄로만 알았는데 엄청난 체력과 인내심을 필요로 하는 일이었다니 혜미는 슬슬 걱정이 되기 시작했습니다.

또 푸드스타일리스트라는 직업은 음식을 만드는 것만큼이나 요리와 가장 잘 어울리는 그릇과 소품을 골라 예쁘게 담아내고 장식하는 것이 중요한 일이었습니다. 그래서 푸드스타일리스트가 되려면 식품영양학과나 조리학과에 가는 것도 좋지만 디자인이나 미술 관련 학과에 가는 것도 도움이 된다는 조언을 얻었습니다. 뿐만 아니라 요리하는 것을 좋아한다면 셰프나 요리연구가의 길을, 음식 맛보는 것을 좋아한다면 음식평론가나 음식 전문기자의 길을 걸을 수도 있다는 이야기를 들었습니다.

혜미는 그야말로 '멘붕'에 빠졌습니다. 자신이 원하는 직업에 대한 이미지와 현실은 차이가 클뿐더러, 음식과 관련된 직업의 범위가 생각보다 굉장히 넓다는 것을 알게 됐기 때문이지요. 혜미는 자신이 너무 단순하고 성급하게 결론 내렸다는 것을 깨달았습니다.


### 관심만 있다고 다가 아니야

다시 진로탐색을 시작한 혜미에게 진로코칭 선생님이 엉뚱한 제안을 했습니다.

"자, 그럼 '직업궁합'을 한번 알아볼까?"

"네? 궁합은 결혼하는 사람들이 보는 거잖아요."

맞습니다. 결혼을 앞둔 남녀가 평생 행복하게 살지 아닐지 알아보는 것이 궁합이지요. 그렇다면 여러분이 어떤 직업과 잘 맞을지 아닐지 알아보는 것은 직업궁합이라고 할 수 있지 않을까요?

직업궁합을 보는 방법은 이렇습니다. 먼저 관심직업을 고르고 그 직업에 대한 정보를 최대한 자세히 알아본 뒤, 각각의 직업별로 자신에게 맞는 점과 맞지 않는 점을 기록해보는 것입니다.

혜미는 푸드스타일리스트 외에도 요리사, 요리연구가, 음식평론가, 음식 전문기자별로 관련 학과, 자격 요건과 필요한 자질 등을 알아봤습니다. 그리고 직업에 대한 정보와 자신의 특성을 비교해보며 각각에 대한 직업궁합 표를 만들었습니다.

그 결과 혜미는 음식을 직접 만드는 것보다 맛보고 평가하는 일이 더 잘 맞는다는 것을 깨달았습니다. 무엇보다 혜미는 체력이 약한 편이어서 푸드스타일리스트의 일을 감당할 자신이 없었습니다. 또 요리사가 되어 제한된 공간에서 하루 종일 음식 만들 생각을 하니 갑갑해서 못 견딜 것 같았지요. 그래서 음식평론가와 음식 전문기자로 후보를 좁히고 각각의 직업이 구체적으로 하는 일, 경제적 안정성이나 전망 등 관련 정보를 더욱 자세히 탐색했습니다.

최종적으로 혜미는 음식평론가를 목표로 삼았습니다. 우리나라는 물론이고 세계 여러 나라의 음식 문화에 대해 공부하고 경험을 쌓아서 나중에는 자기만의 독특한 음식 관련 웹진을 만들고 싶다는 꿈도 생겼지요.

직업궁합

| 직업명 | 자신에게 맞는 점 | 자신에게 맞지 않는 점 |
|---|---|---|
| 푸드<br>스타일<br>리스트 | • 창의력<br>• 미적 감각<br>• 음식 만들기를 좋아함 | • 과도한 체력 소모<br>• 빠른 상황대처 능력 |
| 요리사 | • 요리를 즐김<br>• 사람들이 맛있게 먹는 모습을 보면 기쁨을 느낌 | • 과도한 체력 소모<br>• 제한된 공간에서 일하는 데 대한 갑갑함 |
| 요리<br>연구가 | • 다양한 음식에 관심이 많음<br>• 새로운 음식 맛보는 것을 좋아함 | • 위 내용과 동일(먼저 요리사 경력을 쌓아야 하므로) |
| 음식<br>평론가 | • 새로운 음식에 호기심이 많음<br>• 음식에 대해 이야기하기를 즐김 | • 음식 문화 및 요리에 대한 기본 지식이 부족함 |
| 음식<br>전문기자 | • 맛집 탐방을 좋아함<br>• 음식 정보에 관심이 많음 | • 글쓰기 능력이 부족함 |

## 나중에 헤매지 않으려면 더 알아봐, 더 맞춰봐

만약 혜미가 제대로 탐색을 하지 않고 푸드스타일리스트의 길에 들어선 다음에야 실제로 어떤 자질을 필요로 하는지 알았다면 어떻게 됐을까요? 뒤늦게 이 길은 내 길이 아니라는 것을 깨닫고 다른 직업을 찾아봐야 했을지도 모릅니다. 그 과정에서 또 많은 시간과 비용, 노력을 투자해야 하는 것은 물론이고요.

그러니 정말로 여러분에게 맞는 진로를 찾기 위해서는 더 이상 궁금한 점이 없어질 때까지 탐색을 멈추지 말아야 합니다. 인터넷 검색을 하든, 그 직업에 대해 아는 사람을 만나든, 체험 프로그램에 참여하든, 전문가의 블로그나 SNS(소셜 네트워크 서비스)를 통해 직접 문의를 하든 어떤 방법이라도 좋습니다. 뭔가에 정말 관심이 간다면 더 적극적으로 부딪치고 깊이 있게 탐색해보세요.

단, 관심직업에 대해 아무리 많이 알아본들 자신과 맞지 않는다면 아무 소용이 없습니다. 마음에 쏙 드는 옷을 발견하고 인터넷에서 제품 정보, 가격 비교, 상품평까지 다 확인한 뒤 주문했는데 입어보니 전혀 안 어울리는 거나 마찬가지겠지요? 그래서 단순히 정보를 수집하는 데 그치는 것이 아니라 그 정보를 바탕으로 자신에게 맞는 점과 맞지 않는 점을 판단하는 것이 중요합니다.

물론 어떤 직업이든 여러분의 적성과 100% 맞아떨어지기란 무척 어려울 거예요. 하지만 맞지 않는 점이 있더라도 그 일을 하는 데 결정적인 영향을 끼칠 만한 요소가 아니거나 극복할 의지만 있다면 충분히 도전해볼 수 있습니다.

너무 복잡하다고요? 자, 그럼 다시 정리해봅시다.

앞서 진수가 만들었던 직업창문 기억하지요? 잘할 수 있는 것과 좋아하는 것이 겹치는 칸이 여러분의 1차 관심직업 후보입니다. 다음으로 그 1차 후보들에 대한 깊이 있는 정보 탐색 및 자신과의 직업궁합 맞춰보기를 통해 관심직업을 점점 더 좁혀가는 거지요. 그러다 보면 '나의 관심직업 리스트'가 우선순위별로 정리될 수 있을 것입니다.

## 학생 3

# 이 길만이 내 길이에요

중학교 2학년인 기철이는 누군가가 장래 희망을 물어보면 기다렸다는 듯이 만화가라고 대답합니다. 어릴 때부터 워낙 만화 그리는 것을 좋아했고, 만화를 그려달라는 친구들의 요청이 끊이지 않을 정도로 소질이 있었거든요. 일찌감치 진로를 굳힌 기철이는 수업 시간 외에는 대부분 만화를 그리거나 만화책을 봤습니다. 그리고 중학생이 되면서부터는 본격적으로 만화학원에 다니겠다고 나섰습니다.

사실 기철이는 운이 좋은 편에 속합니다. 자신의 재능과 관심사가 일치하는 꿈을 일찍 찾기란 쉽지 않으니까요. 그런데 이런 경우에는 한 가지 함정을 조심해야 합니다. 그것은 바로 꿈에 눈이 멀어버리는 것입니다. 누군가가 사랑에 빠지면 흔히 '눈에 콩깍지가 씌었다'고 하지요? 눈에 콩깍지가 씌면 앞이 보이지 않으니 주위를 분간할 수가 없습니다. 꿈에 눈이 멀어도 마찬가지입니다. 자신의 꿈 외에는 아무것도 보이지 않고, 다른 사람의 말도 귀에 들어오지 않지요.

부모님은 그런 기철이가 늘 걱정이었습니다. 만화에만 정신을 쏟다 보니 성적은 점점 떨어졌고, 그럴수록 공부는 아예 뒷전이고 만화에 대한 집착이 더 심해지는 것 같았습니다. 하루는 만화도 좋지만 공부도 해야 하지 않겠냐고 타일렀더니 기철이는 이렇게 대꾸했습니다.

"내 꿈을 위해 노력하는 게 잘못이에요? 만화가가 되려면 만화만 잘 그리면 되지, 공부가 뭐가 중요해요?"

기철이의 항변에 부모님은 말문이 막혔습니다. 마음은 답답한데 어떻게 설득을 해야 할지 몰라 고민하던 어느 날, 부모님은 기철이를 데리고 진로코칭을 받으러 왔습니다.

**만화 잘 그린다고 꼭 만화가만 되란 법 있나?**

"왜 만화가가 되고 싶어?"

"저는 만화를 잘 그리고 좋아하니까요."

"만화를 잘 그리면 꼭 만화가가 돼야 할까?"

"당연하죠! 그럼 만화가 말고 뭘 해요?"

진로코칭 선생님은 만화가 외에 다른 만화 관련 직업들을 자료와

**진로탐색은 누가 더 빨리 달리는지 겨루는 경주가 아닌데도,
어떤 친구들은 무엇에 쫓기듯 서둘러 결정을 내리고는
눈과 귀를 닫아버리곤 하지요.
하지만 여러분처럼 이른 나이에 굳이 한 가지 꿈에만
스스로를 가둘 필요는 없지 않을까요?**

함께 설명해줬습니다. 책이나 잡지, 광고 등에 들어가는 삽화를 그리는 일러스트레이터, 만화영화의 밑그림과 움직이는 그림을 그리는 애니메이터, 온라인 서비스 및 오프라인 상품에 필요한 캐릭터를 만드는 캐릭터 디자이너, 컴퓨터나 모바일 게임에 등장하는 캐릭터와 배경, 아이템 등을 개발하는 게임 그래픽 디자이너…….

만화와 관련된 직업이 이렇게나 많았다니! 기철이는 눈이 휘둥그레졌습니다. 하나같이 재미있어 보여서 마음 같아서는 다 하고 싶을 정도였지요. 그러나 한편으로는 혼란스럽기도 했습니다. 그중에서 뭘 골라야 할지, 그런 일들을 하려면 지금부터 뭘 어떻게 해야 할지 막막했기 때문입니다. 하지만 진로코칭 선생님 말대로 서두르지 않고 관련 직업들을 하나씩 탐색해보기로 했습니다. 그리고 만화보다는 그림이나 시각디자인 등을 배우는 것이 도움이 된다는 것을 알고 우선 미술학원에 다니기로 했습니다.

### 만화가가 되려면 공부는 필요 없다?

만화가 전부였던 기철이의 시야가 넓어진 것은 다행이지만 그렇다

고 부모님의 걱정이 사라진 것은 아니었습니다. 공부에는 여전히 관심이 없었으니까요. 기철이는 자신이 원하는 미래로 가기 위해서는 지금 무엇을 해야 하는지를 잘 모르고 있었습니다. 그래서 우선 기철이가 가장 좋아하는 만화를 가지고 이야기를 나눠보기로 했습니다.

"모든 만화의 공통점을 두 가지만 꼽는다면 뭐가 있을까?"

"당근 그림이죠. 또 하나는…… 맞다! 말풍선이요!"

"그래. 꼭 말풍선이 아니더라도 주제가 있지? 한 칸짜리 만평에도 전달하려는 메시지가 있고, 장편만화는 당연히 줄거리가 있고. 그럼 만화는 그리는 걸까, 쓰는 걸까?"

기철이는 얼른 대답을 못 하고 한참을 망설였습니다. 그동안 만화를 '그린다'고만 생각하고 있었기 때문이지요. 그래서 만화를 더 잘 그리기 위한 연습은 많이 했지만 한 번도 자기만의 이야기가 담긴 만화를 '창작'한 적은 없었습니다.

우리가 만화를 보는 것은 그림이 좋아서이기도 하지만 무엇보다 내용이 재미있기 때문입니다. 기철이가 좋아하는 만화 〈원피스〉만 봐도 작가가 창조한 방대한 세계와 다양한 종족, 수많은 무기가 등장합니다. 그림 공부만으로 그런 상상력이 나올 수 있었을까요? 역사, 신화, 과학 등 다양한 분야에 대한 지식이 없었다면 불가능했을 것입니다.

실제로 유명 만화가 중에는 미술이나 디자인과 직접 관련이 없는 분야를 공부한 사람들이 많습니다. 〈원피스〉의 작가 오다 에이치로는 중퇴하기는 했지만 대학에서 건축학을 전공했고, 감동적인 내용과 탄탄한 스토리로 인기 있는 만화가 강풀은 국문학과를 졸업했습니다.

진로코칭을 통해 기철이는 공부의 필요성을 깨닫게 됐습니다. 만화가가 되든 만화와 관련된 다른 일을 하든, 그림만 잘 그리는 단순 기능인이 아니라 '창조적인 사람'이 되기 위해서는 다양한 지식을 쌓아야 한다는 점을 비로소 이해하게 된 것이지요.

### 우리 앞에~ 펼쳐진 세상이~ 너무나 소중해

먼저 만나본 진수처럼 꿈이 없는 것도, 혜미처럼 대충 알아보고 꿈을 정하는 것도 걱정이지만 기철이 같은 '외골수'형이 더 위험할 수 있습니다. 진로탐색은 누가 더 빨리 달리는지 겨루는 경주가 아닌데도, 어떤 친구들은 무엇에 쫓기듯 서둘러 결정을 내리고는 눈과 귀를 닫아버리곤 하지요. 하지만 여러분처럼 이른 나이에 굳이 한 가지 꿈에만 스스로를 가둘 필요는 없지 않을까요? 기철이는 그동안 만화라는 꿈에 눈이 멀어 미처 보지 못했지만, 그 꿈과 멀지 않은 곳에 다른 길들이 무수히 존재한다는 것을 알게 됐습니다. 아직 수많은 가능성이 있는데도 자신의 다른 강점들을 계발할 기회를 놓친다면 그보다 안타까운 일은 없을 것입니다.

특히 얼핏 보기에 공부와 관련 없는 일을 택하고는 "이제 공부는 필요 없다!"고 선언하는 것은 매우 위험한 일입니다. 지금까지 여러분이 해온 것은 제대로 된 공부를 하기 위한 가장 기초적인 공부일 뿐입니다. 여러분의 긴 인생에서 정말 도움이 될 만한 공부는 아직 시작도 하지 않은 상태인 것입니다. 그런데 벌써 공부를 회피하거나 관심을 잃어버려서 자신의 다른 가능성을 시험해볼 기회조차 날려버린다면 정말 아깝지 않나요? 다양한 직업과 학과를 탐색하면서 기본적인 학업과 실력을 쌓아둔다면 나중에 어떤 선택을 하든 시행착오를 줄일 수 있을 것입니다.

진로는 인생에 걸친 지속적인 과정입니다. 한번 고민하고 결정하면 끝나는 것이 아닙니다. 여러분은 아직 성장 중이므로 자라면서 진로도 얼마든지 바뀔 수 있습니다. 그리고 내가 보고 있는 나, 지금 나에게 보이는 세상이 전부가 아니라는 것도 알아야 합니다. 그러니 아직은 한 가지만 맹목적으로 추구하거나 그 외의 모든 것을 거부할 것이 아니라, 최대한 다양하게 관심을 가지고 접해보는 것이 좋습니다.

여러분 앞에는 수많은 가능성이 별처럼 반짝이는 세상이 펼쳐져 있습니다. 마음의 문을 활짝 열고 넓은 시야로 그 세계를 찬찬히 탐색해보세요. 그리고 자기 자신에게 더 많은 기회를 주세요.

## MAP 2 부모님
# "애가 딴생각이 너무 많아요."

부모님은 여러분이 세상에 태어난 순간부터, 아니 엄마 뱃속에서 무럭무럭 자라날 때부터 '이 아이는 나중에 어떤 사람이 될까?' 생각하며 기대와 희망으로 가득 찹니다. 이 세상에 부모님보다 여러분을 더 아끼고 사랑하는 사람은 없습니다. 여러분이 행복한 삶을 살아가기를 간절히 바라기에, 부모님에게는 여러분의 진로가 무엇보다 중요합니다.

그런데 이상하게도 진로에 대해 이야기하기 시작하면 부모님과 자주 부딪치게 됩니다. 어떤 친구는 부모님이 지나치게 간섭해서 고민이고, 다른 친구는 부모님이 도통 관심이 없는 것 같아서, 또 어떤 친구는 부모님이 자신의 꿈을 인정해주지 않아서 속상해합니다. 세상에서 나를 제일 사랑한다는 부모님이 왜 이토록 내 마음을 몰라주는 걸까요?

진로는 부모님의 꿈이 아니라 여러분 자신의 꿈입니다. 이건 분명한 사실입니다. 그런데 부모님의 꿈은 바로 여러분입니다. 그리고 대부분의 경우, 그 꿈은 무척 소박합니다. 자식이 성공하면 물론 좋겠지만, 되도록 실패의 아픔을 겪지 않고 안정적으로 살아가기를 바라는 것이지요. 먼저 이 점을 마음으로 이해하는 것이 중요합니다. 또 한 가지 분명한 사실이 있습니다. 여러분의 꿈을 이뤄가기 위해서는 부모님의 도움과 지지가 꼭 필요하다는 점입니다.

앞서 말했듯이 진로는 인생에 걸친 지속적인 과정이며, 한번 고민하고 결정하면 끝나는 것이 아닙니다. 그러니 부모님이 내 마음을 몰라준다고 해서 무턱대고 화를 내거나 입을 다물어버릴 것이 아니라, 부모님과 흔쾌히 '하이파이브'를 하게 될 때까지 함께 고민하고 탐색하며 솔직한 대화를 나눠보세요. 부모님은 여러분의 멘토도 될 수 있고 롤모델도 될 수 있으며 조력자이자 동반자이기도 합니다. 인생의 절반 이상을 살아본 부모님의 경험과 지식은 여러분의 진로탐색 과정에 더할 나위 없이 소중한 자산이 되어줄 것입니다. 그리고 마음속 깊이 간직해왔던 여러분의 생각과 열정을 부모님에게 보여주세요.

'아름다운 의견 일치'를 향해 가는 과정이 쉽지만은 않겠지만 이것 한 가지는 꼭 기억하기 바랍니다. 부모님과 여러분은 '행복한 삶'이라는 같은 목표를 갖고 있다는 것 말입니다.

## 학생 4
# 쓸데없는 생각 말고 공부나 하래요

고등학교 1학년인 정인이는 요즘 걱정이 많아졌습니다. 주변 친구들이 진로에 관한 이야기를 부쩍 많이 하는 데다, 벌써 가고 싶은 학과를 정해놓은 친구들도 있기 때문입니다. 정인이는 중학교 때부터 반에서 중간 정도의 성적을 유지해왔습니다. 솔직히 4년제 대학만 들어가면 다행이라는 생각에 학과까지 고민할 여유는 없었지요. 그런데 친구들의 대화를 듣고 있노라니 자기만 뒤처지는 것 같아 슬슬 불안해지기 시작했습니다.

'대학 진학도 불투명한데 진로까지 고민하는 건 역시 사치일까?'

'이대로 대학에만 목매고 있어도 될까?'

그러던 어느 날, 정인이는 아빠에게 자신의 고민을 슬쩍 내비쳤습니다. 하지만 돌아온 대답은 "쓸데없는 생각 말고 공부나 열심히 해!" 였습니다. 진로는 대학에 가서 찾아도 늦지 않다는 것이었습니다. 일단 좋은 대학에 가기만 하면 무슨 일이든 할 수 있다는 것이 아빠의 한결같은 지론이거든요. 실제로 정인이 아빠는 넉넉지 못한 가정형편 속에서도 열심히 공부하고 노력해서 자기 힘으로 성공한 분입니다. 그런 만큼 경험에서 비롯된 확고한 신념을 갖고 있었지요.

정인이는 가슴이 더 답답해졌습니다. 아빠 말처럼 좋은 대학에 가면 진로는 자동으로 해결되는 걸까요?

## 경험에서 우러나온 부모님의 조언을 무시하지 말자

정인이 아빠는 "우리 때는 진로교육 같은 건 있지도 않았고, 그런 거 없어도 성공하는 데 아무 문제 없었다"고 했습니다. 틀린 말은 아닙니다. 부모님이 학창시절을 보내던 1980~90년대 중반까지만 해도 진로에 대한 개념이 부족했습니다. 좋은 대학을 나오면 좋은 직장에 갈 수 있었고, 좋은 직장에 들어가면 대부분 정년퇴직을 보장받았습니다. 한마디로 공부만 잘하면 먹고사는 데 문제가 없었던 것입니다.

그런데 부모님 세대가 30~40대로서 한창 사회생활 중이던 1997년, 엄청난 경제 위기가 찾아왔습니다. 우리나라는 국제통화기금(IMF)의 구제금융을 받아 간신히 고비를 넘겼지만, 경제 위기를 극복하는 과정에서 대량 해고를 포함한 기업 구조조정이 대대적으로 이뤄졌습니다. 영원할 줄 알았던 대기업도 하루아침에 무너질 수 있고, 정년퇴직 은커녕 언제든 해고당할 수 있다는 불안한 현실과 마주하게 된 것입 니다.

그래서 여러분의 부모님은 살아남아야 한다는 두려움이 있습니다. 한번 경쟁에서 뒤처지기 시작하면 순식간에 추락할 수 있다는 것을 경험으로 알기 때문입니다. 그리고 무한경쟁 시대에 살아남기 위한 첫 단추는 좋은 대학에 가는 것이라는 믿음을 갖게 된 것이지요.

사람은 환경에 영향을 받기 때문에 살아온 시대가 다르면 다른 생 각을 가질 수밖에 없습니다. 그리고 시간이 흐름에 따라 경험이 더 많 이 쌓이면서 자신의 생각을 점점 굳혀갑니다. 아기는 뜨거운 것을 직 접 만져봐야 알지만 여러분은 그동안의 경험으로 보기만 해도 뜨겁다 는 것을 확신하지요? 이처럼 나이가 들수록 더 많은 것에 확신을 갖 게 되기 때문에 부모님은 자신의 생각이 옳다고 믿고, 여러분이 따라 주기를 바라는 것입니다. 자신의 경험으로 미루어 충분히 알 수 있는 것을 사랑하는 자식에게 알려줌으로써 시행착오를 줄여주고 싶기 때 문이지요.

### 사회의 변화에도 관심을 가져봐!

부모님을 이해하려고 노력하는 한편으로 우리 사회가 어떻게 바뀌 고 있는지에도 관심을 가질 필요가 있습니다. 2000년대 이후 대학 진 학률은 80%를 넘어섰습니다. 더욱이 수험생 수보다 대학 정원 수가 더 많아서 가려고만 들면 어느 대학이든 갈 수 있지요. 그런데 통계청 조사에 따르면 2013년 4년제 대학 졸업생의 실업률은 8.2%로 역대 최고치를 기록했습니다. 더 이상 대학을 나왔다고 해서 취업이 보장되는 시대가 아닌 것입니다.

직장에 들어갔다고 해도 끝이 아닙니다. 대한상공회의소의 2011년 조사 결과, 2009년 취업에 성공한 대졸 신입사원 중 대기업 입사자의 13.9%, 중견기업 입사자의 23.6%, 중소기업 입사자의 39.6% 이상이 1년 내에 직장을 떠났습니다. 그 이유는 더 좋은 조건을 찾아서(66.8%), 업무가 맞지 않아서(34.7%), 발전 가능성이 없어서(28.2%), 업무 강도가 높아서(26.5%), 묻지 마 지원을 해서(13.2%) 순으로 나타났습니다.

주목할 점은 대기업 신입사원일수록 조직이나 업무에 적응하지 못해 퇴사하는 경우가 많다는 것입니다. 적성을 고려하지 않고 진로설계 없이 '묻지 마 취업'을 한 결과지요. 이처럼 아무 방향 없이 많은 시간과 비용, 노력을 들이며 무작정 달려갔다가 나중에 후회하지 않으려면 학창시절에 진로를 충분히 탐색해보는 기회를 가져야 합니다.

## 공부냐 진로냐, 그것이 문제로다

많은 부모님들이 일단 좋은 대학에만 가면 인생이 술술 풀릴 것처럼 말합니다. 그런데 현실을 들여다보면 좋은 대학 나와서 모두가 선망하는 회사에 들어가도 적성과 안 맞아서 뒤늦게 후회하는 사람들도

많습니다. 그럼 공부가 더 중요할까요, 아니면 적성 찾기가 더 중요한 걸까요?

눈치 빠른 친구라면 답을 알겠지요? 맞습니다. 답은 '둘 다 중요하다'입니다.

세상이 LTE급으로 변하는 것 같아도 어떤 것들은 변하지 않거나 아주 천천히 변합니다. '공부의 중요성'이 그중 하나지요. 예를 들어 연예인을 꿈꾸는 친구는 공부가 필요 없다고 생각하겠지만, 이왕이면 좋은 대학을 나온 연예인이 '엄친아'니 '엄친딸'이니 하면서 대중의 관심을 더 많이 받는 것이 현실입니다. 무슨 일을 하건 공부를 잘하고 좋은 대학을 나오면 더 유리한 경우가 많은 것이지요. 그러니 부모님의 생각을 무조건 옛날 방식이라고 치부할 수만은 없습니다.

또 학창시절의 공부는 꼭 뭔가를 하기 위해서가 아니라 교양 있는 사회인이 되기 위한 기본 소양을 갖추는 일이기도 합니다. 아이돌 가수가 기본적인 역사적 사실도 모르거나 SNS에서 한글 맞춤법을 틀려서 망신당하는 일이 종종 있지요? 아무리 자기 분야에서 뛰어나도 무

연예인을 꿈꾸는 친구는 공부가 필요 없다고 생각하겠지만,
이왕이면 좋은 대학을 나온 연예인이 '엄친아'니 '엄친딸'이니 하면서
대중의 관심을 더 많이 받는 것이 현실입니다.

식하다며 놀림감이 되기 일쑤입니다. 이성 간에도 외모는 매력적인데 상식이 너무 없거나 대화가 안 통하면 '없어 보인다'는 평가와 함께 매력지수도 급하락하게 마련이랍니다.

무엇보다 공부의 장점은 열심히 할수록 선택권이 많아진다는 것입니다. 만약 공부가 필요 없다고 생각되는 꿈에 매달리다가 자의든 타의든 그 꿈을 포기해야 하는 순간이 온다면, 그때 여러분이 선택할 수 있는 범위는 지극히 제한적일 수밖에 없습니다. 하지만 당장 진로가 불확실하더라도, 아니 진로가 불확실할수록 공부를 해놓으면 나중에 하고 싶은 일이 생겼을 때 한결 쉽게 그 길로 갈 수 있습니다.

### 공부는 보험, 진로는 모험?

조금 과장해서 말하자면 공부는 보험이고 진로는 모험입니다. 모험의 재미는 놓치지 않되 위험은 최소화할 수 있도록 도와주는 안전판이 공부라고 할 수 있습니다. 이제 쓸데없는 생각 말고 공부나 열심히 하라는 부모님의 말을 이해할 수 있겠지요? 괜히 면박을 주려고 하는

말이 아니라, 여러분이 최대한 안전하게 자기 길을 찾아가기를 바라는 마음 때문이라는 것을요.

그러니 공부라는 보험을 잘 들어놓고 관리하면서 부모님과 함께 열린 마음으로 진로탐색을 해보세요. 공부에 최선을 다하는 여러분의 모습을 보며 부모님도 여러분의 생각과 의견을 존중해주려고 노력할 것입니다.

# 내가 뭐가 되든
# 관심도 없어요

**중**학교 2학년인 준희는 다재다능하고 자신감이 넘치는 학생입니다. 사춘기를 지나면서 자기가 잘하는 것과 좋아하는 것이 뭔지 계속 찾고 생각했으며, 진로에 대해서도 다른 친구들보다 진지하게 궁리했습니다. 호기심이 강한 편이라 잠깐이라도 관심이 가는 직업이 있으면 곧바로 정보를 찾아보곤 했지요. 특히 동물을 좋아해서 평소에 버려진 동물을 돕는 봉사활동도 하고, 수의학과로 유명한 대학을 직접 찾아가볼 정도로 진로 찾기에 열심이었습니다.

사실 준희처럼 꿈도 많고 재능도 많은 학생들이 오히려 고등학교를 졸업할 때까지 여러

분야를 놓고 고민만 하는 경우가 종종 있습니다. 준희 역시 하고 싶은 게 많고 잘하는 것도 많아서 혼란스러워하고 있었습니다. 그리고 자신은 이렇게 힘든데 부모님은 아무런 도움도 되어주지 못한다며 불만을 털어놓았습니다. 부모님은 일 때문에 바쁘기도 하지만 원래부터 사사건건 간섭하기보다 자식을 믿고 맡기는 편이었습니다. 자존심이 강한 준희는 별로 내색은 안 했지만 그게 못내 섭섭했던 모양입니다.

"다른 애들은 엄마가 나서서 직업체험이다 뭐다 알아서 챙겨주는데, 저는 일일이 혼자 해야 하니 정말 힘들어요. 부모님은 내가 뭐가 되든 관심도 없나 봐요."

### 진로는 부모님에게도 어려워

그런데 준희 엄마를 만나 대화를 나눠보니 관심이 없는 것이 아니라 어떻게 도와야 할지 모르는 것이었습니다.

"준희를 보면 우리 때와는 참 많이 다른 것 같아요. 내가 잘 모르는 직업에 대해서 물어보거나 하루가 멀다 하고 다른 직업에 관심을 가지는데, 솔직히 따라가기가 좀 힘드네요."

부모님이 10대였던 시절에는 진로에 대해 깊이 알아보거나 고민할 필요가 별로 없었습니다. 갈 수 있는 길이 지금에 비해 매우 한정적이었기 때문입니다. 인터넷이 없던 시절이라 정보도 적어서 아는 직업이라고 해봐야 회사원 아니면 TV에 자주 나오는 의사, 판·검사, 교사, 기자 등 열 손가락으로 꼽을 정도였지요. 그래서 시험 성적에 맞춰 대학 및 학과를 정하는 경우가 대부분이었고, 대학에 가지 않으면 실업계 고등학교를 나와서 사무직으로 취업하거나 농업 또는 공업 고등학교를 졸업하고 생산직에 몸담았습니다.

진로가 얼마나 다양해졌는지는 직업 수만 비교해봐도 금방 알 수 있습니다. 여러분의 부모님이 태어날 무렵인 1969년 《한국직업사전》에 오른 직업 명칭은 3,260개였지만, 2013년 판에는 1만 3,605개로 무려 네 배 이상 늘어났습니다. 그러니 여러분 못지않게 부모님이 혼란스러워하는 것도 당연하지 않을까요?

### 무관심한 것이 아니라 방법을 몰랐을 뿐

진로 상담을 통해 준희와 준희 부모님은 서로의 상황을 이해하게 됐습니다. 준희는 자신에게 진로가 얼마나 중요한지, 그리고 어떤 도움을 필요로 하는지를 부모님에게 솔직히 털어놓은 적이 없다는 것을 깨달았습니다. 또 부모님은 준희가 아직 어리다고만 생각해서 진로에 대해 그렇게까지 고민하고 있는 줄은 미처 몰랐지요.

준희는 문득 부모님의 어릴 적 꿈이 궁금해졌습니다.

"엄마 아빠는 꿈이 뭐였어요?"

느닷없는 질문에 부모님은 잠시 당황한 듯하더니 이내 입가에 미소를 띠며 대답해줬습니다. 아빠는 학창시절에 영화를 좋아해서 영화감독이 되고 싶었지만 지나치게 허황된 꿈으로 들릴까봐 부모님에게 말도 못 꺼내봤다고 합니다. 수학을 잘해서 이과를 택하고 성적에 맞취 공과대학에 갔으며 지금의 전자회사에 들어갔다고요. 엄마는 소설가가 되고 싶어 국문학과에 갔지만 졸업할 때가 되니 일단 취업을 해야겠다는 생각에 광고회사에 들어갔고, 지금은 홍보회사에서 일하고 있습니다.

"왜 꿈을 위해 더 노력하지 않았어요?"

준희의 질문에 아빠는 대학까지 공부시키느라 고생한 부모님을 생각해서, 엄마는 소설은 나중에라도 쓸 수 있다는 생각에 꿈보다는 안전한 길을 택했다고 말했습니다. 그리고 '꿈이 있어도 뭘 어떻게 해야 하는지 몰랐다'고 했습니다.

"꿈이라고 해도 관심이 있는 정도였지, 요즘처럼 이렇게 정보가 많거나 미리 체험할 수 있는 기회가 없었단다. 너는 정말로 원하는 꿈을 찾고 이루도록 노력해봐. 엄마 아빠도 힘껏 도와줄게."

부모님은 자신의 경험을 들려주다 보니 준희에게 이런저런 조언을 해주게 됐습니다. 준희도 마음을 터놓고 이야기하면서 부모님이 무관심했던 것이 아니라 뭘 어떻게 도와줘야 하는지 몰랐을 뿐이라는 걸 알게 됐습니다.


### 먼저 네 뜻을 펼쳐라!

무작정 "내 진로를 찾게 도와주세요"라고 요구하면 부모님도 막막합니다. 그러니 먼저 자기 자신이 잘하는 것, 좋아하는 것 등에 대해 찬찬히 생각해보고, 관심이 가는 분야를 몇 가지로 좁혀서 부모님 의견은 어떤지 물어보세요. 준희처럼 부모님의 꿈은 무엇이었는지, 지금의 일을 어떻게 시작하게 됐는지도 물어보고요.

부모님은 지금 하는 일이 만족스러울 수도, 아닐 수도 있지만 인생의 선배로서 여러분에게 해주고 싶은 이야기가 많을 것입니다. 부모님이 직접 겪어본 경험과 간접적으로 보고 들은 경험만으로도 여러분이 궁금해하는 진로에 대해 귀중한 조언을 해줄 수 있을 거예요. 그렇게 대화를 나누다 보면 여러분은 생생한 간접경험을 할 수 있고, 부모님은 여러분의 진로에 보다 진지하게 관심을 갖게 될 것입니다.

정보화 시대를 살아가는 여러분은 인터넷이라는 가장 큰 혜택을 받은 세대입니다. 그 선물을 잘 이용하세요. 자신에게 필요한 정보를 찾고 이용하는 능력은 어쩌면 부모님보다 여러분이 더 탁월할지도 모릅니다. 스스로 할 수 있는 데까지 해보고 부모님의 도움이 필요한 부분이 있다면 정확히 무엇을, 어떻게 도와달라고 요청하세요.

진로 찾기는 인생에서 가장 중요한 일인 만큼 여러분이 주도적으로 해야 하는 일입니다. 부모님이나 선생님이 도와줄 수는 있지만 대신 결정해줄 수는 없습니다. 더불어 살 수는 있어도 대신 살아줄 수는 없기 때문입니다. 여러분이 걸어가고 싶은 길을 스스로 찾아보고 결정할 수 있는 기회를 즐겁게 받아들이세요. 그리고 기억하세요. 뜻이 있는 곳에 길이 있습니다. 여러분이 뜻을 펼치면 부모님은 기꺼이 그 뜻을 이루기 위한 길을 함께 찾아줄 것입니다.

## 학생 6

# 내 꿈을 무시해요

고등학교 1학년인 형진이는 '싱어송라이터'가 꿈입니다. 자기가 만든 곡을 직접 부르는 진정한 아티스트가 되고 싶은 것이지요. 중학교 때 친구에게 배운 기타에 빠져서 작년부터는 본격적으로 학원을 다니며 기타를 배우기 시작했습니다. 그런데 부모님은 형진이가 기타 치는 것을 매우 못마땅해합니다. 이과 계열의 성적이 괜찮은 편이라 약학과에 들어가서 약사가 되었으면 하는 것이 부모님의 바람이기 때문입니다.

하지만 형진이는 부모님의 기대는 아랑곳없이 실용음악과를 목표로 기타 연주와 작곡 연습에 더욱 매진했습니다. 급기야 학교에서 대부분의 시간을 보내는 것이 아깝다는 생각마저 들었지요. 싱어송라이터의 길을 가는 데 있어 학교 공부는 시간 낭비로만 느껴져서 자율 학습을 빼먹는 일도 잦아졌습니다. 그럴수록 부모님과의 갈등은 깊어지기만 했습니다.

"학교생활도 충실히 하지 못하는 아이가 뭘 할 수 있겠어요? 허황된 꿈에 빠져서 정신 못 차리고 있으니 답답해 죽겠어요."

### 부모님이 태클을 거는 세 가지 이유

형진이처럼 진로 문제로 부모님과 갈등을 겪는 친구들이 참 많습니다. 기본적으로 부모님들은 오랫동안 사회적으로 인정받아온 직업을 선호하는 데 반해 자녀들은 최근 선망의 대상으로 떠오르는 직업을 추구하기 때문입니다. 물론 부모님과 자녀가 같은 직업을 선호할 때도 있지만 그것은 아주 드물게 행복한 케이스입니다. 서로 생각이 달라서 갈등을 빚는 경우가 대부분이지요.

여러분의 진로에 관해 부모님이 걱정하는 것은 크게 세 가지입니다.

첫 번째는 잘 알다시피 '전망'입니다.

부모님은 여러분이 살아가는 데 충분한 수입이 보장되면서 사회적으로도 인정받는 직업을 갖기를 바랍니다. 그런데 여러분이 원하는 진로가 그 점에서 불안한 요소를 안고 있다면 막무가내로 고집할 것이 아니라 시간을 두고 해결해나가야 합니다. 그 일에 대해 더 자세히 알아보고, 불안한 점을 보완할 수 있는 방법이나 계획을 생각해보고, 그럼에도 꼭 그 일을 하고 싶은지 스스로에게 자꾸 물어보고, 그 과정을 부모님과 계속 공유하면서 끈질기게 설득하는 수밖에 없습니다.

두 번째는 '실현 가능성'입니다.

여러분이 그 꿈을 정말 이루고 성공할 수 있느냐 하는 문제입니다. 특히 형진이의 꿈인 싱어송라이터처럼 쉽게 접하기 힘든 일일수록 부모님에게는 허황되게 느껴질 수 있습니다. 예술 분야는 탁월한 재능이 없으면 성공하기는커녕 기본적인 생활 유지조차 어렵다는 것이 보편적 인식이고, 또 어느 정도는 사실이기도 하니까요. 따라서 그 꿈을 향한 여러분의 남다른 의지와 열정, 노력하고 발전하는 모습을 부모님에게 보여줌으로써 진정한 이해와 지지를 이끌어내야 합니다.

마지막은 '미래만 생각하고 현재는 돌보지 않는 것'입니다.

부모님은 여러분이 꿈을 좇는다는 명분으로 공부와 학교생활을 소홀히 할까봐 가장 걱정합니다. 공부의 중요성에 대해서는 앞서 정인이 사례를 통해 이해했을 것이라 믿습니다. 그렇다면 학교생활은 왜 충실히 해야 할까요? 그것은 평생 여러분이 안고 가야 할 과거가 되기 때문입니다. 여러분의 학교생활과 성적은 모두 기록으로 보존됩니다. 시간여행을 하지 않는 한 바꿀 수 없는 '나의 역사'로 남는 것이지요.

요즘 누군가가 갑자기 유명해지거나 미운 털이 박히면 누리꾼들이 그 사람의 과거를 찾아 올리는 등 소위 '신상 털기'를 하는 걸 볼 수 있는데요. 사람들은 흔히 과거를 통해 그가 어떤 사람인지 평가합니다. 많은 기업들이 신입사원이나 경력사원을 채용할 때 '평판 조회', 즉 SNS나 개인 홈페이지에 들어가본다든지 학교나 이전 직장에서의 평가를 알아보는 것도 같은 이유입니다. 부모님은 학교생활과 성적 등 여러분의 현재에 대한 기록이 미래에까지 계속 영향을 준다는 것을 경험으로 알고 있습니다. 그래서 여러분이 꿈 못지않게 중요한 현재에 충실함으로써 좋은 역사를 갖도록 해주고 싶은 것입니다.

### 너라면 믿음이 가겠니?

형진이는 위와 같은 세 가지 걱정을 전혀 해소해주지 못한 채 자기 주장만 내세웠습니다. 부모님은 부모님대로 음악 한다는 것을 TV에 나오는 유명한 가수들처럼 되겠다는 의미로만 받아들였고, 철없고 비현실적인 꿈을 꾸고 있다고 생각했습니다. 하지만 형진이는 직접 노래를 부르지 않더라도 가요나 영화음악, 광고음악 작곡가가 될 수도 있고 연주자나 편곡자 등 다양한 분야로 진출할 수 있다는 것, 실력을 갖추면 전망이나 수입 면에서 그렇게 불안한 일이 아니라는 것을 부모님에게 말한 적이 없었습니다.

또 부모님은 형진이가 진지하게 꿈꾸는 것이 아니라 그저 겉멋이 들었다고 생각했습니다. 그러나 누구보다 열심히 꿈을 위해 노력하고 있던 형진이는 자신의 열정을 부모님에게 보여주지 못했습니다.

가장 결정적인 문제는 부모님에게 신뢰를 주지 못했다는 점입니다. 예를 들어 회사에서 아무리 일을 잘해도 지각을 밥 먹듯이 하고 매사에 투덜대기 일쑤라면 다른 사람들에게 인정받기 어렵지 않을까요? 형진이도 마찬가지였습니다. 기본적인 학교생활을 성실하게 하지 않으니 부모님은 다른 것에도 믿음이 가지 않았던 것입니다. 그래서 형진이의 꿈에 대해서도 '저러다 말겠지. 얼마나 가겠어'라며 대수롭지 않게 생각했지요.

자신의 문제점을 깨달은 형진이는 기타학원의 정기 연주회에 부모님을 초대했습니다. 형진이가 무대에 올라 멋지게 기타를 연주하고 많은 사람들에게 박수를 받는 것을 보자 부모님은 눈이 휘둥그레졌습니다. 그동안 알고 있던 아들의 모습과 전혀 다르게 느껴졌지요. 그렇게 기타를 잘 치는지 몰라서 놀랐고, 게다가 형진이가 직접 만든 곡이라는 데 더 놀랐고, 관객들과 학원 선생님이 인정하는 모습에 자랑스러운 생각마저 들었습니다.

부모님은 이제 형진이를 믿고 도와주기로 했습니다. 대신 형진이도 학교생활에 충실해서 실용음악과나 작곡과가 있는 대학 중 최대한 좋은 학교를 목표로 공부하겠다고 했습니다. 그 뒤로 형진이는 학교에서는 공부를 열심히 하고 저녁 시간과 주말을 이용해 기타 연습을 했습니다. 공부하는 시간과 음악 하는 시간을 딱 정해놓으니 그 시간에는 한눈팔지 않고 더 집중할 수 있었습니다. 게다가 포기하다시피 했던 부모님의 인정과 지원까지 받게 되니 몸은 좀 피곤해도 힘이 솟는 것 같았습니다.

> **부모님은 내 꿈을 가로막는 벽이 아니라
> 유일하게 기대어 쉴 수 있는 벽이라는 것을 잊지 마세요.
> 그 벽을 무너뜨리면 기댈 곳도 없어집니다.**

### 부모님을 내 편으로 만드는 비결

때로는 부모님이 벽처럼 느껴지기도 할 것입니다. 벽은 자유를 방해하는 장애물로만 생각하기 쉽지만, 한편으로는 벽이 있어 편안하게 기댈 수 있기도 합니다. 부모님은 내 꿈을 가로막는 벽이 아니라 유일하게 기대어 쉴 수 있는 벽이라는 것을 잊지 마세요. 그 벽을 무너뜨리면 기댈 곳도 없어집니다. 그러니 부수기보다는 돌아가는 편이 현명하지 않을까요? 부모님과 타협을 하는 겁니다.

타협은 결코 포기나 비굴함을 의미하지 않습니다. 사전적 의미만 봐도 '어떤 일을 서로 양보하여 협의함'이라는 아주 좋은 뜻을 갖고 있지요. 이처럼 타협은 서로 의견이 다를 때 합의를 이끌어내는 가장 민주적이고 합리적인 방법입니다.

부모님이 내 꿈을 인정해주지 않는다면 당장 오늘부터 변화된 모습을 보여주세요. 꿈을 위해 노력하고 현재의 생활을 충실히 하는 것이 신뢰를 주는 가장 좋은 방법입니다. 그렇다고 지나치게 서두를 필요는 없습니다. 앞으로 시간은 많으니까요. 언제가 됐든 자신이 택한 진로에서 성장하는 모습을 보일 때 부모님은 아낌없는 신뢰를 보내줄 것입니다.

# 진로는 내 꿈과 현재를 이어주는 다리

지금까지 다양한 친구들의 사례를 살펴봤습니다. 꿈이 없어서 걱정이라는 진수, 대충 알아보고 꿈을 정했다가 생각했던 것과 달라서 당황한 혜미, 한 가지 꿈에만 눈이 먼 기철이, 진로는 둘째 문제고 공부나 열심히 하라는 부모님 때문에 고민인 정인이, 자신의 진로에 무관심해 보이는 부모님이 원망스러운 준희, 부모님이 자기 꿈을 인정해주지 않아서 화가 나는 형진이…….

이 중에는 여러분과 똑같은 고민을 하는 친구도 있고, 사정은 조금 다르지만 공감이 가는 친구도 있을 것입니다.

그런데 가만히 들여다보면 좀 헷갈리지 않

나요? 진로는 뭐고 꿈은 뭘까요? 또 진학이나 직업과는 어떻게 다른 걸까요?

## 직업이 꿈이라면 너무 시시해!

우선 제일 멀리 있는 것부터 생각해봅시다. 그래요, 꿈 말입니다.

자면서 꾸는 꿈 말고도 꿈은 흔히 두 가지 의미로 쓰입니다. 하나는 "꿈 깨!"라고 할 때의 꿈, 즉 헛꿈이고, 다른 하나는 "꿈은 이루어진다!"고 할 때의 희망적인 꿈입니다. 우리가 진로를 이야기할 때의 꿈은 두 가지 중 무엇일까요? 당연히 두 번째 아니냐고요? 잘 생각해보면 꼭 그렇지만도 않답니다.

"꿈은 이루어진다!"는 2002년 한일월드컵 당시 붉은악마가 내건 현수막의 문구로 유명한데요. 사실 그전까지만 해도 우리나라는 월드컵 본선에 다섯 번 진출해서 16강은커녕 단 1승도 거두지 못했습니다. 그래서 2002년에도 아무리 개최국이지만 16강만 올라가도 다행이라고들 생각했지요. 만약 누군가가 월드컵을 앞두고 8강 운운했다면 "꿈 깨!"라는 핀잔을 들었을 것입니다. 하지만 다들 알다시피 결과는 4강 진출. 꿈을 넘치게 이뤘지요. 이렇게 보면 헛꿈과 희망적인 꿈은 별 차이가 없는 듯도 싶습니다.

흔히 꿈을 크게 가지라고 합니다. 꿈은 클수록 좋다는 말도 있지요. 그 이유는 꿈이 클수록 그 꿈을 이루기 위해 많은 노력을 하게 되고, 그러다 보면 비록 꿈을 이루지 못할지라도 최대한 가까이 갈 수 있기 때문입니다. 그 과정에서 쌓이는 경험과 지식만으로도 충분히 행복을 느끼고 성취감을 맛볼 수 있기도 하고요.

여러분도 자신의 꿈을 가만히 들여다보세요. 혹시 의사가 꿈인가요? 그럼 열심히 공부해서 의사가 되고 나면 꿈을 이뤘으니 만족하고, 그다음부터는 꿈 없이 살아갈 건가요? 의사는 직업일 뿐, 그 자체가 꿈은 아닙니다. 더 멀리 내다보고, 더 구체적으로 생각해보세요.

그냥 의사가 아니라 소아과 의사는 어떨까요? 소아 난치병의 치료법을 개발하겠다는 꿈, 형편이 어려운 어린이 환자 100명에게 무료로 수술을 해주고 싶은 꿈, 통일이 되면 북한에 어린이 전문병원을 세우는 꿈…….

꿈은 나이를 먹어가면서 여러분과 함께 성장할 수 있는 직업 이상의 가치를 가진 것이어야 합니다.

### 진로는 꿈과 현재를 연결하는 다리

다음은 진로에 대해 생각해봅시다. 진로(進路)의 사전적 의미는 '나아갈 진(進)'에 '길 로(路)', 즉 '앞으로 나아가는 길'이라는 뜻입니다. 청소년기인 여러분이 서 있는 곳에서 바라보면 고등학교 때부터 시작해서 꿈이 있는 방향으로 걸어가는 길이 진로라고 할 수 있겠지요. 한마디로 진로는 '나의 꿈으로 이어지는 길'입니다.

혹시 부모님 대신 자동차의 내비게이션을 작동시키거나 스마트폰의 길 찾기 앱을 이용해본 적이 있나요? 내비게이션이나 앱에 가고자 하는 목적지를 입력하면 '경로탐색' 메뉴가 뜹니다. 자동차의 경우에는 최단 거리, 최단 시간, 통행료 유무 등에 따라 경로를 선택할 수 있고, 대중교통을 이용한다면 버스, 지하철, 버스 + 지하철, 기차 등 교통수단에 따라 몇 가지 경로를 보여줍니다. 그중에서 한 가지를 선택하면 보다 상세한 경로를 미리 알아볼 수도 있지요.

목적지가 꿈이라면 그곳으로 향하는 경로가 바로 진로입니다. 꿈을 향해 가는 길에는 어떠어떠한 경로들이 있는지 자세히 살펴보는 과정이 '진로탐색'이며, 여러분의 꿈이 헛꿈으로 그치지 않도록 단계별로 구체적인 계획을 짜는 것이 '진로설계'입니다. 꿈을 이루기 위해서는 어떤 직업을 선택할지, 그 직업을 가지려면 어떤 학과를 가면 좋을지, 그 학과에 가기 위해서는 지금부터 무엇을 준비하면 도움이 될지 등 그 모든 과정이 진로설계에 해당하는 것이지요.

따라서 진로는 결코 먼 미래에 대한 막연한 공상도, 그렇다고 이과나 문과냐 같은 당장의 선택에만 국한된 일도 아닙니다. 여러분의 꿈과 현재를 연결해주는 멋지고 튼튼한 다리, 그것이 바로 우리가 함께 찾아볼 진로입니다.

## 진로여행자를 위한 네 가지 지침

이제부터 우리는 진로를 찾아 여행을 떠날 것입니다. 즐겁고 설레는 여행이 될 테니 기대해도 좋습니다. 단, 진로여행에 앞서 다음 네 가지를 기억하세요.

첫째, 진로는 단순히 어느 대학교의 무슨 학과를 가고 어디에 취직할 것인가의 문제가 아닙니다. 진학과 취업은 진로의 한 과정일 뿐입니다. 가상세계인 게임을 할 때를 생각해보세요. 게임에도 진로가 있지요? 예를 들어 '리그 오브 레전드'라면 챔피언을 조정해서 상대 팀과 대결한다는 진로가 있고, 그 길을 성공적으로 나아가기 위해 캐릭터를 성장시킵니다. 여기서 능력치와 스킬을 얻고 레벨을 상승시키는 것이 바로 진학이나 직업 선택과 같습니다.

둘째, 진로를 설정하는 데에는 속도보다 방향이 중요합니다. 무조건 빨리 목표를 잡고 돌진할 것이 아니라, 조금씩 천천히 나아가더라도 방향을 잘 잡아야 합니다. '방향'이 없으면 아무리 부지런히 움직여도 그것이 전진인지 후진인지 제자리걸음인지 알 수 없을 테니까요. 앞에서 보았던 대졸 신입사원 네 명 중 한 명이 1년 이내에 퇴사한다는 통계만 떠올려봐도 속도보다 방향이 중요하다는 것을 이해할 수 있을 것입니다.

셋째, 진로는 한마디로 대답할 수 있는 문제가 아닙니다. 누군가가 길을 묻는데 단답형으로 이야기할 수 있을까요? "○○빌딩이 어디 있나요?"라고 묻는 사람에게 "사거리요"라든지 "붉은 건물이요"라고 대답하는 사람은 없을 겁니다. "직진하다가 사거리에서 우회전하면 왼쪽에 붉은 건물이 나오는데 그 맞은편이에요"라는 식으로 대답하겠지요. 진로도 마찬가지입니다. 과정을 포함하지 않으면 진로에 대한 올바른 답이 될 수 없습니다.

　넷째, 다른 사람과 비교하지 말고 나만의 진로를 찾으세요. 진로를 탐색하고 설계하다 보면 친구 것이 더 멋있어 보일 수도 있고, 다른 친구들에 비해서 자신의 진로는 별로 재미가 없다고 생각할 수도 있습니다. 하지만 진로에는 좋고 나쁨이 없습니다. 단지 '다를' 뿐입니다. 그러니 자신감도 흥미도 없으면서 억지 진로를 설정하거나 남과 비교할 것이 아니라 나만의 진로를 찾고 설계하세요.

# 해리 포터처럼,
# 벽장 문을 열고 나를 찾아서

**해**리 포터는 부모님을 잃고 이모네 집에서 천대받으며 불우한 어린 시절을 보냅니다. 계단 밑 벽장에서 생활하던 해리가 열한 살이 되었을 때 놀라운 일이 벌어집니다. 호그와트 마법학교의 입학 초대장이 도착한 것입니다. 그리고 더욱 놀랍게도 자신에게 마법사의 피가 흐르고 있다는 사실을 알게 되지요. 자신이 누군지를 알게 되면서 해리의 꿈을 향한 여행이 시작됩니다. 마법학교에서 신기한 마법을 배우고 새로운 친구들을 만나는 즐거움도 있었지만, 한편으로는 수많은 장애물과 부딪치고 어려움을 겪습니다. 그 과정에서 해리는 조금씩 성장하고 진정한 마법사로 거

듭나게 되지요.

처음에는 누구나 해리 포터처럼 작은 벽장에서 시작합니다. 벽장의 문을 열고 꿈을 향한 길에 나서기 위해서는 먼저 내가 누군지 알아야 합니다. 그래서 진로를 찾아 떠나는 여행의 첫걸음은 바로 '나를 이해하기'입니다.

### 나는 누구? 내가 서 있는 곳은 어디?

자기 자신을 다른 말로 '자아(自我)'라고 합니다. '스스로 자(自)', '나 아(我)'. 결국 자기 자신이란 뜻인데도 굳이 '자아'라는 말을 쓰는 데에는 이유가 있습니다. 자아는 단순히 신체적인 자신만을 의미하는 것이 아닙니다. 외모가 바뀌거나 관심사가 달라져도 여전히 자신이라고 느끼는 것이 바로 자아입니다.

그러한 자아를 알아가는 것을 '자기 이해'라고 합니다. 고대 그리스 신전에 새겨져 있었다는 '너 자신을 알라'는 말을 여러분도 들어봤을 것입니다. 인생이라는 여정을 잘 걸어가기 위해서는 먼저 자기 자신을 이해해야 한다는 뜻입니다. 흔히 하는 말이지만 그만큼 중요한 말이기도 합니다.

자기 이해의 과정을 거치고 나면 자기 안에 숨겨져 있는 꿈을 찾을 수 있습니다. 꿈은 어느 날 하늘에서 떨어지는 게 아니라 이미 내 안에 그 씨앗이 있습니다. 우리가 발견해주기를 기다리면서 말이지요. 따라서 진로탐색의 첫발은 자신의 능력, 성격, 흥미, 희망, 욕구, 인생관, 가치관 등을 이해하는 것에서부터 시작됩니다. 자신을 정확하게 알아야 자신이 가장 만족하고 행복을 느끼며 걸어갈 길을 찾을 수 있기 때문입니다.

드라마나 영화를 보면 '복선'이라는 것이 있습니다. 앞으로 일어날 일을 넌지시 암시하는 장치 말입니다. 그런데 우리 인생에도 복선이 있다는 걸 아나요? 여러분이 자기 이해를 통해 알게 된 그 모든 것이 '나'라는 주인공이 살아갈 미래를 암시하는 복선입니다. 그런 의미에서 진로탐색은 자기 인생의 복선을 찾아가는 일이라고 할 수도 있겠지요.

### 자기 이해, 이렇게 시작해봐

여러분은 자기 자신에 대해 얼마나 알고 있나요? 지금 포스트잇을 이용해 자기소개를 해보세요. 포스트잇을 한 장씩 떼어 먼저 자신의 강점을 적어봅시다. 약속 시간을 잘 지킨다, 아침에 일찍 일어난다, 친

처음에는 누구나 해리 포터처럼 작은 벽장에서 시작합니다.
벽장의 문을 열고 꿈을 향한 길에 나서기 위해서는
먼저 내가 누군지 알아야 합니다.

구들의 고민을 잘 들어준다 등 생각나는 대로 하나씩 적어서 책상 위나 벽에 붙이는 겁니다. 그다음에는 약점을 적어보세요. 쉽게 싫증을 낸다, 게으르다, 소심하다 등등. 마지막으로 여러분의 흥미는 무엇인가요? 프라모델을 좋아한다, 사진 찍는 것을 좋아한다, UFO에 호기심이 많다 등 관심 있는 것들을 적어보세요.

자, 포스트잇이 몇 장이나 붙었나요? 술술 나올 줄 알았는데 의외로 잘 생각나지 않을 것입니다. 자기 자신을 누구보다 잘 안다고 생각했지만 어쩌면 대충 알고 있었는지도 모릅니다. 사실 어른들도 진짜 자기 모습을 모른 채 살아가는 경우가 많습니다. 그도 그럴 것이 자기 자신이란 눈에 보이는 것이 아니기 때문에 마음먹고 들여다보지 않으면 알기 어려우니까요.

자기 자신에 대해 알아보는 또 다른 방법은 자서전을 쓰는 것입니다. 자서전이라니! 따분한 일기보다 훨씬 근사하지 않나요? 부모님에게 들은 태어날 때 이야기부터 유치원 시절, 초등학교 시절 중에서 기

억에 남은 일들을 적고, 자신이 뭘 할 때 가장 행복했는지, 요즘 주로 하는 생각이나 관심 있는 것이 뭔지도 기록해보세요. 때로는 그림으로 그려도 좋고요. 단, 한꺼번에 쓰려고 들면 얼마 못 가서 포기하기 쉬우니까 매일 밤 잠들기 전에 30분 정도만 해보세요. 이렇게 자서전을 쓰다 보면 자신이 어떤 사람인지가 모자이크 그림처럼 드러나게 될 것입니다.

혼자 알아보는 것이 힘들다면 심리검사나 적성검사를 활용해볼 수도 있습니다. 다만 검사는 여러분이 자신을 이해하도록 도와주는 수단일 뿐, 그 결과가 자기 자신의 전부일 수는 없습니다. 누군가를 진정으로 이해하기 위해서는 꾸준히 관심을 갖고 그 사람을 알아가야 하듯이 자기 이해도 마찬가지 과정이 필요하겠지요? 그러니 틈날 때마다 자서전을 쓰거나 포스트잇을 가까이 두고 자신에 대해 무엇이든 써서 붙여보세요. 한 벽면이 온통 포스트잇으로 도배가 될 때까지요.

자, 이제 본격적으로 진로여행이 시작됩니다. 먼저 다음 장 'ROAD 2'에서는 자기 이해를 위한 요소를 나의 특징, 흥미, 적성, 가치관 등 네 가지로 나눠서 각 요소별로 흥미로운 자기 탐색법을 알려줄 테니 잘 따라해보세요.

화가 폴 호건은 "자신만의 세계를 창조하지 못하는 사람은 다른 사람이 묘사하는 세계에 머무를 수밖에 없다"고 했습니다. 같은 목적지를 향해 가더라도 내가 원해서 가는 것과 남에게 끌려가는 것은 천지 차이겠지요. 혹시 여러분은 어른들이 하라니까 억지로 학교에 가고 공부를 하고 있지는 않나요? 그렇다고 해도 괜찮습니다. 지금부터 나를 이해하고, 내 진로를 설계하고, 내 꿈의 지도를 그림으로써 누가 시키거나 대신 그려주는 것이 아닌 나만의 세계를 만들어가면 되니까요.

어른들도 진짜 자기 모습을 모른 채
살아가는 경우가 많습니다.
자기 자신이란 눈에 보이는 것이 아니기 때문에
마음먹고 들여다보지 않으면 알기 어려우니까요.

START
ROAD MAP

# 꿈의 시작, 나를 이해하자

# 나는 누구?
# 나의 아바타를 그려보자

"**네** '절친'은 누구야?"

누군가 이렇게 물었다고 해봅시다. "내 절친은 김유진이야"라고 가장 먼저 이름을 말하겠지요. 그런데 상대는 유진이가 누군지 모른다고 합니다. 그럼 유진이에 대해 어떻게 설명할까요? 우선 어떻게 생겼는지 묘사할 것입니다.

"키가 좀 작고 얼굴은 하얘. 안경을 썼고 곱슬머리야."

다음으로는 성격이 어떤지 말할 것입니다.

"유진이는 뭐든 빨라. 밥도 빨리 먹고, 말도 빨리 하고. 잘 삐치지만 또 어찌나 금방 풀리는지. 암튼 착하고 뒤끝 없어서 좋아."

　이렇듯 누군가에 대해 설명할 때에는 먼저 외모나 신체적 특징과 성격을 이야기합니다. 나를 알고 이해하기 위해서도 마찬가지입니다. 진로탐색의 첫걸음인 '자기 이해'는 나의 신체적 특징과 성격을 파악하는 데서부터 출발합니다.

## 신체 조건도 진로와 관계가 있다

　매일 거울을 보는데 새삼스럽게 무슨 신체적 특징을 알아보냐고요? 신체적 특징은 외모뿐만 아니라 타고난 신체적 능력도 포함합니다. 예를 들어 만화가 이현세는 색깔을 구분하는 능력이 약한 색약이라고 합니다. 그래서 미술대학 가는 것을 포기하고 흑백으로 표현이 가능한 만화가의 길을 택했습니다.

　또 여러분 중에는 파일럿을 꿈꾸는 친구들도 있을 텐데요. 파일럿이 되려면 키는 162.5~195cm, 시력은 안경이나 콘택트렌즈를 끼지 않은 상태에서 0.5 이상, 그 밖에도 기관지천식이나 아토피피부염, 전체 피부 중 10% 이상의 화상 흉터가 있어서도 안 되는 등 매우 까다로운 신체 기준을 통과해야 합니다. 그런가 하면 경찰이나 119대원이 되려면 가슴, 배, 입, 구강, 내장 등에 질환이 없어야 하며, 청력에 이상이 없고 색맹 또는 색약이 아니어야 하지요.

　이처럼 아무리 소질과 적성, 흥미가 맞더라도 신체적으로 불리한 조건을 가지고 있으면 꿈을 이루기가 어려울 수 있습니다. 따라서 자신이 하고 싶은 일이 요구하는 신체 조건을 잘 알아보고, 그에 따라 진로를 수정할 필요가 있습니다.

물론 어려운 신체 조건을 극복해낸 사례들은 얼마든지 있습니다. 베토벤은 청력을 잃은 뒤에도 훌륭한 곡들을 탄생시켰고, 박지성은 평발이라는 불리한 신체 조건을 딛고 세계적인 축구 선수가 되었지요. 그러니 자신의 신체적 특징을 잘 살펴보고, 어떤 일을 하는 데 있어 불리한 조건이지만 극복 가능한 정도인지, 또는 어떤 어려움을 감수하더라도 그 꿈을 꼭 이루고 싶은지 잘 판단해봐야 합니다.

### 나도 나를 잘 몰라

겉을 봤다면 이제는 속을 들여다볼 차례입니다. 사람의 속, 성격은 개인이 가지고 있는 고유의 성질이나 품성입니다. 생각이나 감정 같은 내적인 측면뿐만 아니라 외부 환경에 따라 반응하는 행동 방식도 포함하지요. 예를 들어 어떤 뉴스를 접했을 때 여러분의 머릿속에 처음 떠오르는 생각이나 마음속에서 느껴지는 감정도 성격과 관련이 있고, 새로운 학년에 올라가서 모르는 친구와 짝이 됐을 때 여러분이 처음 하는 말이나 행동도 성격적 특징을 나타낸다고 할 수 있습니다.

그런데 사람의 성격을 쉽게 생각하고 판단하는 것은 위험한 일입니다. 예를 들면 흔히 내성적인 친구는 소심할 것이라 생각하고, 외향적인 친구는 대범할 거라고 생각하기 쉽습니다. 하지만 내성적인데 알고 보면 대인배인 친구도 있고, 외향적이지만 의외로 소심한 친구도 있습니다. 또 사람마다 중요하게 여기는 것과 별로 개의치 않는 것이 달라서, 어떤 부분을 건드리느냐에 따라 다른 반응을 보이기도 합니다.

여러분은 자신의 성격을 잘 알고 있나요? 내가 내 성격을 모르면 누가 알겠냐고요? 하지만 잘 들여다보면 여러분 안에는 자신도 잘 모르는 면이 많이 숨어 있습니다. 혹시 휴대전화로 자기 목소리를 녹음해서 들어본 적이 있나요? 내가 말하면서 듣던 내 목소리와 달라서 아마 깜짝 놀랄 것입니다. 또 비만 환자들 중에는 자기가 얼마나 뚱뚱한지 잘 모르고 지내다가 사진을 찍어보고는 충격을 받아서 다이어트를 시작하는 경우가 많습니다. 이렇게 목소리나 외모처럼 겉으로 드러난 자기 모습조차 잘 모르는데 내면은 오죽할까요.

자신의 성격을 알아보고 이해하는 것은 생각보다 많은 노력이 필요한 일입니다. 최대한 객관적으로 자기 자신을 바라봐야 하는데, 내면은 거울처럼 훤히 들여다보이지 않으니까요. 앞에서 자기 이해를 위한 방법으로 추천했던 '포스트잇으로 자기소개하기'는 자신의 성격을 파악하는 데에도 좋은 방법입니다. 내가 생각할 때 나의 성격을 잘 표현해주는 단어들을 포스트잇에 써서 붙여보세요.

또는 좀 더 구체적으로 '친구', '가족', '평소 생활습관', '나의 관심' 등의 주제별로 자기 자신에게 이런저런 질문을 던져보고, 스스로 답을 생각해보는 것도 좋은 방법입니다. 내가 평소에 학교나 집에서 주로 누구와 무슨 활동을 하며 어떻게 지내는지, 또 무엇을 할 때 즐겁고 설레는지 등을 떠올리면서 자유롭게 적어보세요.

**생각을 돕는 단어들**

감정적  거만  검소  겁이 많음  게으름  겸손  경쟁심  계획  고집

공격적  급함  긍정적  긴장  까칠함  낙천적  내성적  냉정함

너그러움  논리적  느긋함  다정함  단순함  단호함  대담함  따뜻함

무뚝뚝함  발랄함  방어적  배려  베풂  변덕  부정적  부지런함

분노  비관적  비판적  사교적  사려  상냥함

성실함  소극적  소심함  솔직함  수다  수동적  수줍음

순발력  승부욕  신뢰  신중함  싹싹함  예리함  예민함  예의  온순함

외향적  용기  원만함  원칙  융통성  이기적  저돌적  정의감  주도적

촐싹댐  침착함  포용적  활동적

## 내 성격 입체적으로 파악하기

아무리 노력을 한다고 해도 나를 완전히 객관적으로 파악하기는 어려울 것입니다. 그래서 꼭 알아봐야 할 것이 다른 사람들이 보는 나의 모습입니다. 세상에서 나를 가장 잘 아는 사람은 가족과 친구겠지요? 부모님과 제일 친한 친구 한두 명에게 내 성격은 어떤지, 나의 강점과 약점은 뭐라고 생각하는지 물어보세요.

그런데 막상 얼굴 마주 보면서 묻고 대답하려면 쉽지 않을 것입니

**생각을 돕는 질문들**

| 나는 친구를 여러 명<br>사귀는 게 좋은가? | | 나는 적은 수의 친구를 깊이<br>사귀는 게 좋은가? |
|---|---|---|
| 나는 무엇을 할 때 예전에<br>했던 대로 하는 게 편한가? | | 나는 무엇을 할 때 새로운 방법으로<br>하는 게 좋은가? |
| 나는 불공평한 것이 가장<br>나쁘다고 생각하는가? | | 나는 다른 사람의 마음에 상처를 주<br>는 것이 가장 나쁘다고 생각하는가? |
| 나는 일을 계획적으로<br>하는 것이 좋은가? | vs | 나는 일을 그때그때<br>해내는 것이 좋은가? |
| 나는 '해야 하는 것'부터<br>하는 편인가? | | 나는 '하고 싶은 것'부터<br>하는 편인가? |
| 나는 한 가지에<br>오래 관심을 갖는가? | | 나는 동시에 여러 가지에 관심이<br>많은가? |
| 나는 집에서 내 방에<br>혼자 있을 때가 많은가? | | 나는 집에서 가족들과 함께<br>거실이나 주방에 있을 때가 많은가? |

다. 만날 보는 사이인데 갑자기 내 강점과 약점이 무엇인 것 같으냐고 물어보면 얼른 떠오르지가 않거든요. 또 강점을 말하자니 오글거리고, 약점을 솔직하게 말하자니 미안하고……. 이렇게 서로 난처해질 수 있으니 종이에 적어서 주거나 문자메시지로 보내달라고 부탁해보세요.

자, 그럼 다음 차례는 '비교해보기'입니다. 앞서 여러분이 기록한 '내가 생각하는 나의 성격'과 가족이나 친구가 보내준 '다른 사람이

생각하는 나의 성격'을 나란히 놓고, 공통점은 무엇이고 차이점은 무엇인지 찾아보는 것입니다. 나와 다른 사람의 생각이 일치하는 공통점을 모아보면 진정한 내 모습을 알 수 있고, 차이점을 모아보면 미처 몰랐던 내 모습을 발견할 수 있게 되지요.

그런데 이러한 차이점, 즉 내가 보는 내 모습과 다른 사람이 보는 내 모습이 다른 이유는 무엇일까요? 우선 가족이나 친구에게 솔직한 모습을 다 보여주지 못했기 때문일 수 있습니다. 예를 들어 나는 자신감이 부족한 편이 아닌 것 같은데 친구는 내가 자신감이 별로 없는 것 같다고 했다면, 평소에 친구들이 잘난 척한다고 생각할까봐 조심해서 그렇게 보이는 것일 수 있지요.

한편으로는 관계의 차이 때문일 수도 있습니다. 예를 들어 나는 내가 사교적인 것 같은데 엄마가 보기에는 수줍은 편이라고 했다면, 내가 또래 친구들과는 빨리 친해지고 잘 지내지만 어른들 앞에서는 조용하고 말이 없어서 그렇게 보일 수도 있는 것입니다. 그럴 때에는

**나와 다른 사람의 생각이 일치하는 공통점을 모아보면
진정한 내 모습을 알 수 있고, 차이점을 모아보면
미처 몰랐던 내 모습을 발견할 수 있게 되지요.**

'친구들과 잘 지내지만 어른들은 어려워한다'처럼 보다 구체적으로 내 성격을 알 수 있겠지요?

이렇게 '내 관점에서 본 나'와 '다른 사람들의 관점에서 본 나'를 비교해보면 내 모습을 마치 3D 영상처럼 입체적으로 바라볼 수 있을 것입니다.

# 나의 뇌구조 그리기

웹툰
카톡 프사
뭘로 바꾸지?
잠이나 자고 싶다.
내가 뭘 잘할 수 있을까?
공부는 꼭 해야 하나?
이성
키 크는 법
게임
짜증나는 반 애들
중간고사
여드름
학원 가기 싫다.
먹을 거
연예인
신상 운동화

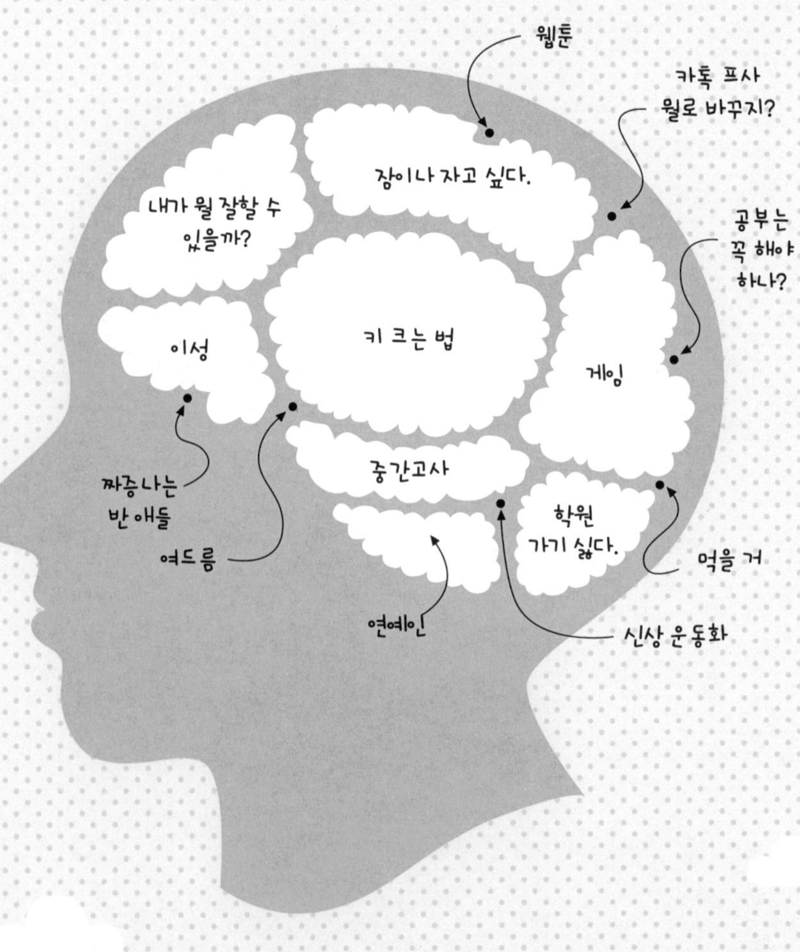

뇌구조를 그려보면 요즘 내가 무슨 생각과 고민을 많이 하는지 알 수 있습니다. 나의 현재 상태를 아는 것은 나 자신을 이해하는 출발점이기도 하지요. 그러니 아주 사소한 고민이나 창피한 생각이라도 빼먹지 말고 모두 그려 넣어보세요.

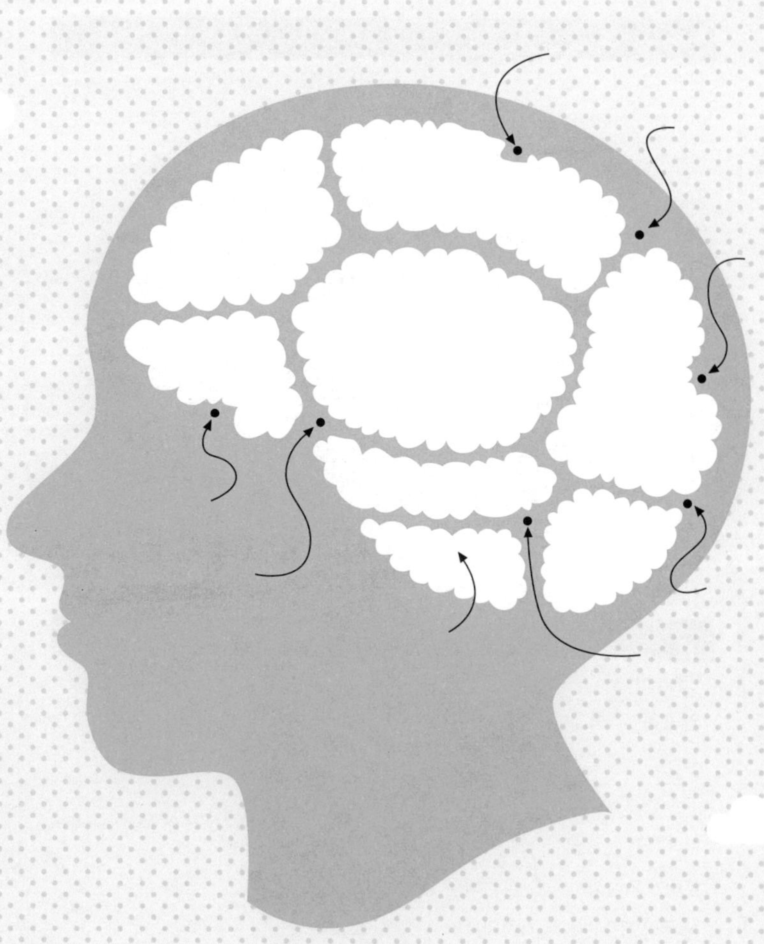

# 내가 보는 나 vs 남이 보는 나

| 내가 보는 내 모습 | |
|---|---|
| 강점 | 약점 |
| 친구들의 이야기를 잘 들어준다. | 뭐든 코앞에 닥쳐야 한다. |
| 한번 시작한 일은 끝까지 한다. | 겁이 많아서 도전하기를 꺼린다. |
| 이해하기 쉽게 글을 잘 쓴다. | 길게 대화하는 것을 어려워한다. |
| 식물을 잘 가꾼다. | 꼼꼼하게 살펴보는 것이 힘들다. |
| 전기, 물, 소모품 등 절약을 잘한다. | 청소하는 것을 귀찮아한다. |
| 악보를 읽고 어느 정도 음을 낼 수 있다. | 수학을 별로 좋아하지 않는다. |
| 모든 사람들과 두루두루 잘 어울린다. | 거절을 잘 못한다. |
| 잘못한 것은 바로 인정한다. | 지나간 안 좋은 기억들을 오래 생각한다. |
| 체육 활동을 좋아하고 잘한다. | 계획 세우고 실행하는 것을 잘 못한다. |
| 차분하고 느긋한 편이다. | 사람들의 평가에 예민하다. |

| 남이 보는 내 모습 | |
|---|---|
| 강점 | 약점 |
| 이해심이 많고 너그럽다. | 즉흥적이고 변덕이 심하다. |
| 일의 마무리를 잘 짓는다. | 실천력이 약하다. |
| 성실하고 열정이 있다. | 시간 약속을 잘 못 지킨다. |
| 겸손하고 잘 배려한다. | 마지막까지 미룬다. |
| 이해하기 쉽고 솔직하게 이야기한다. | 청소를 잘 안 한다. |
| 부탁을 거절하지 않고 잘 들어준다. | 처음에 다가가기가 어렵다. |
| 꼭 필요한 조언을 잘 해준다. | 잘할 수 있는데 주저한다. |
| 검소하고 아껴 쓴다. | 갑자기 닥친 일에 잘 대응하지 못한다. |
| 사람들을 웃게 한다. | 지나치게 감정적일 때가 있다. |
| 처음 하는 운동도 곧잘 한다. | 의존적인 경향이 있다. |

먼저 내가 생각하기에 나의 강점은 무엇이고 약점은 무엇인지 쭉 나열해보세요. 그런 다음 가족이나 친구들에게도 나의 강점과 약점을 물어보세요. 내가 생각한 약점이 강점이 될 수도 있고, 강점이 오히려 약점으로 보일 수도 있습니다. 이 과정을 통해 한층 객관적인 자기 이해에 도달할 수 있을 것입니다.

**내가 보는 내 모습**

| 강점 | 약점 |
| --- | --- |
|  |  |
|  |  |
|  |  |
|  |  |
|  |  |
|  |  |
|  |  |
|  |  |
|  |  |

**남이 보는 내 모습**

| 강점 | 약점 |
| --- | --- |
|  |  |
|  |  |
|  |  |
|  |  |
|  |  |
|  |  |
|  |  |
|  |  |

## MAP 2

# 내가 하고 싶은 일,
# 나의 버킷리스트를 적어보자

앞에서 진로탐색을 위한 자기 이해의 출발점으로 나의 신체적 특징과 성격을 알아봤습니다. 하지만 그것만 가지고 중차대한 진로를 결정할 수는 없는 법! 일례로 개그맨들 중에도 사실 자기는 무척 내성적인 성격이라고 말하는 사람들이 꽤 있습니다. 좀 내성적일지라도 재미있는 아이디어가 많거나 사람들이 웃어줄 때 행복을 느낀다면 얼마든지 개그맨이 될 수 있는 것이지요.

그래서 자기 이해를 돕는 두 번째 질문은 '나는 무엇을 좋아할까?'입니다.

누군가를 좋아한다고 생각해보세요. 처음에는 외모 때문에 끌렸을 가능성이 큽니다. 상대

방에 대해 더 알고 싶어지면서 그 친구는 어떤 사람인지 알아보겠지요. 성격까지 알았다면? 그다음에는 그 친구가 무엇을 좋아하는지 알고 싶을 것입니다.

나를 알아가는 과정도 마찬가지입니다. 신체적 특징과 성격을 알았으니 이제는 흥미를 알아볼 차례입니다. 신체적 특징과 성격 알아보기가 나를 객관적으로 이해하는 활동이었다면, 이번에는 주관적인 관점에서 내가 좋아하는 것을 마음껏 떠올려보는 신나는 활동입니다.

### 내 일상에서 흥미를 찾아보자

흥미란 내가 가장 관심 있고 즐거워하는 것입니다. 사물도 좋고 활동도 좋아요. 내가 무엇에 대해 긍정적인 감정이나 적극적인 반응을 보이는지 생각해봅시다.

흥미를 알아보기 위해서는 일상에서 시작해야 합니다. 88쪽 표에서 보듯이 내 일상을 몇 가지 범위로 나눠서 각각의 범위별로 나의 흥미를 찾아보세요.

만약 흥미 있는 것이 잘 떠오르지 않는다면 먼저 내가 싫어하는 것, 절대 하고 싶지 않은 활동을 생각해보세요. 자기가 뭘 좋아하는지는 잘 모르지만 뭘 싫어하는지만 확실히 알아도 큰 소득이 됩니다. 셜록 홈스는 이렇게 말했지요.

"불가능한 요소를 모두 없애고 나면 아무리 믿을 수 없는 것이 남는다고 해도 그것이 진실이다."

| 흥미를 찾는 범위 | |
| --- | --- |
| 관심에서 흥미 찾기 | • 주로 돈을 쓰는 곳<br>• 내 방을 채운 물건들<br>• 마트나 백화점에서 주로 가는 코너<br>• 서점에서 주로 관심 있는 분야 |
| 과목에서 흥미 찾기 | • 좋아하는 과목과 시간<br>• 방과 후, 또는 학원에서 마음에 드는 시간 |
| 생활에서 흥미 찾기 | • 무엇을 할 때 집중이 잘되나?<br>• 무엇을 할 때 시간이 빨리 가나?<br>• 시키지 않아도 알아서 하는 일은?<br>• 무엇을 할 때 즐겁고 행복한가?<br>• 나도 모르게 사람들에게 말을 많이 하는 주제는? |

셜록 홈스는 사건을 수사하는 데 이 방법을 사용했지만 여러분은 흥미를 찾는 데 활용해보세요.


**버킷리스트, 이렇게 만들어봐**

흥미를 찾으면 하고 싶은 것도 생깁니다. 예를 들어 여행에 관심이 많다면 유럽 여행, 전국 일주, 맛있는 것을 찾아다니는 여행 등을 해보고 싶어지겠지요. 추리소설을 좋아한다면 유명한 추리소설 작가들의 시리즈를 다 읽겠다, 언젠가 나만의 추리소설을 써보겠다 등의 하고 싶은 일들이 생길 테고요.

혹시 '버킷리스트(bucket list)'라는 말 들어봤나요? 버킷리스트란 죽기 전에 꼭 해보고 싶은 일들을 적은 목록을 말합니다. 영어를 그대로 번역하면 '양동이 목록'인데 왜 그런 뜻을 갖게 됐을까요? 중세 시대에는 사람들이 자살을 하거나 죄인을 교수형에 처할 때, 엎어놓은 양동이에 올라가서 목에 올가미를 두른 뒤 양동이를 걸어찼다고 합니다. 이때부터 양동이를 걸어차다, 즉 '킥 더 버킷(kick the bucket)'이 '죽다'라는 뜻으로 쓰였고, 여기에서 '버킷리스트'라는 말이 나온 것이지요.

버킷리스트라는 말은 2007년에 〈버킷리스트〉라는 영화가 나오면서 널리 쓰이게 됐습니다. 죽음을 앞둔 두 남자가 우연히 같은 병실을 쓰게 되면서 얼마 남지 않은 시간 동안 하고 싶은 일들의 목록을 만들고, 함께 병실을 뛰쳐나가 버킷리스트를 하나씩 실행해나간다는 것이 영화의 줄거리입니다. 세렝게티에서 사냥하기, 만리장성을 오토바이로 질주하기, 문신하기, 스카이다이빙, 눈물 날 때까지 웃어보기 등등, 두 사람은 하나씩 실행할 때마다 버킷리스트의 항목을 지워나가고, 또 어떤 항목은 더해가기도 합니다. 그리고 '우리가 인생에서 가장 많이 후회하는 것은 살면서 한 일들이 아니라 하지 않은 일들'이라는 메시지를 전해주지요.

영화 속 주인공들처럼 여러분도 나만의 버킷리스트를 만들어보세요. 꼭 하고 싶은 '일'로만 한정할 필요는 없습니다. 갖고 싶은 것, 되고 싶은 것, 보고 싶은 것도 얼마든지 포함시킬 수 있습니다. 1,800cc 모터사이클을 갖고 싶다거나, 친구들에게 고민이 생겼을 때 가장 먼저 털어놓고 의논하는 친구가 되고 싶다거나 등등 여러분이 정말 좋아하고 바라는 것이라면 뭐든 버킷리스트에 담아보세요. 그 밖에도 여러분의 버킷리스트를 더욱 알차고 풍성하게 만들 수 있는 다섯 가지 방법이 있습니다.

첫째, 실현 가능성은 잊어버리세요.

버킷리스트는 내가 정말 원하고 좋아하는 것이지 내가 할 수 있는 것이 아닙니다. 물론 '아이언맨이 되고 싶다' 같은 초현실적인 바람은 좀 곤란하겠지만, 그 밖에는 스스로 한계를 정할 필요가 없습니다.

둘째, 작고 사소한 것부터 생각해보세요.

버킷리스트는 뭔가 거창하고 원대해야 할 것 같다고요? 천만에요! 당장 내일이라도 할 수 있지만 실제로는 못 하고 지내는 것들도 얼마든지 포함시킬 수 있습니다.

셋째, 최대한 구체적으로 작성하세요.

예를 들어 '맛있는 음식 다 먹어보기'라고만 쓴다면 램프 요정 지니라도 고민에 빠질 수밖에 없습니다. 어떤 게 맛있는 음식인지, 그 음식이 여러분 입맛에 맞을지 안 맞을지 알 수가 없으니까요. 그보다는 '이탈리아에 가서 정통 나폴리 피자 먹어보기', 이왕이면 '2030년 내 생일에 나폴리에서 피자 먹기'처럼 구체적으로 작성한다면 여러분 스스로도 실행에 옮기고 싶은 욕구가 마구마구 샘솟지 않을까요?

넷째, 10년, 20년 단위로 쪼개서 작성하세요.

'죽기 전에'라고 하니까 영 막막하고 잘 떠오르지 않을 것입니다. 그럴 땐 내가 스무 살이 되면, 마흔 살이 되면 식으로 생각해보세요. '2025년 몇 월 며칠까지'처럼 기한을 정하면 더 좋고요. 그냥 '언젠가는 하고 싶다'고만 생각하면 평생 못 합니다.

다섯째, 생각날 때마다 추가하고 수정하세요.

버킷리스트는 날 잡아서 한꺼번에 작성할 필요도 없고, 한번 만들



**버킷리스트가 있으면 하고 싶은 일의 중요도에 따라 우선순위가 매겨지고, 언제까지 뭘 하고 무엇이 되겠다는 계획을 세울 수 있습니다.**

어놓으면 완성형인 것도 아닙니다. 평소에 자주 들여다보면서 생각나는 게 있으면 추가하고, 마음이 바뀌면 지우거나 고치기도 하다 보면 점점 더 구체적이고 실현 가능성에 가까워질 것입니다.

### 버킷리스트를 통해 나를 보다

처음에는 '세계 여행', '외제차'처럼 많은 사람들이 하고 싶어 하거나 갖고 싶어 하는 것을 쓰게 될지도 모릅니다. 하지만 계속해서 추가하고 지우고 수정해가다 보면 나중에는 내가 진짜 원하고 좋아하는 것이 뭔지 자연스럽게 알게 될 것입니다.

또 버킷리스트는 내가 살아갈 인생의 방향과 속도를 알려주기도 합니다. 버킷리스트가 없다면 그저 시간이 흐르는 대로, 또는 무작정 열심히만 살기가 쉽겠지요. 하지만 버킷리스트가 있으면 하고 싶은 일의 중요도에 따라 우선순위가 매겨지고, 언제까지 뭘 하고 무엇이 되겠다는 계획을 세울 수 있습니다.

'버킷리스트 전도사'로 불리는 김수영 작가는 "인생을 한 권의 책이라고 한다면 버킷리스트는 목차 같은 것"이라고 말했습니다. 책에 목차가 없다고 생각해보세요. 대강이나마 무슨 내용이 담겨 있는지, 구성과 순서가 어떻게 되는지도 알지 못한 채 막막한 마음으로 책을 읽어야겠지요. 목차가 없는 인생이란 그저 일상에 파묻혀 어수선하게 하루하루를 보내는 삶일 테고요. 그런 점에서 구체적인 목표와 꿈을 담은 버킷리스트는 인생을 더욱 충실하게, 설레는 마음으로 살아갈 수 있게 도와주는 지침이라고 할 수 있습니다.

자, 지금부터 종이와 펜을 들고 나만의 버킷리스트를 만들어봅시다. 일단 100개를 목표로 작성해볼까요? 요즘은 버킷리스트를 관리하는 스마트폰 앱도 있으니 활용해보기 바랍니다.

## 내가 좋아하는 것 vs 내가 싫어하는 것

| | |
|---|---|
| I love 스마트폰 꾸미기 | I hate 엄마 잔소리 듣기 |
| I love 산책하기 | I hate 한곳에 오래 앉아 있기 |
| I love 떡볶이 | I hate 교실 앞에 나가 수학문제 풀기 |
| I love 판타지 소설 | I hate 김치 |
| I love 사람들의 이야기 들어주기 | I hate 롤러코스터 타기 |
| I love 자전거 타기 | I hate 학원 가기 |
| I love 식물 관찰하기 | I hate 사람들이 많은 지하철 타기 |
| I love 유튜브 영상 보기 | I hate 일찍 일어나기 |
| I love 게임하기 | I hate 정리정돈하기 |

내가 좋아하는 것을 마음껏 적어보세요. 컴퓨터게임, 프라이드치킨, 친구들과 수다 떨기, 동생 놀리기, 영화 보기, 기계 만지기 등 뭐든 상관없습니다. 마찬가지로 싫어하는 것도 자유롭게 적어보세요. 자신이 무엇을 좋아하고 싫어하는지 아는 것은 자기 이해의 중요한 과정입니다.

| I love | I hate |
|--------|--------|
| I love | I hate |
| I love | I hate |
| I love | I hate |
| I love | I hate |
| I love | I hate |
| I love | I hate |
| I love | I hate |
| I love | I hate |

## 나의 버킷리스트

| NO. | 내용 | 목표 연도 | 달성 여부 | 달성 연도 |
|---|---|---|---|---|
| 1 | 화분에 방울토마토 키워서 따 먹기 | 2014년 | O | 2014년 |
| 2 | 수상도시 베네치아에서 한 달 살아보기 | 2020년 | | |
| 3 | 피아노 배워서 연주해보기 | 2014년 | O | 2014년 |
| 4 | 한식 조리사 자격증 따기 | 2025년 | | |
| 5 | 영어 유창하기 말하기 | 2022년 | | |
| 6 | 식물학자로서 많은 사람들에게 자연의 소중함을 깨우쳐줄 '위드네이처(WithNature)' 캠페인 열기 | 2035년 | | |
| 7 | 전 과목 100점 맞기 | 2015년 | | |
| 8 | 아프리카 사바나에서 기린 사진 찍기 | 2035년 | | |
| 9 | 요크셔테리어 키우기 | 2023년 | | |
| 10 | 서울대 식물생산과학부 입학 | 2019년 | | |
| 11 | 하와이에서 윈드서핑 해보기 | 2025년 | | |
| 12 | 매일 윗몸일으키기 50회로 복근 만들기 | 2017년 | | |
| 13 | 전국의 수목원 탐방하기 | 2022년 | | |
| 14 | 작은 텃밭 가꾸기 | 2014년 | O | 2014년 |
| 15 | 처음 보는 사람들과 대화하기 | 2015년 | | |
| 16 | 태국에 가서 열대과일 먹기 | 2025년 | | |
| 17 | 성지순롓길 가보기 | 2030년 | | |
| 18 | 직접 재배한 채소로 음식 만들어보기 | 2015년 | | |
| 19 | 미국 요세미티국립공원 가기 | 2028년 | | |
| 20 | 결혼하고 아이 두 명 이상 갖기 | 2032년 | | |
| 21 | 정원이 있는 집에서 살기 | 2040년 | | |
| 22 | 동남아시아의 불우한 아동 후원하기 | 2014년 | O | 2014년 |
| 23 | 직접 키운 허브로 나만의 향수 만들기 | 2015년 | | |
| 24 | 집 정원에 이웃들이 쉴 수 있는 카페 만들기 | 2050년 | | |
| 25 | 아직 아무도 발견하지 못한 희귀 식물을 찾아 이름 붙이기 | 2060년 | | |

죽기 전에 하고 싶은 것, 갖고 싶은 것, 되고 싶은 것을 쓸 수 있는 만큼 적어보세요. 앞에서 살펴본 버킷리스트 작성 팁을 참고하면 더욱 좋겠지요? 그리고 이 리스트를 가까운 곳에 두고 하나씩 이룰 때마다 달성 여부와 연도를 기록하세요. 성취감에 가슴이 뿌듯해질 것입니다.

| NO. | 내용 | 목표 연도 | 달성 여부 | 달성 연도 |
|---|---|---|---|---|
| 1 | | | | |
| 2 | | | | |
| 3 | | | | |
| 4 | | | | |
| 5 | | | | |
| 6 | | | | |
| 7 | | | | |
| 8 | | | | |
| 9 | | | | |
| 10 | | | | |
| 11 | | | | |
| 12 | | | | |
| 13 | | | | |
| 14 | | | | |
| 15 | | | | |
| 16 | | | | |
| 17 | | | | |
| 18 | | | | |
| 19 | | | | |
| 20 | | | | |
| 21 | | | | |
| 22 | | | | |
| 23 | | | | |
| 24 | | | | |
| 25 | | | | |

# MAP 3
# 내가 잘하는 것,
# 나를 자랑해보자

지금쯤이면 여러분의 머릿속은 내가 좋아하는 것, 하고 싶은 일들로 가득 찼을 것입니다. 이제 부푼 가슴을 조금 진정시키세요. 미안하지만 지금부터는 조금 냉정해져야 할 시간입니다.

하고 싶은 일을 다 하며 살 수 있다면 얼마나 좋을까요? 하지만 우리의 시간과 능력은 한정돼 있습니다. 간혹 대단한 능력자들도 있지만 대부분의 사람들은 동시에 대여섯 가지 직업을 갖거나 일생 동안 수십, 수백 개의 일을 할 수는 없습니다. 그래서 좋아하는 수많은 일들 중에서도 내가 잘할 수 있는 일을 추려야 합니다.

좋아하는데 소질까지 있다면 성공하기가 한결 쉽겠지요? 따라서 이왕이면 잘하는 것을 직업으로 삼고 다른 좋아하는 일들은 취미로 하는 것이 현명할 것입니다.

이 세상에 똑같은 사람은 하나도 없습니다. 주변 친구들을 보세요. 저마다 외모도, 성격도, 잘하는 과목도 다르지요? 이처럼 사람은 각자 다른 재능과 적성을 지니고 있습니다. 그럼 재능은 무엇이고, 적성은 또 뭘까요?

## 누구에게나 한 가지 이상의 재능은 있다

우선 재능은 '어떤 일을 하는 데 필요한 재주와 능력'입니다. 그런데 재능은 반드시 타고나는 것만을 뜻하지는 않습니다. 훈련과 노력을 통해 습득한 것도 재능입니다. 재능은 자기 안에 숨어 있는 원석과도 같습니다. 발견해서 다듬고 아름답게 디자인을 해야 값어치 있는 보석이 됩니다. 그다음에도 꾸준히 닦고 관리해주지 않으면 본래의 빛깔과 반짝임을 잃어버리게 되지요.

〈생활의 달인〉이라는 TV 프로그램을 여러분도 알 것입니다. 짧게는 10년에서 길게는 수십 년 이상 한 가지 일을 하며 열정과 노력으로 달인의 경지에 도달한 사람들을 소개하는 프로그램이지요. 호떡의 달인, 구두닦이의 달인부터 청소의 달인, 수건 접기의 달인, 애견 교육의 달인 등 아무리 사소한 것이라도 꾸준히 갈고닦으면 누구도 따라올 수 없는 재능이 될 수 있다는 것을 보여줍니다.

여러분도 자신이 잘하는 것을 무엇이든 떠올려보세요. 꼭 상을 받았다거나 칭찬을 받았던 것이 아니어도 됩니다. 아주 작고 사소한 것이라도 좋아요. 사람은 자기가 잘하는 일을 할 때 자신감이 샘솟게 마련입니다. 그리고 자신감은 우리를 성공으로 이끌어주는 엔진과도 같습니다.

아무리 생각해도 잘하는 것이 없다고요? 그렇지 않습니다. 아직 발견하지 못했을 뿐이지요. 중요한 것은 재능을 볼 수 있는 눈과 관심입니다. 나는 분명 남과 다른 재능을 가졌다는 것을 믿으세요. 설령 지금 당장 떠오르지 않는다고 해도 실망할 필요는 전혀 없습니다. 앞으로 꾸준히 자신이 잘하는 것을 탐색하면 되니까요.

아인슈타인은 열 살이 될 때까지 말을 더듬었고 학교에서는 거의 지진아 취급을 받았지만 수학에서만큼은 뛰어났습니다. 그런가 하면 간디는 학교 성적이 뛰어난 편은 아니었지만 대인관계와 리더십이 탁월했습니다. 그 능력을 활용해 인도의 민족운동 지도자가 되고 전세계의 지지를 이끌어냈지요.

**중요한 것은 재능을 볼 수 있는 눈과 관심입니다.
나는 분명 남과 다른 재능을 가졌다는 것을 믿으세요.**

부모님이나 형제, 친구들에게 물어보는 것도 좋은 방법입니다. 나도 미처 몰랐던 내 재능을 이미 눈치챘을 수도 있거든요. 농구 선수 마이클 조던은 학교 대표팀 선발에 탈락하고 농구를 포기하려고 했지만 그의 재능을 알아본 아버지의 격려 덕분에 농구를 계속할 수 있었습니다.

### 적성을 알면 행복에 한 걸음 가까워진다

그럼 적성은 뭘까요? 적성이란 '어떤 일을 하기에 알맞은 성격이나 성질, 소질' 등을 뜻합니다. 다시 말해서 적성은 재능과 함께 앞서 알아본 성격과 흥미를 모두 포함하는 것입니다.

예를 들어 글쓰기에 소질이 있는 두 친구가 있다고 해봅시다. 한 친구는 여럿이 어울리거나 돌아다니는 것보다 집에 혼자 있는 것을 좋아하고, 다른 친구는 그 반대입니다. 그렇다면 첫 번째 친구는 소설가가, 두 번째 친구는 여행 작가가 적성에 맞는다고 할 수 있습니다.

적성은 이처럼 복합적이기 때문에 전문적인 적성검사를 받으면 많은 도움이 됩니다. 또 스스로 자신을 더 잘 알아보기 위해 노력하고 여러 가지 경험을 쌓아가면서 새로운 적성을 발견할 수도 있습니다.

적성은 어느 정도 타고나는 것이지만 이것을 자기만의 강점으로 만들고 발전시키는 것이 더 중요합니다. 성공한 사람들을 보면 약점을 보완해서 성공을 거둔 경우는 거의 없다고 합니다. 탁월한 성과는 결국 자신의 강점에 기반을 두었을 때 발휘된다는 뜻이지요. 따라서 자신의 약점을 보완하기 위해 시간과 노력을 들이기보다는 강점을 잘 관리할 수 있는 방법을 찾는 편이 훨씬 효과적일 것입니다.

여러분도 나의 강점은 무엇이고, 그것을 어떻게 최대한으로 끌어올릴 수 있을지 생각해보세요. 비록 약점이 있더라도 강점을 찾아서 잘 단련시킨다면 성공과 행복에 한 걸음 더 다가갈 수 있을 것입니다.

영국의 철학자 윌리엄 러셀은 "당신이 잘하는 일이라면 무엇이든 행복해지는 데 도움이 된다"고 말했습니다. 광산에서 보석을 캐기 위해서는 쓸데없는 돌과 흙을 훨씬 더 많이 파내야 합니다. 여러분의 재능과 적성을 발견하는 과정이 결코 쉽지만은 않겠지만, 분명히 있다는 것을 믿고 꾸준히 찾아보세요. 그리고 끊임없는 노력을 통해 자기만의 빛깔로 아름답게 반짝이는 보석으로 다듬어가기 바랍니다.

여러분의 재능과 적성을 발견하는 과정이
결코 쉽지만은 않겠지만,
분명히 있다는 것을 믿고 꾸준히 찾아보세요.

# 내가 제일 잘나가!

친구들의 고민 상담
라면 맛있게 끓이기
상황 재연하기
사람들 관찰하여 장단점 발견하기
이야기 들어주기
배구
산책하기
상대방 위로하기
윗몸일으키기
판타지 소설 읽기
보드게임
청소하기
친구들의 감정 알아맞히기
가위바위보해서 지기
영화 보기
눕자마자 5분 안에 잠들기
수영
빨리 걷기
새로운 곳에 가보기
성대모사하기
걸그룹 안무 따라 추기
설득하기
축구
셀카 찍기
김치볶음밥 만들기
영어 동화책 읽기
자전거 타기
즉흥적으로 놀러 가기
처음 보는 사람과 대화하기
식물 관찰하기
다이어리 꾸미기
비판하기
화분 가꾸기

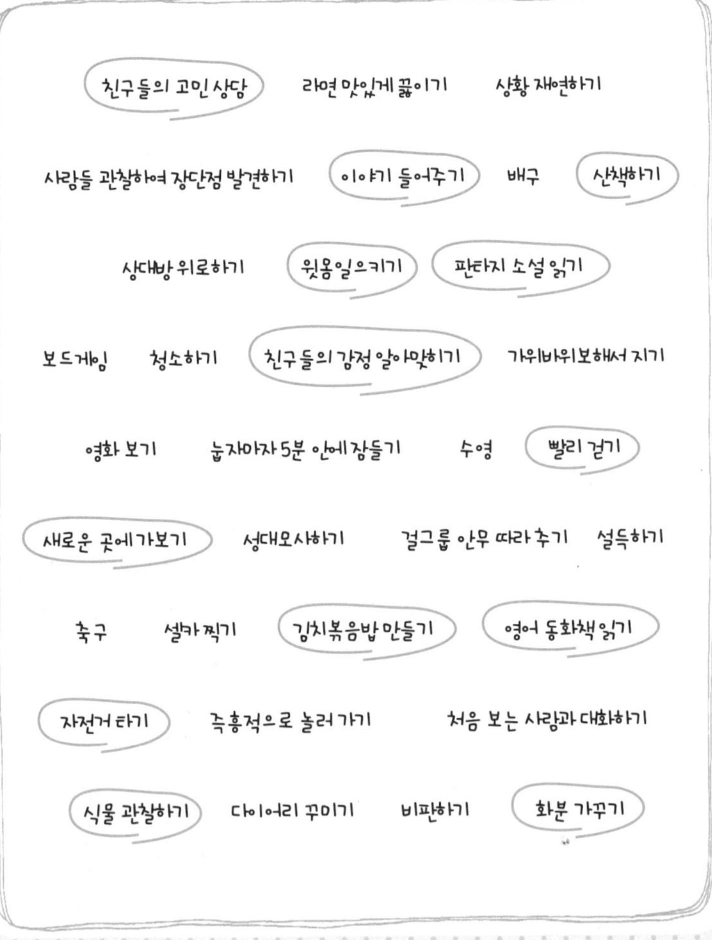

누구나 잘하는 것이 있습니다. 남들보다 조금이라도 잘하는 게 뭘까 생각해보세요. 자신 있는 과목도 좋지만, 꼭 공부로만 한정하지 말고 생활 속에서 아무리 사소한 것이라도 좋으니 떠올려봅시다. 가장 능숙하게 할 수 있는 일이나 칭찬받은 행동들을 적어보세요. 그런 다음 95쪽에 작성한 '내가 좋아하는 것'과 겹치는 것이 있으면 동그라미를 쳐두세요. 내가 잘하고 좋아하는 일을 진로로 발전시킬 수 있으니까요.

누구나 잘하는 것이 있습니다. 남들보다 조금이라도 잘하는 게 뭘까 생각해보세요. 자신 있는 과목도 좋지만, 꼭 공부로만 한정하지 말고 생활 속에서 아무리 사소한 것이라도 좋으니 떠올려봅시다. 가장 능숙하게 할 수 있는 일이나 칭찬받은 행동들을 적어보세요. 그런 다음 95쪽에 작성한 '내가 좋아하는 것'과 겹치는 것이 있으면 동그라미를

## MAP 4
# 내가 추구하는 것, 나에게 행복한 삶이란?

지금까지 나의 성격, 흥미, 재능과 적성에 대해 알아봤습니다. 이렇게 다양한 '자기 이해'의 과정이 필요한 것은 진로를 찾기 위해서입니다. 그럼 진로는 왜 찾아야 할까요? 바로 행복하게 살기 위해서입니다. 행복하게 살고 싶다면 당연히 내가 무엇을 할 때 행복한지 알아야겠지요. 좋아하고 잘하는 일을 하면 행복한 것 아니냐고요? 꼭 그렇지만은 않답니다.

2014년 1월 18일, 미국 일간지 《뉴욕타임스》에 한 기고문이 실려 화제가 되었습니다. 34세의 샘 포크라는 사람이 쓴 글이었습니다. 그는 넉넉지 못한 집안 형편 때문에 돈 버는 일에 관심이 많았습니다. 그래서 명문대를 졸업하고 월스트리트에서 일하는 금융인이 되었습니다. 열심히 일했고 다행히 재능도 있어서 그는 승승장구했습니다. 남들보다 빨리 승진을 했고 그때마다 연봉도 올랐습니다. 덕분에 고급 아파트에 살고 고급 레스토랑에서 밥을 먹으며 미녀들과 데이트를 즐겼습니다. 그러나 끝없이 더 많은 돈을 원하는 생활에 회의를 느낀 그는 회사에서 제시한 80억 원의 보너스를 박차고 월스트리트를 떠났습니다.

빈민들을 위한 NGO(비정부기구)를 운영하고 있는 샘은 지금이 훨씬 더 행복하다고 말합니다. 그는 분명 돈 버는 일에 흥미와 재능이 있었습니다. 그런데 왜 불행했을까요? 돈을 많이 버는 것은 그가 진정으로 추구하는 가치가 아니었기 때문입니다. 오히려 현재 하고 있는 일처럼 세상에 보탬이 되고 남을 돕는 것이 그가 추구한 가치였습니다.

### 나의 행복, 나의 성공과 직결되는 것이 가치

가치란 '감정이나 의지의 욕구를 충족시키는 것'이며 '자신이 중요하게 여기는 것'입니다. 그래서 살아가며 마주치는 수많은 선택의 순간에 우선순위를 정하는 기준이 됩니다.

간혹 자신이 진정 원하는 것을 찾으려 하기보다 남들이 행복하다고 말하는 길을 택하는 사람들이 있습니다. 그러나 사람들이 느끼는 행복은 저마다 다릅니다. 어떤 사람은 친구들과 수다를 떨 때 가장 행복하다고 합니다. 반면 또 다른 사람은 여러 친구들과 수다를 떠는 것보다는 친한 친구 한 명과 깊은 대화를 나눌 때 행복을 느낀다고 합니다.

이렇듯 사람들이 행복과 만족감을 느끼는 지점은 서로 다릅니다. 이는 사람마다 가치관이 다르기 때문인데요. 가치관이란 삶이나 어떤 대상에 대해서 옳고 그름을 판단하는 기준입니다. 또 어떤 상태가 행복하고 어떤 상태가 불행한지를 판단하는 관점이기도 합니다. 전직 금융인 샘 포크는 물질적으로 부유하고 안락하게 사는 것보다 남을 돕고 더불어 살며 마음을 풍요롭게 하는 것이 더 행복하다는 가치관을 갖고 있었습니다. 그래서 돈보다 사랑이나 이타심이라는 가치를 우선시했던 것이지요. 이처럼 어떤 가치관을 가지느냐에 따라 추구하는 바가 다르고, 삶의 태도도 달라집니다.

가치는 삶을 성공적으로 이끄는 중요한 요소입니다. 1980~90년대까지만 해도 사람들은 아이큐가 높은 사람이 학교 성적도 우수하고 사회에서 성공한다고 생각했습니다. 그러나 먹고사는 문제가 어느 정도 해결되고 발전한 사회일수록 아이큐 같은 수치화된 지능보다 평화, 예술, 환경, 인류애 등 다양한 가치를 추구하고 실현하는 사람들이 삶의 만족도도 높고 사회적으로 인정받는 경우가 많습니다.

예를 들어 화려한 할리우드 스타였지만 은퇴 후 전세계를 돌며 봉사와 구호활동에 여생을 바친 오드리 헵번, 따뜻한 인간애를 담은 노래와 빈부격차 해소를 위한 적극적 활동으로 사랑받는 록밴드 U2의

리더 보노, 우리나라의 성철 스님이나 김수환 추기경 등은 아이큐나 학교 성적이 아니라 그들이 추구한 가치 덕분에 많은 사람들의 인정과 존경을 받습니다.

## 어떤 상황에도 변하지 않는 절대가치를 추구하자

가치에는 절대가치와 상대가치가 있습니다. 절대가치는 시간과 공간을 초월해 결코 변하지 않는 가치입니다. 사랑, 자유, 인간의 존엄성, 평화 같은 것들이 절대가치라고 할 수 있지요. 반면 상대가치는 만들어진 가치이기 때문에 때와 장소가 변하면 그에 따라 바뀝니다.

예를 들어 이번 시험에서 내 평균 점수가 10점 이상 올라 기분이 좋습니다. 그런데 나보다 공부를 못하던 친구가 훨씬 더 많이 올라서 반에서 1등까지 차지해버렸습니다. 방금 전까지만 해도 행복했는데 그 소식을 듣자 자신이 무능하게 느껴지고 성적을 올리기 위한 노력도 부질없어 보입니다.

이처럼 순식간에 천국에서 지옥으로 떨어진 것은 지식이나 성취, 노력 같은 절대가치를 잃어버리고 성적이나 경쟁 같은 상대가치에 빠져버렸기 때문입니다. 앞서 소개한 샘 포크도 금융인으로 일할 때에는 남이 돈을 더 벌면 시기심으로 들끓었다고 합니다. 10원이 있다가 만 원이 생긴 사람은 행복하지만, 100만 원을 가졌던 사람은 10만 원이 있어도 불행합니다. 이처럼 늘 상대적일 수밖에 없는 돈이라는 가치를 추구했기에 샘은 불행했던 것입니다. 반면 지금은 사랑과 나눔

**자신이 생각하는 행복한 하루의 모습을 그려보세요.
어떤 하루든 그 속에 여러분이 추구하는 가치가 들어 있습니다.**

이라는 절대가치를 추구하기에 비교할 것도, 질투할 대상도 없어졌습니다. 이렇듯 모래성처럼 사라져버릴 상대가치보다 영원히 변하지 않는 절대가치를 추구하면 삶은 좀 더 행복해집니다.

### 행복한 어느 하루의 내 모습을 상상해봐

여러분은 어떤 가치를 추구하는지 생각해보세요. 이를 알아보기 위해서는 자신이 소중히 여기는 것을 떠올려보면 됩니다. 또 자신이 생각하는 행복한 하루의 모습을 그려보세요. 가족들과 함께하는 하루, 자신의 일을 잘해내서 승진하는 하루, 또는 도로 한복판에서 위험에 처한 강아지를 구조하는 하루이거나 어디론가 훌쩍 떠나서 혼자 낚시를 즐기는 하루일 수도 있습니다. 어떤 하루든 그 속에 여러분이 추구하는 가치가 들어 있습니다.

다 행복할 것 같다고요? 물론 그럴 수 있습니다. 여러분은 지금 자신의 가치관을 정립해가는 시기에 있습니다. 가치관은 살아가면서 흔들리기도 하고 변화하기도 합니다. 그러니 지나치게 서두를 필요는 없습니다. 다만 아주 확실하지는 않더라도 현재 자신이 중요하게 생각하는 가치를 최대한 구체적으로 파악하면 진로를 그 가치와 일치하는 방향으로 설계할 수 있습니다. 의미 있고 행복한 삶을 위해 내가 추구하고 싶은 가치는 무엇인지 생각해보세요.

# 가치 우선순위 매기기

가족, 우정, 성적, 돈 등 눈에 보이지 않는 무형의 가치에 우선순위를 매겨보면 자신이 추구하는 가치와 가치관을 알 수 있습니다. 세상에는 수많은 가치들이 있지만 그중 대표적인 것들만 아래에 소개합니다.

| 가치 항목의 예 | 의미 | 우선순위 |
| --- | --- | --- |
| 권력 | 사회를 통제하여 다스리는 힘 | 21 |
| 우정 | 인정과 우애가 있는 대인관계 | 5 |
| 가족 | 가족 간의 사랑과 신뢰를 지키며 사는 삶 | 6 |
| 정의 | 차별과 편견, 불의가 없는 세상을 만드는 삶 | 17 |
| 예술 | 예술의 아름다움을 추구하며 사는 삶 | 18 |
| 건강 | 질병 없이 활기차게 오래 사는 삶 | 15 |
| 지식 | 인간과 사물에 대한 진지한 탐구와 온전한 이해를 추구하는 삶 | 19 |
| 부 | 물질적으로 풍부한 삶 | 20 |
| 안정 | 소중한 것들을 지키며 위협 없이 사는 삶 | 12 |
| 성취 | 노력을 통해 어려움을 극복하고 과제를 해결하는 삶 | 13 |
| 봉사 | 고통받는 사람들을 사랑하고 도와주는 삶 | 14 |
| 명예 | 남들에게 존경받고 사회적 지위를 보장받는 삶 | 10 |
| 성실 | 정성스럽고 참된 태도로 사는 삶 | 9 |
| 정직 | 거짓이나 꾸밈없이 진실하게 사는 삶 | 8 |
| 용기 | 힘이나 고난에 굴복하지 않는 삶 | 4 |
| 사랑 | 인종이나 국경을 넘어 인간을 아끼고 베푸는 삶 | 1 |
| 개척 | 아무도 손대지 않은 새로운 분야를 닦아나가는 삶 | 16 |
| 도전 | 어려운 과제에 정면으로 부딪히는 삶 | 3 |
| 자아실현 | 자신이 하는 일에 보람을 느끼는 삶 | 11 |
| 신념 | 평생 지키고 믿으며 지향하는 생각 | 2 |
| 자유 | 원하는 것을 마음껏 할 수 있는 자유로운 삶 | 7 |

| 1순위: 사랑 | 2순위: 신념 | 3순위: 도전 |
| --- | --- | --- |
| 이유 : 사랑은 모든 가치 위에 있는 가치인 것 같다. 권력이나 돈은 올바르게 쌓아가고 사용해야 하는데, 만약 사랑이 없다면 너무 무서운 세상이 되지 않을까? | 이유 : 내 신념이 없으면 그냥 다른 사람들이 바라는 대로만 살게 될 것 같다. 그래서 신념은 중요한 가치라고 생각한다. | 이유 : 건강이나 명예나 지식 등이 조금 부족해도 뭔가에 도전할 수 있다면 그것만으로도 충분하지 않을까? 항상 도전하면서 사는 삶은 참 멋진 것 같다. |

각각의 항목에 여러분이 중요하다고 생각하는 순서대로 번호를 매겨보세요. 그리고 상위 3순위까지를 중심으로 왜 그 가치가 자신에게 중요한지 생각해보고, 그러한 가치를 직업을 통해 어떻게 구현할 수 있을지에 대해서도 살짝 고민해봅시다.

| 가치 항목의 예 | 의미 | 우선순위 |
|---|---|---|
| 권력 | 사회를 통제하여 다스리는 힘 | |
| 우정 | 인정과 우애가 있는 대인관계 | |
| 가족 | 가족 간의 사랑과 신뢰를 지키며 사는 삶 | |
| 정의 | 차별과 편견, 불의가 없는 세상을 만드는 삶 | |
| 예술 | 예술의 아름다움을 추구하며 사는 삶 | |
| 건강 | 질병 없이 활기차게 오래 사는 삶 | |
| 지식 | 인간과 사물에 대한 진지한 탐구와 온전한 이해를 추구하는 삶 | |
| 부 | 물질적으로 풍부한 삶 | |
| 안정 | 소중한 것들을 지키며 위협 없이 사는 삶 | |
| 성취 | 노력을 통해 어려움을 극복하고 과제를 해결하는 삶 | |
| 봉사 | 고통받는 사람들을 사랑하고 도와주는 삶 | |
| 명예 | 남들에게 존경받고 사회적 지위를 보장받는 삶 | |
| 성실 | 정성스럽고 참된 태도로 사는 삶 | |
| 정직 | 거짓이나 꾸밈없이 진실하게 사는 삶 | |
| 용기 | 힘이나 고난에 굴복하지 않는 삶 | |
| 사랑 | 인종이나 국경을 넘어 인간을 아끼고 베푸는 삶 | |
| 개척 | 아무도 손대지 않은 새로운 분야를 닦아나가는 삶 | |
| 도전 | 어려운 과제에 정면으로 부딪히는 삶 | |
| 자아실현 | 자신이 하는 일에 보람을 느끼는 삶 | |
| 신념 | 평생 지키고 믿으며 지향하는 생각 | |
| 자유 | 원하는 것을 마음껏 할 수 있는 자유로운 삶 | |

| 1순위 : | 2순위 : | 3순위 : |
|---|---|---|
| | | |

## 나의 묘비명 짓기

에이브러햄 링컨(정치인, 1809~1865)
국민의, 국민에 의한, 국민을 위한 정부는 영원할 것이다.

토머스 에디슨(발명가, 1847~1931)
상상력, 큰 희망, 굳은 의지는 우리를 성공으로 이끌 것이다.

스탕달(소설가, 1783~1842)
살았다, 썼다, 사랑했다.

로널드 윌슨 레이건(정치인, 1911~2004)
옳은 일은 언제나 궁극적으로 승리한다.

프랑수아 모리아크(소설가, 1885~1970)
인생은 의미 있는 것이다. 행선지가 있으며, 가치가 있다.

게일 보든(발명가, 1801~1874)
나는 시도하다 실패했다.
그러나 다시, 또다시 시도해서 성공했다.

알렉산드로스 대왕(마케도니아 왕, B.C 356~B.C 323)
용기 있게 살고 영원한 명성을 남기고 죽는 것은 아주 멋진 일이도다!

김수환(추기경, 1922~2009)
나는 아쉬울 것이 없어라.

유명한 사람들의 묘비명을 보면 그들이 평생 추구했던 가치가 들어 있는 경우가 많습니다. 여러분도 자신의 묘비명을 만들어보세요.

**나의 묘비명**

이름 ＿＿＿＿＿＿＿＿＿＿＿＿＿ (직업:　　　　　 )

묘비명 ＿＿＿＿＿＿＿＿＿＿＿＿＿

　　　　＿＿＿＿＿＿＿＿＿＿＿＿＿

START
ROAD
MAP

# 꿈을 현실로 만드는 진로 로드맵

## MAP 1

# 세상을 알아야
# 미래가 보인다

지금까지 여러분은 진로여행에서 '자기 이해'라는 아주 중요한 첫발을 내딛었습니다. 맨 앞 장 'ROAD 1'에서 진수라는 친구 이야기를 할 때 설명했던 '지피지기면 백전불태'라는 말 기억하지요? '상대를 알고 나를 알면 백번 싸워도 위태롭지 않다'는 뜻이었지요. 자기 이해 과정을 통해 나를 알았으니 다음은 상대를 알아볼 차례입니다.

진로여행에서 상대란 바로 여러분이 살아갈 세상입니다. 그리고 세상을 알아보는 좋은 방법 중 하나는 '변화'에 초점을 맞추는 것입니다. 10년, 또는 20년 전에 비해서 지금은 세상이 어떻게 변했는지, 또 현재의 흐름에 비춰볼 때 앞으로는 어떻게 변할지 살펴보는 것이지요. 수많은 변화가 있겠지만 지금부터 크게 세 가지 변화를 알아볼까 합니다. 중요한 이야기니까 때로는 조금 어렵게 느껴지더라도 천천히, 잘 따라와주세요.

### 인생, 길~다!

첫 번째는 '생애주기의 변화'입니다.

혹시 '서드 에이지(third age)'라는 말 들어봤나요? 영어 그대로 해석하면 '세 번째 나이'인데, 나이에도 첫 번째, 두 번째가 있다니 언뜻 이해가 안 가지요? 서드 에이지는 말 그대로 나이가 아니라 사람의 생애주기 가운데 세 번째 시기, 나이로 따지면 40세 이후 30년을 가리키는 말입니다.

2006년에 출간된 《서드 에이지, 마흔 이후 30년》의 저자 윌리엄 새들러는 사람의 생애주기를 4단계로 나눴습니다. 배움의 단계인 '퍼스트 에이지(first age)', 배움을 바탕으로 사회적 정착을 하는 '세컨드 에이지(second age)', 인생의 2차 성장을 통해 자아실현을 추구하는 '서드 에이지(third age)', 성공적인 삶을 이룩하고 젊게 살다가 삶을 마감하는 '포스 에이지(fourth age)'입니다.

우리나라의 고령화 속도가 엄청 빠르다는 건 여러분도 알고 있지요? 어느 정도냐 하면 부모님이 지금의 여러분 또래이던 1980년에는 기대수명이 65.7년이었는데, 2012년에는 81.4년으로 무려 16년 가까이 늘어났습니다. 덩달아 우리 국민들의 평균연령도 1980년의 25.9세

**사람의 생애주기 4단계**

| 10 | 20 | 40 | 70 |
|---|---|---|---|
| 퍼스트 에이지 | 세컨드 에이지 | 서드 에이지 | 포스 에이지 |
| 배움의 단계 | 사회에 정착하는 단계 | 자아실현을 추구하는 단계 | 삶을 성공적으로 마무리하는 단계 |

에서 2012년에는 38.9세로 올라갔지요. 자, 놀랄 준비하세요. 2014년 현재로부터 26년 뒤인 2040년, 그러니까 지금 14세인 친구가 40세가 될 즈음에는 우리 국민의 평균연령이 무려 49.7세가 될 거라고 합니다. 여러분이 마흔 살이 되어도 평균 나이보다 열 살이나 '어린 어른'이 된다는 겁니다.

무슨 이야기를 하려고 이렇게 서론이 기냐고요? 무슨 이야기긴요, 세상 이야기지요. 여러분이 살아갈 인생은 이렇게 점점 길어질 거라는 말입니다. 지금 여러분은 퍼스트 에이지를 살고 있는 중이고, 머릿속으로 그려보는 미래의 모습은 아마 세컨드 에이지 정도일 겁니다. 그런데 위에서 말했듯이 세컨드 에이지가 끝나고 여러분이 마흔 살이 되어도 평균연령보다 열 살이나 어린 '한창 나이'입니다. 그다음에는 무려 30년간의 서드 에이지와 10년 이상의 포스 에이지가 기다리고 있고요.

이 길고도 긴 인생을 여러분은 어떻게 살아갈 건가요? 아마도 여러분은 원하는 대학에만 가면 인생의 전반전은 무사히 마치는 셈이라고 생각하겠지만, 천만에요! 그래봐야 농구로 치면 이제 막 1쿼터를 뛰었을 뿐입니다. 그러니 남은 세 차례의 쿼터까지 내다보며 지금부터 어떻게 체력을 안배하고, 각 쿼터마다 어떤 전략이 필요할지 생각해야 합니다. 그러지 않으면 인생이라는 코트를 무턱대고 열심히만 뛰어다니다가 헉헉대며 경기를 마칠지도 모르니까요.

### 꾸준한 업그레이드가 경쟁력

두 번째는 '일과 관련된 사회적 변화'입니다.

맨 앞의 'ROAD 1'에서 정인이 부모님 이야기를 할 때, 1997년 IMF 경제 위기 이후로 '평생직장' 개념이 무너졌다고 했던 것, 기억하나요? 평생직장 개념이 사라졌다는 것은 다른 말로 '한 가지 직업 또는 경력'만으로는 살아가기 어렵게 됐다는 뜻입니다. 위에서 했던 이야기와 연관지어보면 마흔 이후 30년의 서드 에이지까지 한 직장에서 한 가지 일만 하다가 정년퇴직하는 것은 불가능하다는 것이지요. 따라서 일생에 걸쳐 꾸준히 자신의 경력을 계발하고 관리하는 일이 무엇보다 중요해졌습니다.

일하는 환경이 이렇게 변한 데에는 몇 가지 이유가 있습니다.

첫 번째는 세계화입니다. 세계화라는 말은 개인이나 기업이 한 나라를 넘어서 세계로 진출하고 세계를 무대로 성공할 수 있다는 의미이기도 하지만, 한편으로는 세계와 함께 경쟁해야 한다는 뜻이기도 합니다. 세계화의 속도가 빨라지면서 우리 기업들은 다른 여러 나라의 기업들과 무한 경쟁에 돌입하게 됐고, 경쟁에서 뒤처지지 않기 위해 비용을 절감하려다 보니 꼭 필요하지 않은 직원들을 내보내는 일이 많아지게 된 것입니다.

두 번째로 지식정보사회로의 변화를 들 수 있습니다. 지식정보사회는 다른 말로 지식기반사회라고도 하는데요. 말 그대로 정보와 지식이 부를 창조하는 사회입니다. 인터넷을 비롯한 정보통신기술의 발전이 이러한 변화를 앞당겼지요. 혹시 카페에서 노트북으로 뭔가 열심히 작업하는 사람을 본 적이 있나요? 그런 사람들을 '디지털 유목민'이라고 하는데요. 노트북과 스마트폰 등의 IT 기기를 갖추고 거리나 시간과 상관없이 옮겨다니며 일하는 사람들을 말합니다. 정말 부럽다고요? 알고 보면 꼭 그렇지만도 않답니다. 그런 사람들이 많아지면서 경쟁도 점점 치열해지고 있으니까요.

정보와 지식의 특징은 엄청난 양이 매우 빠른 속도로 생산된다는 점입니다. 여러분은 인터넷에 익숙하니까 무슨 말인지 이해할 거예요. 예를 들어 똑같은 키워드를 어제 검색하고 오늘 검색해보면 뉴스, 블로그, 카페, SNS, 이미지, 동영상 등에서 새로운 정보가 잔뜩 올라와 있을 것입니다.

이렇게 지식의 변화 속도가 빠르다 보니 지식에도 우유처럼 '유효기간'이 생겼습니다. 그 기간이 20세까지의 산업사회에서는 10년, 오늘날의 지식정보사회에서는 1년이라고 합니다. 따라서 자신의 일과 직접, 간접적으로 관련된 새로운 정보와 지식을 꾸준히 축적하고, 나아가 그것을 활용하는 능력을 업그레이드하지 않으면 경쟁에서 금세 밀려나는 세상이 된 것이지요.

### 전문성만으로는 부족해!

마지막으로 살펴볼 세상의 변화는 '인재상의 변화'입니다.

사회가 요구하는 인재의 조건이 달라졌다는 뜻인데요. 피터 드러커라는 아주 유명한 경영학자는 《프로페셔널의 조건》이라는 책에서 현대 사회는 전문가의 시대이며, 한 분야에서 전문적인 역량을 쌓는 것이 가장 중요한 경쟁력이라고 말했습니다. 쉽게 말해서 '한 우물만 깊게 파라'는 이야기지요.

그런데 이 책이 발표된 2001년에서 지금까지 오는 동안 세상은 변하고, 인재상도 변했습니다. 위에서 말한 것처럼 지식의 변화 속도가 워낙 빨라서 어느 한 분야의 전문가만으로는 2% 부족해진 것입니다. 그래서 요즘 주목받고 있는 것이 '융합형 인재'입니다. 한 우물만 깊게 파기보다 여러 우물을 깊고 넓게 파는 사람이라고 할까요?

그런데 융합형 인재는 T자형 인재, A자형 인재, 파이(π)형 인재 등 별명도 참 많습니다.

T자형 인재는 글로벌 자동차 회사 도요타가 제시하는 인재상입니다. T자의 세로선은 한 분야의 전문적 지식을, 가로선은 다른 분야에 대한 준전문가적 지식을 말합니다. A자형 인재는 안철수연구소가 제시한 인재상입니다. 'A=사람 인(人)자 + 그 사이의 선(-)', 즉 한 분야

의 전문 지식뿐만 아니라 다른 분야에 대한 기본 지식과 포용력을 갖춘 사람들이 서로 조화와 협력을 이루는 것이 중요하다는 의미지요. 파이($\pi$)형 인재란 삼성전자가 제시한 인재상으로 $\pi$의 가로선은 다양하고 전방위적인 지식과 경험을, $\pi$의 아랫부분은 마치 나무뿌리처럼 전문 분야를 깊게 파고들어 쌓은 높은 수준의 실력을 말합니다. 표현은 달라도 모두 비슷한 의미지요.

물론 지금도 각 분야의 전문가는 꼭 필요합니다. 다만 지식의 변화 속도가 빠르고 해결해야 할 문제들이 복잡하게 얽히면서 한 가지 능력만으로는 문제를 해결할 수 없는 경우가 점점 많아지고 있는 것이지요. 또한 "애플은 기술과 인문학의 교차점에 있다"고 입버릇처럼 말한 스티브 잡스의 예에서 보듯이, 서로 다른 분야에 대한 지식이 결합하면 훨씬 창의적이고 혁신적인 결과를 가져올 수 있다는 점이 증명됨에 따라 융합형 인재가 점점 더 주목받고 있습니다.

아마도 여러분은 원하는 대학에만 가면
인생의 전반전은 무사히 마치는 셈이라고 생각하겠지만,
천만에요!

## 평생직장은 없어도 평생직업은 있다

지금까지 진로여행을 위해 알아두면 좋은 세상의 변화에 대해 살펴봤습니다. 너무 크고 먼 이야기 같아서 머리 아프다고요? 그럼 좀 더 짧고 쉽게 정리해봅시다.

고령화 시대를 살아가는 우리는 서드 에이지, 즉 마흔 이후 30년까지 '현역'으로 일하게 될 것입니다. 따라서 어떤 회사를 다니느냐보다 어떤 일을 하느냐가 중요합니다. 평생직장은 없지만 '평생직업'은 가질 수 있기 때문입니다. 그리고 평생직업을 가지려면 일생에 걸쳐 꾸준히 능력을 계발하고 관리해야 합니다.

여러분이 앞에서 나의 특징, 흥미, 적성, 가치관 등 자기 이해에 그토록 공을 들인 것도 내가 평생에 걸쳐서 정말 하고 싶고, 할 수 있는 일을 찾기 위해서입니다. 그 일을 통해 10년, 20년, 50년 뒤에는 각각 어떤 내가 되어 있고 싶은지를 생각하면서 그러한 목표를 이루는 데 필요한 계획을 세우는 것이 진로설계지요.

이제 우리는 본격적으로 내 인생의 지도, 이른바 '진로 로드맵'을 함께 그려보게 될 것입니다. 그런데 진로 로드맵을 그리기 전에 한 가지 준비가 더 필요합니다. '지피(知彼)', 즉 '세상 알기'의 마지막 관문인 '직업의 세계 탐색하기'입니다. 지금까지는 독수리가 하늘에서 내려다보듯이 세상의 굵직굵직한 변화를 알아봤다면, 이제는 좀 더 가까이 내려와서 세상을 돌아가게 만드는 다양한 직업들을 알아보고, 그중에 내가 하고 싶은 일이 뭘까 찾아보는 것입니다.

# 진로설계의 첫걸음, 직업 탐색하기

처음 'ROAD 1'에서 꿈과 진로, 직업에 대해 이야기했던 것을 다시 떠올려볼까요? 꿈은 '나이를 먹어가면서 나와 함께 성장할 수 있는, 직업 이상의 가치를 가진 것'. 진로는 '나의 꿈으로 이어지는 길'. 그리고 직업은 '내 꿈을 이루기 위해 나아가는 진로의 한 도구'라고 했습니다. 다시 말해서 직업은 꿈을 실현하기 위한 중요한 수단입니다. '꿈=직업'은 아니지만 '꿈 따로 직업 따로'는 더더욱 아닌 것이지요.

여기, 꿈과 진로에 관한 몇 가지 '안타까운' 통계가 있습니다.

2013년에 직장인 645명을 대상으로 조사한

결과, 82.6%가 '나는 꿈이 없다'고 대답했습니다. 현재의 직업이 10대부터 가지고 싶었던 직업이라고 응답한 사람은 17.4%, 장래 희망과 거리가 먼 직업이라는 응답이 82.6%였습니다.

또 어느 대학에서 실시한 설문조사 결과, 신입생의 54%가 대학에서 이루고 싶은 꿈이나 목표를 구체적으로 생각해본 적이 없다고 응답했고, 졸업을 한 한기 앞둔 재학생의 32.4%가 구체적인 진로목표가 없다고 했습니다.

이것이 여러분의 미래 모습이라고 생각하면 정말 싫지 않나요? 어린 시절에는 꿈을 술술 말하다가 중고등학생이 되면 '꿈=대학', 대학생이 되면 '꿈=취업', 직장인이 된 후에는 '꿈 없음'이라니. 게다가 꿈을 이뤘으면 행복해야 하는데, 꿈꿨던 대학생이 되고 취업을 해도 행복하다고 말하는 사람은 별로 없습니다. 오히려 "내가 원하던 삶은 이런 게 아니었다"고들 합니다.

진로설계 없이 코앞의 목표만 바라보며 정신없이 달려가면 그렇게 될 수밖에 없습니다. 만약 여러분이 10년 후에 원래 꿈과 거리가 먼 일을 하고 있다고 응답하는 82.6%에 속하고 싶지 않다면, 지금부터 열정을 가지고 다양한 직업의 세계를 탐색해보세요. 나의 특징, 적성, 흥미, 가치관과 잘 맞는 일이 무엇인지 찾아보는 겁니다. 어떤 일을 해야 나의 재능과 능력을 마음껏 발휘하며 가장 나답게, 진정으로 행복하게 살아갈 수 있을까요?

## 내가 아는 직업은 몇 개?

여러분이 알고 있는 직업들을 떠올려봅시다. 너무 많다고요?

사실 세상의 직업을 모두 나열해보라고 한다면 몇날며칠이 걸릴 정도로 많습니다. 2013년판《한국직업사전》을 보면 우리나라에는 총 1만 971개의 직업(직업명은 1만 3,605개)이 있고 일본에는 약 1만 7,000여 개, 미국에는 약 2만 3,000여 개가 있다고 합니다. 실제로는 있지만 잘 알려지지 않았거나 통계로 잡히지 않는 직업까지 포함하면 전세계에 수십만 개의 직업이 있을 거라고 하네요.

그런데 우리나라에만 1만 개가 넘게 존재하는 직업 중에서 자녀가 원하는 직업은 30여 개, 부모가 원하는 직업은 다섯 개라는, 요즘 말로 '웃픈' 이야기도 있습니다. 그만큼 부모도 자녀도 적극적으로 직업 탐색을 하지 않고 전통적인 직업이나 안정된 직업, 또는 최근 청소년들이 선망하는 직업 정도에 머무르고 있다는 뜻이겠지요.

그렇다고 해서 그 직업들에 대해 잘 아느냐 하면 그런 것도 아닙니다. 실제로 여러분 또래 친구들에게 잘 아는 직업 다섯 개만 설명해보라고 하면 어려워하는 경우가 많습니다. 물론 아직은 여러분의 생활 범위가 한정돼 있다 보니 접할 수 있는 직업의 수가 적고, 다양한 직업에 대해 자세히 알기도 어려울 것입니다. 하지만 괜찮습니다. 이제부터 세상에 어떤 직업들이 있는지 알아보고, 각각의 직업이 구체적으로 어떤 일을 하며 어떤 준비를 필요로 하는지 등을 살펴보면 되니까요.

## 내 생활 깊숙이 들어온 직업의 세계

알고 보면 이미 많은 직업들이 우리의 일상과 아주 가까이에서 함께하고 있습니다. 우리가 매일 오고가는 길에서, 또는 차를 타고 어딘가로 이동하는 사이에도 수많은 직업을 만날 수 있으니까요.

제가 살고 있는 주택가를 예로 들어볼까요? 집을 나서서 큰길로 나가면 맨 먼저 음식점이 보입니다. 낮에는 식사, 저녁에는 와인을 파는 곳인데 이 가게의 주인은 꽤 젊은 부부입니다. 아내가 주방을 책임지고 남편은 가게 관리를 맡고 있습니다. 따라서 주인 부부의 직업은 와인바 사장입니다. 두 사람은 대학 때부터 와인을 엄청 좋아했다고 합니다. 인터넷 카페를 운영하며 회원들과 와인 정보를 나누고 각종 와인 시음회에 참여하는 등 활발하게 활동했고, 그 흥미를 살려 지금의 와인바를 열었습니다.

와인바를 지나면 '커피 볶는 집'이 있습니다. 직접 커피를 볶고 바로 갈아서 커피를 내려주는 작은 카페입니다. 40대 초반쯤으로 보이는 카페 사장님의 직업은 커피 전문점을 운영하는 개인 사업자이지만, 정기적으로 커피 아카데미를 열어 소그룹으로 교육을 하는 강사이기도 합니다.

조금 더 걸어가면 멀지 않은 곳에 또 다른 커피 전문점이 등장합니다. 이곳은 개인이 운영하는 카페가 아니라 프랜차이즈 커피숍입니다. 이 가게에 들어가서 만나게 되는 직업은 커피 전문점 사장이 아니라 커피 체인업체의 직원들입니다. 지점장과 커피를 만드는 직원들이지요. 여기서 조금 더 가다 보면 치킨집이 나오고, 더 가면 교회가 하나 있습니다. 조금 더 걸어가면 옷가게, 은행, 건축 사무소, 우체국, 헬스클럽 그리고 꽃가게가 있습니다.

고작 10분쯤 걸었을 뿐인데 이렇게 많은 직업의 현장들이 있습니다. 그리고 와인바 사장, 커피숍 사장, 커피 전문점 직원, 교회 목사, 은행 직원, 옷가게 주인, 헬스클럽의 트레이너 및 관리 직원, 우체국 공무원, 건축설계사, 플로리스트…… 이렇게나 많은 직업들을 만났습니다.

여러분은 오늘 얼마나 많은 직업을 지나쳤나요? 직업 탐색을 할 수 있는 아주 좋은 기회를 놓치고 있지는 않은가요? 이제부터 여러분을 둘러싸고 있는 직업들에 관심을 가져보세요. 앞만 보거나 땅만 보지 말고 주변을 주의깊게 살펴보세요. 매일 오가던 길이 달라 보일 것입니다. 가게에 들어가면 사람들이 어떻게 일하는지 관찰해보세요. 기회가 된다면 그 직업에 대해 궁금한 점을 물어봐도 좋습니다. 겉으로 볼 때보다 훨씬 더 많은 것을 알게 될 것입니다.

### 구체적인 진로설계는 직업 탐색으로부터!

생활 속에서 만날 수 있는 직업만 가지고는 충분히 탐색하기가 어렵습니다. 여러분이 다니는 길과 장소는 거의 한정돼 있으니까요. 따라서 좀 더 적극적으로 찾아볼 필요가 있습니다. 인터넷이라는 편리한 도구가 있으니 꼭 발품을 팔지 않아도 됩니다. 대표적인 곳이 '워크넷(www.work.go.kr)'과 '커리어넷(www.career.go.kr)'입니다. 이들 사이트에 들어가보면 다양한 직업과 자세한 정보를 많이 만날 수 있습니다. 또 유망한 미래 직업을 간접체험할 수도 있고요. '이렇게 흥미로운 직업들이 많았다니!' 하고 깜짝 놀라게 될 것입니다.

'이건 정말 내가 하고 싶은 일이다!', '내 꿈을 이룰 수 있는 일이다!'라는 확신이 들 때까지 충분히 알아보세요. 하나 이상의 직업을 택하고, 그 직업에 대해 다른 사람에게 설명할 수 있을 정도로요. 또 그 일을 하는 데 필요한 조건, 그 직업을 통해 어떤 진로가 가능한지도 알아봐야 합니다.

직업 세계에 대한 정보와 지식은 내 진로설계와 밀접한 관계가 있습니다. 예를 들어 '나의 언어로 사람들의 마음을 움직이는 카피라이터'라는 목표를 세웠다고 해봅시다. 그런데 만약 카피라이터가 되기 위해서는 어떤 자격이 필요한지 모른다면 계획을 세울 수가 없겠지요? 또 카피라이터가 된 후에는 어떠어떠한 진로들이 있는지 모른다면 그 뒤의 인생도 계획하기 힘들 것입니다.

반면 카피라이터가 되려면 국어국문학과, 문예창작과, 광고홍보학과 등에 진학하는 것이 유리하다는 정보를 얻었다고 해봅시다. 그럼 그런 학과에 입학하는 것을 가장 가까운 목표로 세우고 노력할 수 있겠지요. 또 카피라이터로 경력을 쌓은 다음에는 광고 디자인까지 총괄하는 아트 디렉터가 될 수도 있고, 내 홍보회사를 차릴 수도 있으며, 후배들을 양성하는 강사나 교수가 될 수도 있다는 것을 알면 나름의 계획을 세울 수 있을 것입니다.

이렇게 직업 탐색은 단지 직업에 대한 정보를 많이 아는 데 그치는 것이 아니라 멀게는 그 일을 통해 이루고 싶은 꿈을 갖게 해주고, 가깝게는 진학 목표도 세울 수 있는 중요한 활동입니다.

## MAP 3

# 꿈을 그리는 자, 그 꿈을 닮아간다

드디어 진로여행의 중간 지점까지 왔습니다! 나를 알고 세상을 아는 지피지기 단계까지 모두 마친 것이지요. 자기 이해를 거쳐 세상의 변화와 직업의 세계를 탐색했으니 이제는 정말 본격적으로 진로를 설계할 차례입니다.

지금쯤 여러분의 머릿속에는 어떤 꿈 하나가 조심스럽게 자리잡았을 것입니다. 아직 어렴풋해도 좋습니다. 이제부터 선명하게 만드는 작업을 시작할 테니까요. 내 인생의 지도, '진로 로드맵'을 통해서 말입니다.

## 로드맵은 그냥 지도와 달라!

'로드맵(road map)'이란 말 그대로 '길 지도'입니다. 그냥 지도라고 해도 될 텐데 왜 굳이 길 지도라고 할까요? 일반 지도에는 모든 것이 표시돼 있습니다. 예를 들어 서울 지도에는 서울의 모든 동네 이름과 주요 도로, 건물, 다리, 지하철역 등이 표시돼 있지요. 그런데 일반 지도에 없는 것이 딱 하나 있습니다. 바로 '목적지'입니다. 지도는 누가 어디로 갈지 모릅니다. 그래서 모든 길을 표시해뒀습니다. 사람들이 자신의 목적지에 따라 경로를 보고 찾아갈 수 있도록 말이지요.

반면 길 지도, 즉 로드맵은 목적지가 분명합니다. 그냥 지도와 달리 분명한 목적지가 있고, 어떤 길을 거쳐서 목적지로 갈지 그 경로가 표시돼 있습니다. 모든 길을 표시하는 대신 주인이 갈 길만 분명하게 알려주는 지도, 바로 그것이 로드맵입니다. 그리고 진로 로드맵은 우리가 여행을 갈 때 언제 어디를 들를지 계획하는 것처럼 인생에서 언제 무엇을 어떻게 할 것인지를 계획하는 미래 지도입니다.

목요일쯤 되면 여러분은 주말에 뭘 할지 머릿속으로 계획을 짤 겁니다. '토요일에는 늦잠 좀 자고 일어나서 친구랑 PC방에서 놀다가 저녁에는 내가 좋아하는 음악 방송을 봐야지. 일요일은 낮에는 엄마랑 마트에 갔다 오고, 저녁에는 숙제를 해야지.'

이런 계획을 훨씬 더 길게 연장한다고 생각하면 됩니다. 이번 주, 이번 달부터 내년, 5년 후, 10년 후, 20년 후까지 그려보는 것입니다.

## 로드맵을 '작성'해야 하는 이유

앞으로 우리는 진로 로드맵을 작성할 것입니다. 지금까지 진로를 머릿속으로만 상상했다면 이제는 눈으로 읽을 수 있도록 직접 써보는 것입니다. 생각만 하는 것과 글로 옮기는 것에는 엄청난 차이가 있습니다. 생각을 글로 옮겨 적을 때에는 시신경과 운동신경을 동원해 두뇌에 전달하기 때문에 더 큰 힘을 발휘합니다. 그렇게 머릿속에 새겨진 것은 어느새 우리 행동에 영향을 미치게 되지요.

우리가 수업 시간에 필기를 하는 이유도 내용을 더 잘 기억하기 위해서입니다. 베토벤은 작곡을 할 때 오선지에 기록을 했지만 한번 기록을 하면 다시 보는 일은 거의 없었다고 합니다. 누군가 그 이유를 물었더니 "기록하는 동안 (머릿속에) 다 새겨졌다"고 대답했습니다.

또 필기를 하다 보면 내용이 더욱 잘 정리되기도 합니다. 들을 때에는 잘 몰랐던 것을 이해할 수 있게 되고, 의문도 생기지요. 진로도 생각만 할 때에는 다 될 것 같은데 막상 로드맵을 그려보면 나와 맞지 않거나 제약이 많다는 것을 깨달을 때가 있습니다. 그럼 그 문제들을 어떻게 해결할지 생각해보거나 다른 진로를 생각할 수도 있지요.

미국에서 화제가 된 존 고다드라는 사람이 있습니다. 그는 15세 때 127개의 꿈의 목록을 작성하고 47세에 그중 103개의 꿈을 이뤘다고 합니다. 그후로도 500여 개의 꿈을 더 이뤘고요. 그렇다고 존 고다드의 꿈 목록에 간단하거나 쉬운 것들만 있었던 것은 아닙니다. 자신의 노력만 가지고는 이루기 힘든 꿈들도 있었지요. 하지만 존 고다드는 절대 포기하지 않았고, 단순히 머릿속의 생각으로만 남겨두지도 않았습니다. 자신의 꿈을 일일이 기록해서 늘 가지고 다니며 실천하려는 의지를 다진 것이 그토록 많은 꿈을 이룬 비결이었습니다. 이처럼 종이 위에 적은 행동은 기적을 부릅니다.

그럼 진로 로드맵은 어떻게 생겼는지 함께 볼까요?



| 시기 | 20~25세 | 26~30세 | 31~40세 | 41~50세 | 51~60세 |
|---|---|---|---|---|---|
| 시기별 목표(지위) | | | | | |
| 해야 할 공부 | | | | | |
| 갖춰야 할 자격(증) | | | | | |
| 네트워크 (인맥) | | | | | |
| 가장 소중한 역할 | | | | | |
| 필요한 경비 | | | | | |

## 진로 로드맵의 뼈대, 이렇게 만든다

진로 로드맵의 맨 꼭대기를 차지한 항목은 '목표', 즉 로드맵의 목적지입니다. 진로 로드맵의 목표는 조금 어려운 말로 내 인생의 사명과 비전이라고 할 수 있는데요. 내가 평생에 걸쳐서 일을 통해 추구하고 싶은 가치나 해야 할 역할을 담아내는 것입니다. 좀 더 쉽게 말하면 '내가 생각하는 성공적인 삶의 모습'이라고 할 수 있지요. 돈, 지위, 명예 같은 사회적 성공이 아니라 '이 정도면 나 자신이 자랑스럽고 만족스럽고 행복할 것 같다'고 생각되는 미래의 내 모습을 적으면 됩니다.

로드맵 표의 첫 번째 항목은 '시기별 목표 또는 지위'입니다. 큰 목표를 한꺼번에 이룰 수는 없으니 차근차근 단계별 목표를 세워보는 것입니다. 앞서 생애주기 이야기를 하면서 퍼스트 에이지는 배움의 시기, 세컨드 에이지는 배움을 바탕으로 사회적 정착을 하는 시기, 서드 에이지는 인생의 2차 성장을 통해 자아실현을 추구하는 시기, 포스 에이지는 성공적인 삶을 이룩하고 젊게 살다가 삶을 마감하는 시기라고 했는데요. 이와 같이 생애주기를 염두에 두면서 20대, 30대, 40대 등 시기별로 목표를 세워보면 큰 목표로 향하는 주요 경로가 그려질 것입니다.

큰 목표든 작은 목표든 달성하려면 좀 더 구체적인 실행 계획이 필요하겠지요? 그래서 준비한 로드맵 표의 두 번째 항목은 각 시기별 목표를 이루기 위해 '해야 할 공부'나 '갖춰야 할 자격(증)'입니다. 예를 들어 20세에 어느 대학 무슨 과에 진학하는 것이 목표라면 지금 내가 부족한 과목을 어떤 방법으로 어느 정도까지 향상시키겠다는 계획을 세우는 것입니다.

그런데 내 꿈을 나 혼자 이룰 수 있을까요? 이 세상에는 혼자서 할 수 있는 일이 거의 없습니다. 공부를 하려면 선생님 도움이 필요하고, 모둠활동을 잘하려면 친구들끼리 도와야 하는 것처럼 내 목표와 꿈을 이루는 데에도 함께해줄 사람이 있어야 하지요. 로드맵 세 번째 항목 '네트워크(인맥)'가 중요한 것은 그 때문입니다. 각자 자신의 길을 열심히 걸어가되 서로 마음을 나누고 도움과 영향을 주고받으며 함께 갈 사람들이 없다면, 다른 계획이 아무리 완벽해도 목표를 이루기 어려울뿐더러 가는 길도 훨씬 힘들게 느껴질 것입니다. 작가이자 농부인 전우익 선생의 《혼자만 잘살믄 무슨 재민겨》라는 책 제목처럼 말이지요.

이렇게 관계가 있으면 역할이 생기게 마련입니다. 진로 로드맵의 네 번째 항목 '가장 소중한 역할'이란 내가 맺게 될 다양한 관계 속에서 각 시기마다 가장 중요하고 가치있다고 생각되는 역할을 말합니다. 아울러 그 역할을 어떻게 하는 사람이 되고 싶은지도 포함되지요. 예를 들어 20대에는 '성실한 대학생', 40대에는 '친구 같은 아빠'처럼 말입니다.

마지막 항목은 시기별로 '필요한 경비'입니다. 뭔가를 준비하기 위해서는 많든 적든 비용이 들어갑니다. 목표만 생각하며 현실적인 요소를 고려하지 않고 로드맵을 작성한다면 당장 가까운 목표부터 달성하기 어려워질 수도 있습니다. 따라서 무조건 부모님에게 모든 것을 미루기보다 스스로 필요한 경비를 예측해보고, 어떻게 마련할 것인지 생각해볼 필요가 있습니다.

### 친구들 진로 로드맵 '눈팅'하기

설마 이렇게만 설명해주고 당장 로드맵을 작성하라는 이야기냐고요? 그럴 리가요! 각각의 로드맵 항목이 필요한 이유와 담아야 할 내용, 작성하는 방법에 대해서는 뒤에서 하나씩 자세히 알아볼 테니 너무 걱정하지 마세요. 그 전에 다른 친구가 실제로 작성한 진로 로드맵을 보면 아마 느낌이 올 것입니다.

142~143쪽의 표는 '향으로 행복과 웃음을 선사하는 치유의 조향사'가 목표인 서연이라는 친구의 진로 로드맵입니다. 서연이는 이 큰 목표를 이루기 위해 중요한 시기를 20세, 25세, 30세, 40세, 48세로 잡고 시기별로 이뤄야 할 작은 목표들도 설정했습니다. 20세에는 '연세대학교 화학과에 입학'해서 25세에는 '조향사 자격증'을 따고 30세에는 '유학'을 갑니다. 40세에는 '취업'해서 경험을 쌓고 48세에는 '자신의 브랜드를 창업'합니다.

시기별 목표들을 위해 해야 할 공부나 갖춰야 할 자격도 아주 구체적으로 작성했고, 꿈을 좇으며 만나게 될 사람들과의 네트워크와 그 사람들 속에서 자신의 역할도 설정했습니다. 마지막으로 시기별 목표를 달성하기 위해 필요한 경비도 생각해봤습니다.

　이렇듯 목표나 공부에서부터 관계와 역할, 그리고 비용에 이르기까지, 실제로 우리 삶에서 꼭 필요하고 중요한 요소들을 중심으로 인생의 계획을 세우는 것이 바로 진로 로드맵입니다.

　프랑스의 소설가 앙드레 말로는 "오랫동안 꿈을 그리는 사람은 마침내 그 꿈을 닮아간다"고 했습니다. 자기만의 꿈을 종이 위에 옮기고 머릿속으로 끊임없이 그려가다 보면 분명 그 꿈에 점점 다가가게 될 것입니다. 로드맵의 한 칸 한 칸을 채워가며 꿈을 닮은 미래의 내 모습도 함께 그려보세요.

**목표** 향으로 행복과 웃음을 선사하는 치유의 조향사

| 시기 | 20세 | 25세 | |
|---|---|---|---|
| 시기별<br>★ 목표(지위) | • 연세대학교 화학과 입학 | • 조향사 1급 자격증 따기 | |
| 해야 할 공부<br><br>갖춰야 할<br>자격(증) | • 수학, 과학에 집중하기<br>• 조향사에 대한 정보 축적 | • 학교 공부에 충실<br>• 여러 브랜드의 향, 화장품 모으고 연구하기<br>• 기본적인 향 공부와 관련된 화학 공부하기<br>• 영어와 불어 공부<br>• 조향 스쿨에서 교육받기<br>• 3급 퍼퓸 디자이너 자격증 → 2급 식품에 향을 불어넣는 조향사 자격증 → 1급 퍼퓨머 자격증 따기<br>• 유럽 배낭여행 가기 | |
| 네트워크<br>(인맥) | • 조향사 멘토<br>• 같은 꿈을 꾸는 친구들 | • 대학 친구들과 교수님<br>• 조향 스쿨의 친구들과 선생님<br>• 멘토와 롤모델 찾기<br>• 프랑스 유학을 준비하는 패션의류학과의 친구들 | |
| 가장 소중한<br>역할 | • 착한 딸<br>• 훌륭한 학생 | • 조향사를 준비하는 대학생 | |
| 필요한<br>경비 | • 학비<br>• 참고서비<br>• 학원비 | • 등록금<br>• 불어학원 및 영어학원비<br>• 조향 스쿨 교육비<br>• 자격증 응시비<br>• 향수 구입비 | |

| | 30세 | 40세 | 48세 |
|---|---|---|---|
| | • 프랑스의 이집카 베르사유 대학교에서 석사학위 취득 | • 향수회사 입사<br>• 향수 디자이너, 조향사로 활동<br>• 부모님과 세계 여행 가기 | • 개인 브랜드 창업<br>• 국내 퍼퓨머 양성 교육기관 설립 |
| | • 학교에서의 향 공부에 충실하기<br>• 향수, 화장품 및 식품 관련 준비자 과정 1년 및 학사과정 1년 수료<br>• 유럽의 향수 및 화장품 석사과정 2년 수료<br>• 여러 브랜드의 향을 공부하며 내가 생각하는 향의 이미지와 맞는 회사 찾기 | • 여러 브랜드의 향, 화장품 공부<br>• 조향사로서의 경력 쌓기<br>• 대중적인 향을 만들기 위해 노력하기<br>• 나만의 향 제작하기<br>• 회사에서 꾸준한 성과 내기 | • 창업과 경영에 대한 공부<br>• 향에 대한 지속적인 공부와 꾸준한 향 제조<br>• 조향사를 꿈꾸는 학생들에게 도움 주기<br>• 친구 같은 엄마가 되기 위해 노력하기 |
| | • 같은 꿈을 꾸는 친구들<br>• 학교 교수님들 | • 회사 내 다른 직원들 | • 경영, 홍보 관련 직종 종사자 |
| | • 효도하는 딸<br>• 신뢰할 수 있는 친구<br>• 향수 전문가 | • 인정받는 향수 디자이너이자 조향사 | • 존경받는 멘토 |
| | • 수업료<br>• 유학비 | • 부모님과의 여행 경비 | • 창업비와 교육기관 설립 비용<br>• 홍보비 |

## MAP 4

# 진로 로드맵, 꿈을 이루는 기적의 도구

이제 진로 로드맵이 어떤 것인지 대충 느낌이 오나요? 그런데 그저 표의 빈칸을 채우는 것만으로 꿈을 이룰 수 있다니, 믿을 수 없다고요?

"진로 로드맵으로 꿈이 이뤄지면 꿈을 못 이루는 사람은 하나도 없게?"

진로 로드맵에 대해 이야기하면 이렇게 코웃음 치는 친구들이 있습니다. 그러나 실제로 로드맵을 그려보고 나면 여러분은 이미 예전의 자신이 아님을 깨닫게 됩니다. 자기 이해와 직업 탐색을 하고 진로 로드맵을 작성하는 사이, 나도 모르게 의욕이 생기고 눈빛이 달라질 것입니다.

　진로 로드맵의 첫 번째 기적은 이처럼 긍정적인 태도와 마음을 갖게 된다는 것입니다. 태도와 마음이 바뀌면 행동이 바뀌고, 바뀐 행동이 쌓여 습관이 됩니다. 그리고 습관이 쌓이면 인생이 됩니다. 여러분의 인생은 이미 긍정적인 방향으로 향할 준비가 되었습니다.

## 진로 로드맵이 기적의 도구인 이유

　여러분의 집에는 파란색 물건이 몇 개나 있나요? 한번 떠올려보세요. 그런 다음 직접 찾아보세요. 생각했던 것보다 더 많이 눈에 들어올 것입니다. 관심을 갖지 않으면 평소에는 무심코 지나쳐버리게 마련이지요. 우리의 뇌는 그만큼 많은 것을 놓치고 있습니다. 반면 뭔가에 관심을 갖고 찾으려고 하면 뇌는 그 방향으로 반응하고 작동합니다. 파란색 물건이 꿈이라고 생각해보세요. 꿈을 의식하기 시작하면 무심코 지나칠 수 있는 기회도 놓치지 않게 됩니다.

　또 우리의 뇌는 어떤 이미지를 여러 번 떠올리면 무의식중에 반응합니다. 한번 걸어본 전화번호는 잊어버려도 내 전화번호는 잊어버리지 않지요? 그런가 하면 아무리 중요한 일도 반복해서 떠올리지 않으면 금세 잊어버립니다. 선생님이 시험에 나온다고 이야기한 것도 반복해서 보지 않으면 잊어버리기 쉬운 것처럼 말이에요.

　진로 로드맵을 그리는 이유도 이 때문입니다. 미래의 이미지를 계획하고 반복해서 보면 우리도 모르는 사이에 뇌가 작동하고, 꿈을 이루는 방향으로 행동하게 됩니다. 이것이 바로 진로 로드맵의 기적입니다. 그리고 그 기적을 경험한 학생들은 정말정말 많습니다. 중학생 지영이도 그중 한 명이었습니다.

### 투명인간 지영이, 전교회장 되다

"아무것도 하기 싫어요. 하루 종일 잠만 자면 소원이 없겠어요."

1년 전, 중학교 2학년이던 지영이는 의욕이라고는 찾아볼 수 없는 무기력한 학생이었습니다. 좋아하는 것도 없다, 잘하는 것도 없다, 하고 싶은 것도 없다……. 어떤 질문을 해도 "없어요", "몰라요"라는 말만 기계처럼 내뱉었습니다. '좀비'처럼 학교에 다니면서 지각과 조퇴를 일삼고 심지어는 무단결석도 했습니다. 답답해진 엄마가 "이다음에 크면 혼자 살아야 할 텐데 뭘 해서 먹고살래?"라고 물어보면 "의사 남편 만나서 평생 백수로 잘살 거예요"라고 태연하게 대답했습니다.

사실 지영이는 사춘기에 접어들면서 나는 누군지, 왜 살아야 하는지 생각과 고민이 많았습니다. 질문은 많아지는데 대답은 못 찾겠고, 괴로운 나머지 그냥 회피하고 싶어졌지요. 그래서 아무 생각 없는 듯 계속 잠만 자려고 한 것이었습니다.

의문과 고민이 많아지는 것은 지영이와 같은 10대 시절에 겪는 당연한 과정입니다. 괴로운 것도 이해합니다. 그러나 힘들어도 해답을 찾으려고 노력하다 보면 그 실마리를 발견하게 되고, 자기도 몰랐던 자신과 세상을 발견하는 재미가 더 크다는 것을 알게 됩니다.

지영이도 그랬습니다. 머릿속을 어지럽히는 생각들과 정면승부하기로 결심하고 진로탐색을 시작하자 스스로 조금씩 변화하는 것을 느꼈습니다. '나에게 이런 면이 있었네?', '맞아, 나는 이런 걸 할 때 행복했었지!' 하고 깨달으면서 자신을 발견했지요. 그리고 심리학자이자 희망을 전파하는 대중 강사가 되어 자기가 그랬던 것처럼 심리적으로 어려움을 겪는 청소년들을 상담해주고 싶다는 꿈을 찾았습니다. 자신의 경험을 통해 혼자 힘으로 해결하기 힘든 고민을 안고 있는 10대들을 도와주겠다는 사명감이 생긴 것입니다.

본격적으로 꿈을 이루기 위한 계획을 세우고 진로 로드맵을 작성하기 시작할 때만 해도 지영이는 반신반의했습니다. 하지만 속는 셈 치고 해보겠다며 로드맵을 작성했지요. 지영이는 시기별 목표 가운데 중학교 3학년 때의 목표를 전교회장으로 잡았습니다. 심리학자이자 강사라는 꿈을 이루기 위해서는 먼저 친구들의 생각과 마음을 이해하고, 작은 것부터 해결해가면서 리더십을 기를 필요가 있다고 생각했기 때문입니다. 그러한 목표를 세우면서 투명인간처럼 교실에 앉아 있던 지영이가 학교생활과 친구 관계에서 적극적인 모습으로 변해갔고, 3학년이 되자 정말로 전교회장 선거에 출마했습니다. 지영이의 선거공약은 "학교에서 주는 쓰기 불편한 학습 플래너를 모든 학생이 재미있고 효율적으로 쓸 수 있는 플래너로 만들겠다"는 것이었지요.

놀랍게도 지영이는 정말 전교회장이 되었습니다. 공약을 지키기 위해 방학 동안 선생님들과 회의를 통해 플래너를 다시 만들었고, 현재 그 플래너를 전교생이 사용하고 있습니다. 그리고 신입생들에게 플래너 사용법을 직접 강의하고 있습니다.

진로 로드맵을 작성한 지 1년도 안 돼서 벌써 로드맵에 그려놓은 두 가지의 꿈이 현실이 되었습니다. 전교회장이 되는 것, 그리고 강의자가 되는 것. 이렇게 꿈은 로드맵을 통해 현실이 되었습니다.

### 엄마 인형 상훈이, '근거 있는 자신감'을 얻다

지영이처럼 부모님을 걱정시키는 친구도 있지만 반대로 부모님 말을 너무 잘 들어서 문제인 경우도 있습니다.

중학교 1학년인 상훈이가 그런 친구였습니다. 착실하고 반항 같은 건 몰랐지요. 하지만 사실은 특별히 하고 싶은 것이 없으니 엄마가 시키는 대로 하는 수밖에 없었던 것입니다. 상훈이는 점점 그런 자신에게 실망했습니다. '엄마 없으면 아무것도 할 수 없는 놈'이라는 극단적인 생각까지 하게 됐지요. 자신을 부정했고 학교나 세상에 대한 불만도 많았습니다. 그러니 자신의 미래에 대한 기대를 가질 리가 없었습니다.

그런 상훈이가 진로 로드맵을 그리며 처음으로 자기 일을 스스로 생각하고 결정해보는 경험을 했습니다. 자기가 좋아하고 싫어하는 일을 명확히 깨달았고, 항공기술자가 되겠다는 꿈도 생겼습니다. 이제 엄마가 시키는 일도 진로 로드맵에 따라 판단해서 거절할 것은 정당한 이유와 함께 거절할 줄도 알게 됐습니다. 엄마는 처음에는 조금 당혹스러워했지만 상훈이가 작성한 로드맵을 보고는 금세 이해하고 인정해줬습니다.

이제 상훈이는 자신감을 되찾았고 자신의 주장을 명확하게 표현합니다. 무슨 일을 어떤 순서로 언제 해야 하는지도 알게 됐습니다. 더 놀라운 것은 어른들도 하기 힘든 자기 관리 능력까지 생겼다는 사실입니다. 예전에 엄마가 시키는 대로만 할 때에는 주변의 유혹에 쉽게 휘둘렸습니다. 엄마 몰래 학원을 빼먹고 친구들과 놀러 갔다가 들킬까봐 전전긍긍하기도 했지요. 그런데 이제는 그렇게 좋아하던 친구들과 노는 일도 스스로 적당히 절제하고 관리하게 됐습니다. 큰 목표를 향한 작은 목표들을 이루기 위해 지금 무엇을 해야 하는지 알기 때문입니다. 무엇보다 상훈이는 누가 억지로 시킨 것이 아니라 자기 손으로 작성한 로드맵을 자기가 무시해서는 안 된다고 생각했습니다.

상훈이는 중고등학교 내내 진로 로드맵을 끼고 살았습니다. 새 학기가 되면 친구들은 다이어리를 샀지만 상훈이는 진로 로드맵을 점검하고 수정했습니다. 어떤 목표들은 이뤘고 어떤 목표들은 이루지 못했습니다. 흔들릴 때도 있었고 계획대로 되지 않는다고 느낄 때도 있었습니다. 그럴 때마다 진로 로드맵을 보며 마음을 다잡았습니다.

그리고 2014년, 고등학교를 졸업한 상훈이는 정말 항공기계학과에 진학했습니다. 물론 아직은 꿈을 향한 첫발을 내딛었을 뿐입니다. 그러나 상훈이는 이제 알고 있습니다. 자신이 이룬 작은 목표에 만족하지 않고, 진로 로드맵의 큰 목표를 향해 계속 나아갈 거라는 사실을 말입니다.

**꿈을 이루는 것은 특별한 사람들에게나
가능한 일이라고 생각하나요?
바로 그런 생각이 꿈을 향한 발걸음을 막고 있는지도 모릅니다.**

### '열폭'했던 채원이, 망설임 없이 외칠 수 있는 꿈을 얻다

채원이는 중학교 때까지만 해도 자신감이 넘치는 학생이었습니다. 공부를 엄청 잘해서 반에서는 1, 2등을 다투고, 전교에서도 항상 10등 안에 들었으니까요. 그 결과 부모님과 선생님의 기대대로 자율형사립고(이하 자사고)에 들어갔지요. 하지만 자사고에서 채원이는 더 이상 우등생이 아니었습니다. 공부 잘하는 아이들만 모인 학교에서 채원이는 그동안 한 번도 경험해본 적이 없는 하위권을 맴돌았고, 그때부터 공부에 흥미를 잃었습니다. 그리고 어느덧 대학에 대한 꿈도 잃어버린 채 무기력한 생활을 이어갔지요. 가장 큰 문제는 그토록 자신감 넘치던 채원이가 끊임없이 다른 사람과 자신을 비교하는 자존감 낮은 학생이 되었다는 것이었습니다.

고등학교 2학년 때 채원이는 점점 변해가는 딸의 모습을 보며 누구보다 안타까워하던 부모님의 제안으로 진로상담을 받기 시작했습니다. 채원이는 원래 선생님이 되고 싶었다고 했습니다. 그런데 자기 이해를 하는 과정에서 목표가 바뀌었습니다. 선생님이 되고자 했던 것은 진정으로 가르치는 일에 관심이 있어서라기보다 그동안 자신에게

가장 큰 영향을 끼친 곳이 학교였기 때문임을 깨닫게 된 것이지요.

자기 이해를 통해 채원이는 자신의 가장 큰 특성을 알게 됐습니다. 사람들과의 관계를 매우 중요하게 생각하고, 늘 상대방의 처지에서 이해하려고 하며, 다른 사람들이 행복해할 때 자신도 행복하다는 것이었습니다. 그리고 자신의 특성에 가장 잘 부합하는 동시에 그런 장점이 강점으로 발휘될 수 있는 직업이 뭘까 탐색한 끝에 '호텔 경영'을 목표로 삼았습니다. 관련 정보를 찾아볼수록, 호텔업계에 종사하고 있는 사람들의 이야기를 들어볼수록 정말 하고 싶다는 생각이 들기 시작했지요. 그리고 '과연 내가 할 수 있을까?' 하며 자신 없어하던 모습에서 어느새 '내가 진정 하고 싶은 일이라면 당연히 해야 한다!'는 적극적인 모습으로 바뀌어갔습니다.

채원이는 교사에 대한 미련이 없는 것이 확실하냐는 진로코칭 선생님의 물음에 잠시의 망설임도 없이 "네, 없어요!"라고 대답했습니다. 자신이 가장 즐겁게 할 수 있는 일을 찾은 덕분에 공부해야 하는 이유가 생겼고, 앞으로 무엇을 상상하며 어떤 방향으로 나아가야 할지 알게 됐다고 했습니다. 그리고 남은 고등학교 시절 동안 최선을 다해 공부해서 고려대학교 영어영문학과에 들어갔지요. 채원이는 그 과정에서 공부에 대한 자신감을 되찾은 것은 물론이고, 더 이상 다른 사람의 삶과 자신의 삶을 비교하지 않을 수 있게 돼서 정말 행복하다며 활짝 웃었습니다.

### '날라리 고딩' 형준이의 놀라운 반전

마지막으로 만나볼 친구는 형준이입니다. 진로 로드맵을 꿈을 이루는 '기적의 도구'라고 단언할 수 있게 해준 친구지요. 형준이를 만나기 전에는 진로코칭 전문가인 우리조차 진로 로드맵이 이 정도로 큰 위력을 발휘할 수 있으리라고는 생각지 못했으니까요.

어느 날 첫눈에 보기에도 범상치 않은 분위기를 내뿜는 형준이가 찾아왔습니다. 스스로 고 2라고 밝히기 전까지만 해도 학생인지 아닌지조차 헷갈릴 정도였습니다. 형준이는 중학교 3학년 2학기 때부터 남다른(?) 친구들을 만나 새로운 세계를 접하면서 열심히 놀았다는 자칭 '날라리'였습니다. 처음에는 조금 당황했지만 찬찬히 살펴보니 눈빛이 살아 있었습니다. 오히려 전교 상위권 안에 들지만 왜 공부하는지 모른 채 그저 시키는 대로 살아가는 친구들보다 더 빛나고 있었지요.

"어떻게 여기 오게 됐니?"

"사실은 제가 많이 놀았는데요. 이제 시간이 얼마 안 남아서요. 뭔가 좀 해보려고 했는데, 혼자서는 잘 안 되더라고요. 그러다 엄마가 진로상담을 한번 받아보겠냐고 해서 제가 오겠다고 했어요.”

그런 결정을 하기가 쉽지 않았을 텐데 정말 훌륭하다며 감탄하자 형준이는 눈을 반짝이며 이렇게 말했습니다.

“아무리 생각해도 당장 술과 담배는 못 끊을 것 같아요. 대신 한 달에 한 번만 딱 날을 정해서, 적당할 정도로만 먹으려고요. 그런데 게임은 끊을 수 있을 것 같아요.”

학생으로서 술과 담배를 못 끊을 것 같다는 말이 우려스러웠지만, 그럼에도 우리는 형준이의 눈빛에서 꿈틀거리는 가능성을 보았습니다. 스스로 자신을 잘 알고, 달라질 준비가 되어 있다는 것이 느껴졌습니다. 형준이는 일단 자신이 무엇을 잘하는지 찾아보고, 어떤 일을 하면 좋을지 가야 할 방향을 정하고 싶다고 했습니다. 그러면 열심히 달릴 수 있을 것 같다고 말이지요.

이후 자기 이해와 직업 탐색을 거쳐서 형준이가 작성한 진로 로드맵을 보고 우리는 깜짝 놀랐습니다. 목표에 ‘생명이 위급한 환자들을 살리는 응급실 전문의’라고 쓰여 있었던 것입니다! 형준이는 자신의 가능성을 시험해보겠다고 했습니다. 지금까지 놀 만큼 놀았으니, 이제 그 에너지를 공부에 쏟아보겠다고요. 또 공부에 집중하기 위해 술과 담배는 완전히 끊겠다고 선언했습니다.

중 3 이후로 지금껏 공부와는 담을 쌓았던 형준이가 의대를 준비한다고 하니 부모님은 반신반의했지만, 형준이는 그런 부모님에게 남은 1년 동안 해보고 안 되면 재수라도 하겠다며 꿈을 향한 열의를 보였습니다. 꿈이 있기 전의 형준이와 꿈이 생긴 후의 형준이, 달라도 엄청 다르지 않나요?

지금 형준이는 1년 동안 죽도록 해보겠다는 다짐을 실천하고 있습니다. 껄렁하던 말투와 모습은 온데간데없고, 눈은 무한한 가능성으로 더욱 빛나고 있지요. 덕분에 바닥이었던 성적은 수직 향상 중이고, 형준이를 향한 부모님의 시선도 점점 달라지고 있습니다. 형준이의 꿈이 이처럼 형준이의 인생에 큰 변화를 불러온 것이지요.

자, 아직도 꿈을 이루는 것은 특별한 사람들에게나 가능한 일이라고 생각하나요? 바로 그런 생각이 꿈을 향한 발걸음을 막고 있는지도 모릅니다. 지극히 평범하고, 심지어 남보다 못하다고 자포자기했던 친구들도 빈 종이에 진로 로드맵을 그리는 것만으로 꿈에 가까워지고, 꿈을 이뤄내고 있습니다.

여러분은 아직 완성된 작품이 아니며, 엄청난 잠재력과 가능성으로 가득 찬 존재입니다. 진로 로드맵에 여러분이 꿈꾸는 변화와 성장을 그려보세요. 로드맵 저 끝에서, 미래의 내가 현재의 나에게 온 마음을 다해 박수를 보내며 응원해줄 것입니다.

# MAP 5

# 세상에 똑같은 진로 로드맵은 없다

진로 로드맵으로 멋지게 성장한 친구들의 이야기를 들으니 '나도 한번 해볼까?'라는 생각이 들지 않나요? 그런데 막상 작성하려고 들면 어색하기도 하고 막막하기도 하다고요? 걱정하지 마세요. 그렇게 느끼는 사람은 비단 여러분뿐만이 아닙니다.

많은 학생들이 처음에는 어떻게 해야 할지 몰라 쩔쩔맵니다. 그래서 많이 저지르는 실수가 다른 친구의 로드맵을 따라 하는 것입니다. 그러나 진로 로드맵을 그릴 때 명심해야 할 점은 사람마다 생김새가 다르듯이 진로 로드맵도 모두 다른 게 당연하다는 것입니다. 예를 들어 똑같이 '뮤지컬 배우'라는 직업적 목표를

갖고 있을지라도 어떤 친구는 '영혼을 담은 목소리로 관객들에게 감동과 공감을 불러일으키는 뮤지컬 배우', 또 어떤 친구는 '세계에 우리나라의 창작 뮤지컬을 널리 알리는 배우'를 꿈꿉니다. 이렇게 직업이 같아도 구체적인 목표가 다를 수 있고, 목표가 다르면 그 목표를 이뤄가는 과정도 다를 수밖에 없습니다.

생각을 좀 더 넓혀보면 평생 동안 꼭 한 가지 직업만 가지란 법도 없습니다. 앞서 '프로페셔널'과 '융합형 인재'에 대해 이야기했던 것 기억나지요? 마찬가지로 한 분야의 전문가로서 성장해가는 로드맵이 있는가 하면, 한 분야에서 전문성을 키우는 동시에 관련 분야에서 준전문가로 성장하는 로드맵도 있을 수 있습니다. 한발 더 나아가서 동시에 두 가지 이상의 직업을 갖거나, 끊임없이 변화를 추구하며 시기별로 다른 직업을 가질 수도 있는 것이지요.

나만의 진로를 만들어가는 과정은 하나의 '창조'입니다. 세상에 단 한 명뿐인 나에게 꼭 맞는 인생의 계획을 세워보는 일이니까요. 하지만 창조를 하기 위해서는 그 '어머니'도 빼놓을 수 없겠지요? 맞습니다. '모방' 말입니다. 이제부터 다른 친구들이 작성한 여러 가지 로드맵을 함께 볼 텐데요. 그대로 따라 하라는 의미가 아니라 이런 로드맵들도 있다는 걸 보여주기 위해서입니다. 다양한 유형의 로드맵을 보면서 나만의 진로 로드맵을 창조하기 위한 힌트를 얻어보세요. 결국 좋은 진로 로드맵을 판가름하는 기준은 자신이 진정으로 살고 싶은 인생을 그렸느냐 아니냐에 달려 있으니까요.

## 한번 정하면 끝까지 간다!

먼저 두 친구의 진로 로드맵 요약본을 볼까요?

### 우리나라를 빛내는 여검사 (김정은, 중 1)

| 시기 | 20세 | 24세 | 27세 | 30세 | 52세 |
|---|---|---|---|---|---|
| 시기별 목표(지위) | • 서울대학교 경제학과 입학 | • 서울대학교 로스쿨 입학 | • 하버드대 로스쿨 입학 | • 검사 임명 | • 검사 퇴임 |

### 세계적인 수학자 (박영빈, 중 2)

| 시기 | 20세 | 24세 | 27세 | 30세 | 52세 |
|---|---|---|---|---|---|
| 시기별 목표(지위) | • 스탠퍼드대 수학과 입학 | • 프린스턴대 대학원 입학 | • 수학과 석사학위 취득 | • 수학과 박사학위 취득 | • 수학과 교수 및 수학자 |

시기별 목표만 딱 봐도 두 친구는 각각 검사와 수학자라는 외길을 걸어가겠다는 의지가 엿보이지요? 한 가지 분야나 직업을 선택한 뒤 평생 그 길로만 충실하게 살아가는 '한 우물 파기'형입니다. 이러한 유형은 한 직업군에서 최고가 되기 위해 끊임없이 노력하고, 전문성의 깊이를 더해가기 위해 지속적으로 공부해야 하지요.

많은 친구들이 이러한 유형을 기본으로 해서 진로 로드맵을 그리는데요. 평생 동안 한눈팔지 않을 자신이 있을 만큼 정말로 그 일을 좋아하고 가장 잘할 수 있는 분야라고 생각한다면 최선의 진로 로드맵이라고 할 수 있을 것입니다. 하지만 가장 계획하기 쉽다는 이유로 작성한다면 '로드맵을 위한 로드맵'으로 그칠 위험이 있습니다. 그러면 뒤늦게 진로를 처음부터 다시 고민해야 할 수도 있으니, 내가 정말 원하는 일인지 충분히 생각해보기 바랍니다.

### 여러 개의 직업을 갖고 싶다고? Do it!

"진로 로드맵에는 꼭 한 가지 직업만 들어가야 하나요?"

간혹 이런 질문을 하는 친구가 있습니다. 답부터 말하자면 "아니오"입니다. 누누이 말했듯이 직업은 인생의 목표가 될 수 없습니다. 목표를 이루기 위해 직업을 갖는 것입니다. 따라서 목표를 위해 필요하다면, 그리고 자신이 정말 원한다면 여러 개의 직업을 계획해도 좋습니다. 중학교 1학년인 준희의 진로 로드맵(164~165쪽)을 보면 더 알기 쉬울 거예요. 준희는 교육자와 법조인, 그리고 여행 가이드라는 다양한 직업으로 구성된 진로를 설계했습니다.

준희의 진로 로드맵을 보면 27세부터는 검사로 일하다가 37세에는 초등 교사로 새출발하고, 50세부터는 이 두 가지 경험을 합쳐 교육법 관련 변호사로 활동하겠다는 계획입니다. 또 63세부터는 여행 가이드로 새로운 삶을 시작하고 싶다고 합니다. 준희는 여러 직업을 경험하고, 그 경험과 능력을 아우르면서 다채로운 인생을 살고 싶은 꿈을 진로 로드맵에 담았습니다.

실제로 최근에는 이렇게 평생 동안 두 가지 이상의 직업을 갖는 경우가 점점 많아지고 있습니다. 그 이유는 앞서 'ROAD 3'의 'MAP 1'에서 살펴본 세상의 변화와 관련이 있는데요. 평균수명은 늘어났지만 평생직장의 시대는 저물었기 때문에 일자리의 이동이 잦아졌고, '서드 에이지'는 삶의 후반전이 아닌 '인생 2막'이라는 생각이 확산되면서 생애주기별로 다양한 삶을 계획하게 됐기 때문입니다.

여러분도 복수의 관심 분야가 있다면 꼭 한 가지 진로만 고집할 필요는 없습니다. 위와 같은 사회적 변화를 염두에 두면서 시기별로 다른 분야의 직업을 선택하여 다른 역할로 살아가는 진로 로드맵을 만들 수도 있으니까요.

**한꺼번에 두 가지 일을 하면 안 되냐고? No problem!**

준희처럼 시기별로 다른 직업을 갖는 진로 로드맵이 있는가 하면 동시에 두 가지 이상의 일을 하는 로드맵을 그릴 수도 있습니다. 같은 시기에 한 가지 주요 직업군에 몸담으면서 그와 관련된 다른 직업군을 겸하는 경우입니다. 그게 어떻게 가능하냐고요? 여러분 중에도 음악을 들으면서 공부하는 친구들이 많지 않나요? 한 친구와 이야기하면서 다른 친구와 SNS 메시지를 주고받거나 게임을 하면서 채팅을 하기도 하고요.

이렇게 동시에 여러 가지 일을 하는 것을 '멀티태스킹'이라고 합니다. 컴퓨터에서 두 가지 이상의 프로그램을 동시에 실행시키는 데서 나온 말이지요. 물론 두 가지 직업을 갖는 것과는 조금 다르지만 따지고 보면 원리는 비슷합니다.

레오나르도 다 빈치는 화가이자 조각가이자 건축가였습니다. 피타고라스는 수학자이자 음악가였고요. 두 사람 다 천재이긴 했지만 알고 보면 서로 연결된 분야였기 때문에 가능했던 것이기도 합니다. 화가와 조각가, 건축가는 같은 미술 분야라서 통합니다. 음악 역시 소리 사이의 규칙성이나 음계를 계산하다 보면 수학과 통하는 면이 있습니다. 특히 오늘날의 지식정보사회에서는 이처럼 한 가지 분야의 전문성과 관련 분야의 준전문성을 갖춘 '융합형 인재'의 중요성이 점점 더 커지고 있습니다.

중학교 2학년인 재성이의 목표는 특이하게도 '유머러스한 호텔 CEO'입니다. 진로 로드맵(166~167쪽)에서 보듯이 재성이는 사람들을 즐겁고 행복하게 해주는 것을 중요한 가치로 생각하고 있습니다. 사람을 잘 이해하는 호텔 경영인이 되고 싶어서 심리학 공부를 병행하고, 호텔 CEO이자 호텔 CEO를 양성하는 교수가 되었다가, 궁극적으로 55세에는 심리학 교수로 활동하는 로드맵을 설계했습니다. 또한 재성이는 사업과 학문을 자유롭게 넘나들면서 '실용적인 면을 추구하는 재미있는 교수'라는 독창적인 캐릭터를 그려내고 있지요.

여러분도 재성이처럼 여러 가지 색깔이 어우러진 자기만의 독특한 이미지를 머릿속에 그려보세요. 여러 가지 관심 분야나 직업들 중에서 꼭 한 가지만 취하고 나머지는 버릴 것이 아니라, 내가 가진 강점들이 하나로 모이면 어떤 멋진 그림이 만들어질지 창의적으로 생각해 보기 바랍니다.

### 4차원 로드맵이라고? 그럼 어때?

직업의 개수와 마찬가지로 나이에 대해서도 고정관념을 가질 필요가 없습니다. 많은 학생들이 30~50대에 모든 것을 이루고 60세부터는 은퇴해서 취미생활을 즐기며 사는 진로 로드맵을 그립니다. 그러나 앞서 이야기했듯이 마흔 이후 30년간의 서드 에이지는 인생의 2차 성장을 통해 자아실현을 추구하는 '제2의 전성기'입니다.

한 예로 2014년 4월에 '60대를 고령자라고 부르지 않는 도시'를 선언한 곳이 있습니다. 일본 도쿄 남서부 근처의 야마토 시가 그곳인데요. 노인이라고 불리는 연령층의 주민들 중에도 건강하게 일할 수 있는 사람이 많은 점을 고려한다면 60대를 고령자로 부르는 것은 현실과 맞지 않는다는 문제의식에서 이런 선언을 하게 됐다고 합니다.

중학교 1학년인 성준이(168~169쪽 로드맵)는 인생의 무게중심을 60세 이후에 두고 있습니다. 성준이는 지구상의 모든 나라들을 가보는 것이 꿈입니다. 어떤 나라들이 있는지 다 보지 못하고 죽으면 억울할 것 같다고 합니다. 그런데 세계 일주를 하려면 비용이 만만치 않기 때문에 60세 전까지는 열심히 일해서 여행 자금을 마련하는 데 집중하겠다고 합니다. 성준이는 자신의 할아버지 할머니가 70대인데도 건강하고 일이나 여행을 하는 것을 보면서 건강관리를 잘하면 60세 이후에도 얼마든지 세계를 여행할 수 있다는 생각이 들었다고 합니다.

이처럼 성준이는 대기업에 입사해 착실히 돈을 모으겠다는 진로를 설계했습니다. 해외영업부에서 일하며 국제 감각을 익히고 언어 공부와 체력 단련을 하는 등 모든 것이 60대에 세계 일주를 하고 여행기를 쓰기 위한 목표에 맞춰져 있습니다.

'이런 진로 로드맵도 있을 수 있구나!' 하는 생각이 들지 않나요? 기본적인 항목은 모두에게 똑같이 주어지지만 이처럼 얼마든지 자유롭게 자신의 진로를 설계할 수 있는 것이 로드맵입니다.

### 우리는 모두 다른 길을 가는 진로여행자

이제껏 여러분과 친구들이 걸어온 길은 거의 같았습니다. 여덟 살에 초등학교에 들어가고 열네 살엔 중학교에 입학했지요. 하지만 앞으로는 해를 거듭할수록 갈림길이 많아지고 저마다 다른 길을 택하게 됩니다. 당장 고등학교 진학만 해도 인문계 고등학교에 가는 학생이 많긴 하겠지만 외고, 과학고도 있고 예술고나 직업전문학교로 가는 친구들도 있을 겁니다. 고등학교를 졸업하면서부터는 더욱 세세하게 갈립니다. 대학에 가는 친구가 있는가 하면 바로 취업을 하거나 유학을 가는 친구도 있을 것입니다. 똑같이 대학에 가더라도 서로 다른 대학, 다른 학과를 택하겠지요. 대학을 졸업한 이후에는 서로가 더 많이 다른 삶을 살게 될 것입니다.

남이 그린 지도를 보고 좇아가는 것이 편할 수는 있습니다. 그러나 한참 가다 보면 문득문득 '내가 왜 이 길을 가고 있지?', '내가 여기서 뭘 하고 있지?'라는 생각이 들 것입니다. 그제야 자기만의 지도를 만들고 싶어져도 너무 늦었을지 모릅니다. 또는 다시 시작하더라도 지금보다 몇 배나 더 힘이 들 것입니다. 그러니 어떤 편견도, 두려움도, 고정관념도 떨쳐버리고 오직 내가 가고 싶은 길, 나만의 진로 로드맵을 만들어보세요.

다음은 앞의 'MAP 4'에서 만나봤던, 자사고에 진학해서 좌절했다가 진로 로드맵을 통해 자신감을 되찾은 채원이가 쓴 글입니다. 나만의 로드맵이 필요한 이유를 콕 집어서 이야기해주고 있네요.

솔직히 요새 친구들을 보면 자신에 대해 정확히 알려고 하거나 찾으려고 하지도 않은 채, 성적만 맞추기 위해 그냥 달려간다. 모든 과목에서 퍼펙트하게 높은 점수를 받는 친구들이 처음에는 정말정말 부럽고 대단하게 느껴졌는데, 진로수업을 한 이후로는 달라졌다. 뚜렷한 목표를 가지고, 단지 대학이 목표가 아닌 대학을 한 수단으로 삼고 열심히 달려가는 친구들이 훨씬 더 멋있고 대단하다고 생각했다. 그리고 모든 과목을 잘하는 친구들을 부러워하고 질투하는 친구들을 볼 때마다 이 말을 상기하게 된다.
"우린 모두 꿈과 목표가 다르니깐!"

## 목표 ▶ 교육법 관련 변호사이자 여행 가이드로 사람들과 더불어 살기

| 시기 | 20세 | 27세 | |
|---|---|---|---|
| 시기별 목표(지위) | • 서울교육대학교 입학 | • 서울교육대학교 졸업<br>• 사법고시 합격 또는 로스쿨 입학(검사) | |
| 해야 할 공부<br><br>갖춰야 할 자격(증) | • 전교 1등 하기 | • 법학학위(독학사) 취득<br>• 사법고시 우수 성적으로 합격<br>• 로스쿨 학점 관리<br>• 변호사 자격시험, 검사 임용 시험 준비 | |
| 가장 소중한 역할 | • 성실한 대학생<br>• 효도하는 자녀 | • 열정적이고 정의로운 검사<br>• 사랑스러운 여자친구<br>• 언제나 노력하는 학생<br>• 효도하는 자녀 | |
| 네트워크 (인맥) | • 조언을 구할 수 있는 선생님<br>• 대학교 선배들 온라인에서 만나기 | • 새로운 법조계의 인맥 관리<br>• 로스쿨 입학 시 학우와의 관계 중요성을 인식 | |
| 필요한 경비 | | • 사법고시 합격 시 경비 충당 가능(법조계 공무원)<br>• 로스쿨 입학 시 초등교원 임용을 통한 경비 마련 | |

| 37세 | 50세 | 63세 |
| --- | --- | --- |
| • 초등 교사 임용고시 합격<br>• 해외 파견 초등교사 | • 교육법 관련 변호사 개업 | • 한국에 온 외국인을 안내하는 여행 가이드 |
| • 임용고시 준비(약 1년간)<br>• 기간제 교사를 병행할 가능성<br>• 영어나 일본어 공부를 통한 해외 파견 준비 공부(자격증) | • 교육법에 대한 심화 공부<br>• 국선 변호사 또는 봉사 단체의 변호를 맡기 | • 우리나라 관광지와 유적, 역사 등을 공부<br>• 여러 언어 공부<br>• 여행 가이드 자격증 따기 |
| • 멋진 아내<br>• 자상한 엄마<br>• 즐겁고 재미있는 초등교사<br>• 효도하는 자녀 | • 효도하는 자녀<br>• 정의로운 변호사<br>• 즐겁고 멋진 아내이자 엄마 | • 자랑스러운 대한민국의 일원<br>• 멋진 아내이자 엄마<br>• 여유롭게 삶을 즐기는 여성<br>• 효도하는 자녀 |
| • 임용고시를 준비하는 사람들(스터디 모임)<br>• 화목한 가족 이루기 | • 법조계 인사와 교육계 인사 모두의 인맥 관리(교원 단체 등)<br>• 봉사 단체 | • 여행 가이드 선후배와 동료들<br>• 봉사 단체 |
| • 기간제 교사나 가족들의 도움으로 1년 동안의 경비 마련<br>• 공무원 연금(검사), 적금 등으로 재테크 시작 | • 변호사 수입과 공무원 연금으로 경비 충당<br>• 적금 등으로 재테크<br>• 체력 단련 비용 | |

## 목표 ▶ 유어러스한 호텔 CEO

| 시기 | 17세 | 26세 | |
|---|---|---|---|
| 시기별 목표(지위) | • 참다운 고등학생<br>• 전교 1등<br>• 용인외고생 | • 대학 졸업하기<br>• 코넬대 대학원 입학 | |
| 해야 할 공부 / 갖춰야 할 자격(증) | • 평균 96점 이상 받기(전교 3등 이내)<br>• 토플 110점 이상 받기<br>• AP 준비<br>• Economics SELP 준비<br>• 한자 3급 | • 호텔경영학 수업 듣기<br>• 베네치아호텔 인턴으로 들어가기<br>• 인턴에서 정식 사원 되기 | |
| 네트워크 (인맥) | • 용인외고 선배님들과 용인외고 추천해주시는 선생님<br>• 용인외고 선생님들 | • 대학원 친구들과 직장 동료들 | |
| 가장 소중한 역할 | • 부모님이 좋아하는 이상적인 아들 | • 가장 참신하고 활기찬 직장 동료<br>• 부모님에게 효도하는 아들 | |
| 필요한 경비 | • 교육비(고등학교 3년)<br>170만 원×36개월=4,320만 원<br>(부모님에게 의지) | • 학자금 및 생활비<br>1억 원 | |

| | 41세 | 47세 | 55세 |
|---|---|---|---|
| | • 호텔 CEO | • 하버드대 호텔 CEO 교수 | • 하버드대 심리학 교수 |
| | • 프랑스, 미국, 한국, 중국에 나의 호텔 중 가장 특별한 호텔 4개 짓기<br>• 사업에 대해 도움받기<br>• 심리학 교수 준비<br>• 호텔 CEO와 심리학 공부 병행 | • 호텔에 대해 잘 알고 이론적인 것보다 실용적인 것을 추구하며 재미있는 교수<br>• 심리학적으로도 지식이 풍부한 교수 | • 심리학에 대한 많은 경험과 이야깃거리를 가지고 있는 교수<br>• 재미있는 이야기를 많이 하고, 역시 실용적인 것을 추구하는 교수 |
| | • 심리학에 관련된 사람과 친해지기<br>• 내 호텔의 최고의 고객들과 친해지기 | • 학생들과 친해지기 | • 학생들과 친해지기 |
| | • 자식들이 자랑스러워하는 아빠<br>• 악기도 잘 다루는 아빠 | • 학생들에게 인기 많은 교수 | • 유머러스하고 재미있는 교수 |
| | | | |

**목표** ▶ 세계 일주를 하여 세상을 깊이 경험하고 글을 쓰는 여행가

| 시기 | 20세 | 22세 | |
|---|---|---|---|
| 시기별 목표(지위) | • 서울에 있는 대학 경영학과 진학 | • 유럽 배낭여행 | |
| 해야 할 공부<br><br>갖춰야 할 자격(증) | • 수능 1~2등급 받기<br>• 전국 상위 3% 안에 들기 | • 배낭여행을 할 나라에 대해 조사<br>• 학업에 매진 | |
| 네트워크 (인맥) | • 교수님, 동기들 | • 배낭여행지에서 만나는 해외 친구들 | |
| 가장 소중한 역할 | • 열심히 공부하는 학생<br>• 공부 잘하고 효도하는 아들<br>• 우정 깊은 친구 | • 유명한 '범생이'<br>• 부모님이 자랑스러워하는 '엄친아' | |
| 필요한 경비 | • 학비 | • 배낭여행 비용 | |

| | 26세 | 35세 | 60세 이후 |
|---|---|---|---|
| | • 전자회사 해외영업부 입사 | • 3개 국어 이상 마스터<br>• 체력 관리 | • 세계 일주<br>• 여행기를 책으로 출판 |
| | • 회사 입사에 필요한 스펙(공인 영어시험, 각종 자격증 등) 준비<br>• 영어 공부하기 | • 영어, 불어, 스페인어 등 공부하기 | • 세계 각 지역과 나라에 대한 사전 공부<br>• 글 쓰는 법 공부 |
| | • 직장 동료들<br>• 세계 일주를 꿈꾸는 인터넷 카페 회원들 | • 외국인 친구들 | • 외국 친구들의 인맥<br>• 오랜 친구, 가족들 |
| | • 성실한 직원 | • 성실한 직원<br>• 좋은 친구 | • 가족에게 소중한 존재 |
| | • 생활비<br>• 여행비용 적금 들기 | • 생활비<br>• 여행비용 적금 들기 | • 재테크한 적금과 연금으로 경비 충당 |

# 두근두근, 직업세계 탐험!

## 워크넷(www.work.go.kr) 활용하기

한국고용정보원이 운영하는 취업 포털사이트로 심리검사, 직업정보, 학과정보, 고용정보 등 진로 결정과 취업에 관한 상세한 정보를 찾아볼 수 있습니다. 워크넷 사이트에 접속한 뒤, '직업 · 진로' 메뉴를 클릭하세요.

### 1. 직업심리검사

로그인 후 온라인 심리검사를 실시할 수 있습니다. 다음과 같은 열 가지 청소년용 심리검사가 있습니다.

- 청소년 직업흥미검사
- 청소년 적성검사(중학생용)
- 청소년 적성검사(고등학생용)
- 청소년 진로발달검사
- 초등학생 진로인식검사
- 직업가치관검사
- 청소년 직업인성검사(전체형)
- 청소년 직업인성검사(단축형)
- 고교 계열 흥미검사
- 대학 전공(학과) 흥미검사

### 2. 직업정보 검색

키워드, 평균 연봉과 직업 전망, 지식, 업무수행 능력, 직업 분류 등 다양한 조건으로 직업을 검색하고 직업에 대한 정보를 확인할 수 있습니다.

- 한국직업정보시스템
- 한국직업전망
- 한국직업사전
- 직업 탐방(눈길 끄는 이색직업, 테마별 직업여행, 직업인 인터뷰)

정보는 현실과 꿈을 이어주는 다리입니다. 그러나 무조건 많은 정보를 갖는 것은 의미가 없습니다. 수많은 정보 중에서 나에게 필요한 정보를 걸러내고, 그 정보가 나에게 어떤 의미가 있는지 판단해야 합니다. 진로 및 직업 정보를 찾을 수 있는 다양한 웹사이트가 있지만 특히 워크넷과 커리어넷에서 직업과 진로에 대한 유용한 정보들을 찾아볼 수 있습니다.

### 3. 직업 · 진로 자료실

직업 정보서, 연구 보고서 등 방대한 자료를 검색하거나 다운로드할 수 있습니다.

### 4. 진로상담

진로 고민이 있을 경우 대상과 검색 유형을 선택하여 로그인 후 온라인 게시판을 통한 상담이 가능합니다.

### 5. 학과정보 검색

키워드, 학과 계열 및 취업률, 계열 분류 등 다양한 조건으로 학과를 검색하고 학과에 대한 여러 정보를 확인할 수 있습니다.

- 학과정보 검색(7개 대학계열 정보)
- 이색학과 정보

### 6. 직업 · 취업 · 학과 동영상

한국고용정보원 진로교육센터에서 제공하는 직업, 학과정보 등에 대한 동영상을 볼 수 있습니다.

## 커리어넷(www.career.go.kr) 활용하기

한국직업능력개발원이 운영하는 사이트로 초등학생부터 성인, 교사 등 대상별 진로 및 직업 정보를 볼 수 있습니다. 온라인 진로상담도 받을 수 있습니다.

### 1. 미래의 직업세계
다양한 조건을 통해 직업을 검색하고 직업에 대한 여러 정보를 확인할 수 있습니다.

- 직업정보 : 주니어 직업정보(초등학생과 중학생이 관심 있는 직업에 대한 정보), 분야별 직업정보(생명공학, 보건의료 등 특화된 6개 분야별 소개 및 관련직업 정보), 여성특화 직업카드 등
- 학과정보 : 계열별 대학교 및 고등학교 정보, 학과 인터뷰, 취업 후 진학을 원하는 사람들을 위한 정보 등
- 학교정보 : 초등 · 중등 · 고등학교, 대학교, 특수/각종 학교, 대안학교 정보
- 직업인 동영상 : 도전하는 한국인, 직업인 인터뷰, 창의적 기업가 등
- 직업자료실 : 주요 성장분야, 테마별 직업정보, 맞춤 직업적성검사, 미래의 직업세계 변화 등
- 학과자료실 : 계열별 학과정보, 미래의 교육세계, 진로선택과 진로개발 등

### 2. 진로심리검사
진로심리검사를 통해 자신의 특성을 파악할 수 있습니다. 또 적합한 직업과 학과 정보를 탐색할 수 있도록 도와주어 의사결정에 유용한 정보를 얻을 수 있습니다.

- 청소년용 직업심리검사(4종) : 직업적성검사, 직업흥미검사, 직업가치관검사, 진로성숙도검사
- 진로탐색 프로그램 : 아로플러스(중 · 고등), 아로주니어플러스(초등 고학년), 아로주니어(초등 저학년)

### 3. 진로상담
로그인 후 온라인 게시판을 통해 상담이 가능합니다. 또 공개된 상담 사례를 통해 상담 유형을 단계별로 찾아볼 수 있습니다.

## 그 외의 진로 · 직업 정보 사이트

| | 기관명 | 웹사이트 |
| --- | --- | --- |
| 1 | 경기도진로진학지원센터 | jinhak.goedu.kr |
| 2 | 경기도중등진로교육연구회 | cafe.daum.net/KHMCE |
| 3 | 한국청소년상담복지개발원 | www.kyci.or.kr |
| 4 | 진로교육-드림포에버 | www.dream4ever.co.kr |
| 5 | 한국직업능력개발원 | www.krivet.re.kr |
| 6 | 진로진학 상담정보망 커리어인 | www.careerins.co.kr |
| 7 | 한국 가이던스 | www.guidance.co.kr |
| 8 | 큐넷(한국산업인력공단) | www.q-net.or.kr |
| 9 | 리크루트 | www.recruit.co.kr |
| 10 | 인크루트 | www.incruit.com |

START
ROAD MAI

→

**ROAD 4**

# 진로 로드맵, 이렇게 그린다

TICKET

TO

▶▶▶▶▶▶▶▶▶▶▶▶▶▶▶

## MAP 1
# 나의 각오,
# 비전과 목표 설정

지금까지 여러분은 자기 이해를 거쳐서 진로의 진정한 의미와 중요성, 추구하고 싶은 진로의 방향과 직업에 대해 알아봤습니다. 또 진로 로드맵의 기본적인 구성과 다른 친구들의 로드맵 사례를 보면서 '아, 이렇게 작성하는 거구나' 하고 어렴풋이 감을 잡았을 것입니다.

다음은 진로 로드맵의 각 항목, 즉 시기별 목표를 비롯해서 해야 할 공부와 갖춰야 할 자격, 네트워크, 가장 소중한 역할, 필요한 경비 등을 좀 더 자세히 알아볼 차례입니다. 진로 로드맵이 '내 인생의 설계도'라고 한다면 그 항목들은 내 인생이라는 집을 떠받치는 기둥이라고 할 수 있습니다. 기둥 하나라도 부실하면 튼튼한 집을 지을 수 없겠지요? 그러니 내가 100살까지 살 집을 짓는다 생각하고 이제부터 눈 크게 뜨고 하나씩 살펴봅시다.

먼저 질문 하나 나갑니다. 앞서 살펴봤던 진로 로드맵 표의 맨 꼭대기에 뭐라고 쓰여 있었는지 기억하나요? 맞아요. 바로 '목표'입니다. 서연이의 목표는 '향으로 행복과 웃음을 선사하는 치유의 조향사'였고, 성준이의 목표는 '세계 일주를 하며 세상을 깊이 경험하고 글을 쓰는 여행가'였지요.

그냥 '조향사'나 '여행가'가 아니라 이처럼 길고 심오한(?) 까닭은 이것이 올해, 또는 10년 뒤의 목표가 아니라 내 인생의 목표이기 때문입니다. 진로 로드맵을 통해 설계한 내 인생이라는 집의 대문에 내걸 명패이자, 훗날 삶을 마감한 뒤 내 인생을 한 줄로 정리하게 될 묘비명이라고도 할 수 있습니다. 그러니 목표야말로 진로 로드맵의 맨 꼭대기를 차지할 자격이 충분하겠지요? 여러분이 진로 로드맵의 목표에 담아낼 두 가지 요소는 바로 '비전'과 '사명'입니다.

## 비전은 3,000피스 퍼즐의 전체 그림 같은 것

헬렌 켈러는 "맹인으로 태어난 것보다 더 불행한 것은 시력은 있으나 비전이 없는 것이다"라고 말했습니다. 그렇다면 비전이란 뭘까요?

'비전(vison)'이라는 영어 단어는 원래 '시력, 시야'라는 뜻입니다. 국어사전에서는 비전을 '내다보이는 장래의 상황'이라고 풀이하며 '전망'이나 '이상'으로 바꿔 쓸 수 있다고 설명하고 있습니다. 그런가 하면 옥스퍼드 사전에서는 비전을 '커다란 상상력과 지성을 가지고 미래에 대해 생각하거나 설계하는 능력'으로 정의했습니다. 이를 종합하여 진로 로드맵의 관점에서 비전의 의미를 정리해보면 '가치관을 포함한 자기 이해를 바탕으로 설계한 미래상이자 그 미래상을 향해 나아가야 할 방향'이라고 할 수 있습니다.

비전은 개인은 물론이고 기업을 비롯한 크고 작은 조직과 정부, 국가 등 모든 주체에게 필요합니다. 특히 리더, 또는 리더가 되려는 사람이라면 반드시 비전을 제시해야 합니다. 매년 학급에서 치르는 반장 선거를 생각해보세요. 반장 후보들은 앞에 나가서 연설을 하게 되지요. "내가 반장이 된다면……"이라는 말로 시작해서 학급을 어떻게 만들겠다는 생각을 말합니다. 이것이 바로 비전입니다. 친구들은 각 후보의 연설을 듣고, 그 후보가 반장이 되면 우리 반이 어떻게 바뀔지 생각해봅니다. 그리고 마음에 드는 비전을 가진 후보를 뽑는 것입니다. 작게는 동아리 회장에서부터 크게는 국회의원이나 대통령을 뽑는 선거도 마찬가지고요.

기업들 역시 내부적으로는 모든 직원들이 함께 나아갈 방향을 제시하고, 외부적으로는 고객이나 사회를 위해 실현하고자 하는 가치를 담은 비전을 가지고 있습니다. 유명한 기업들의 비전을 몇 개만 살펴볼까요?

- 고객의 기대를 넘은 선, 그곳에 감동이 있다. 호텔을 제2의 우리 집으로 꾸미자. 리츠칼튼 호텔

- 집도 일터도 아닌, 편안한 제3의 공간을 마련하자. 스타벅스

- 나와 내 아이들이 함께 즐길 수 있는 공원을 만들자! 그곳은 지구에서 가장 행복한 장소가 될 것이다. 디즈니

- 고객이 평생 찾아주는 매장을 만들자. 노드스트롬(미국의 고급 백화점 체인)

우리 모두는 자기 삶을 이끌어나가는 경영자입니다. 자, 눈을 감고 여러분이 바라는 미래의 내 모습을 떠올려보세요. 이때 주의할 점은 비전을 막연한 꿈이나 단기적 또는 직업적 목표와 혼동하면 안 된다는 것입니다. '세계 여행을 하고 싶다'거나 '큰 저택에서 살고 싶다' 같은 꿈은 막연한 기대나 바람일 뿐 비전이 될 수 없습니다. 또한 비전은 '반에서 1등을 하겠다' 같은 단기적 목표나 '판사가 되겠다' 같은 직업적 목표와도 다릅니다.

비전은 단순한 꿈이나 목표가 아니라 내가 일생에 걸쳐 추구해야 할 궁극적인 미래상이며, 내가 세우는 모든 시기별 목표의 저 너머에서 그 목표를 이끌어주는 방향입니다. 인생을 3,000피스짜리 퍼즐이라고 한다면 최종적으로 완성할 그림이 비전, 부분적인 그림들이 시기별 목표라고 할 수 있겠지요.

물론 시기별 목표도 매우 중요합니다. 퍼즐 조각 하나하나를 연결하며 작은 그림들을 맞춰가는 과정을 거쳐야만 전체 그림이 완성되니

까요. 하지만 만약에 비전, 즉 전체 그림이 어떻게 생겼는지 모른다면 단 한 개의 퍼즐 조각도 어디에 맞춰야 할지 알 수 없는 것은 물론이고 작은 그림 한 부분도 완성할 수 없을 것입니다.

자, 여러분이 그리는 인생 퍼즐은 어떤 모습인가요?

### 사명은 '만드는 것'이 아니라 '만나는 것'

진로 로드맵의 목표에서 비전만큼 중요한 요소는 바로 '사명'입니다. 영어로는 '미션(mission)'이라고 하지요. 그렇다고 해서 영화 〈미션 임파서블〉이나 게임 속 미션을 떠올리면 곤란합니다. 거기서 말하는 미션은 '그때그때 해결해야 할 임무나 도전 과제'에 가깝습니다. 하지만 진로 로드맵에서 의미하는 사명은 훨씬 더 큰 개념입니다. "나는 왜 태어났을까?"라는 아주 철학적이고 근본적인 질문에 대한 대답이니까요.

사명은 개인적인 이득과 관계없이 '내가 이 세상을 위해 해야 할 어떤 것'입니다. 그렇다고 봉사활동이나 자선사업을 해야 한다는 의미는 아닙니다. 쉬운 예로 의사는 사람의 목숨을 다루기에 사명을 꼭 가져야 하는 직업입니다. 성공이나 돈을 위해서가 아니라 아픈 환자를 돕겠다는 사명이 있어야 하지요. 비단 의사뿐만 아니라 어떤 일을 하는 사람이든 사명을 가지고 추구할 수 있습니다.

여기, '세상을 치유하는 나눔 디자이너'라는 사명을 가진 사람이 있습니다. 세계 3대 디자인 학교 중 하나인 뉴욕 파슨스디자인스쿨에서 동양인 최초이자 최연소 교수가 되었던 배상민이 바로 그 주인공입니다. 그는 미국의 내로라하는 기업들이 줄을 서서 디자인을 의뢰할 정도로 잘나가는 디자이너였지만, 2005년에 한국으로 돌아와 카이스트 산업디자인학과 교수가 되었습니다.

그 이유는 단 하나. 더 이상 '아름다운 쓰레기'를 만들지 않겠다는 것이었습니다. 인간의 욕망을 채우고 끝없이 더 소비하라고 부추기는 디자인에 염증을 느낀 그는 자신의 재능을 정말로 가치있는 곳에 사용하고 싶었습니다. 그래서 '사회공헌디자인연구소'를 설립하고, 나눔 상품을 디자인해 수익금 전액을 저소득층 청소년들에게 기부하는 '나눔 프로젝트'를 2007년부터 실천해오고 있습니다. 2011년부터는 아프리카 지역을 돌며 식수 부족이나 질병 등으로부터 생명을 지킬 수 있는 제품을 디자인하고, 주민들 스스로 만들어 사용할 수 있게 하는 '시드(seed) 프로젝트'를 시작했다고 합니다.

이처럼 사명은 내가 하고 있는, 또는 하고 싶은 일과 동떨어진 것이 아니라 그 일로써 내가 속한 사회, 나아가 인류를 위해 무엇을 해야 할 것인가라는 질문에서 탄생합니다. 물론 모든 직업은 사회적으로 의미와 가치가 있습니다. 그중에서도 특정 직업에 종사하는 사람들이 지켜야 하는 행동 규범, 즉 직업윤리가 더 엄격하게 요구되는 직업들도 있지요. 예를 들면 의료인은 환자를, 법조인은 정의를, 기자는 사실 전달을, 요리사는 맛과 함께 손님의 건강을 최우선에 두어야 합니다.

하지만 사명은 그보다 더욱 적극적으로 자기 자신과 자신이 하는 일의 사회적 의미를 해석하는 일입니다. 소비 욕망을 자극하는 디자인이 아니라 더 나은 세상을 만들기 위한 디자인을 하겠다는 배상민 교수의 사명처럼 말이지요.

사명은 '만드는 것'이 아니라 '만나는 것'입니다. 내가 갖고 싶은 직업과 대충 짜깁기해서 그럴듯하게 만들어낸 사명은 의미 없는 단어의 조합일 뿐입니다. 내 인생의 미래상, 즉 비전을 그려보고, 그 비전과 세상이 어느 지점에서 어떻게 만나면 가장 행복할지 생각해보세요. 생각만 해도 심장이 뜨거워지는 지점, 바로 그곳이 여러분의 사명입니다.

### 나는 무슨 일을 하는 어떤 사람이 되고 싶은가?

비전과 사명이 있으면 목표가 보입니다. 비전에 가까이 다가가고 사명을 이행하기 위해 단기·중기·장기 목표를 세우게 되지요. 예를 들어 '셰프가 되어 세계 곳곳에 레스토랑을 만든다'는 비전과 '한국의 맛을 세계에 알린다'는 사명을 가졌다고 해봅시다. 그럼 궁극적인 목표는 '한식을 대표하는 세계적인 셰프이자 레스토랑 대표'가 될 것입니다. 그리고 이 목표를 이루기 위해 여러 개의 시기별 목표가 필요합니다. 일단 요리학교에 들어가야 하고, 조리사 자격증도 취득해야겠지요. 그리고 레스토랑에 들어가서 경험을 쌓고 창업 자금도 모아야 할 것입니다.

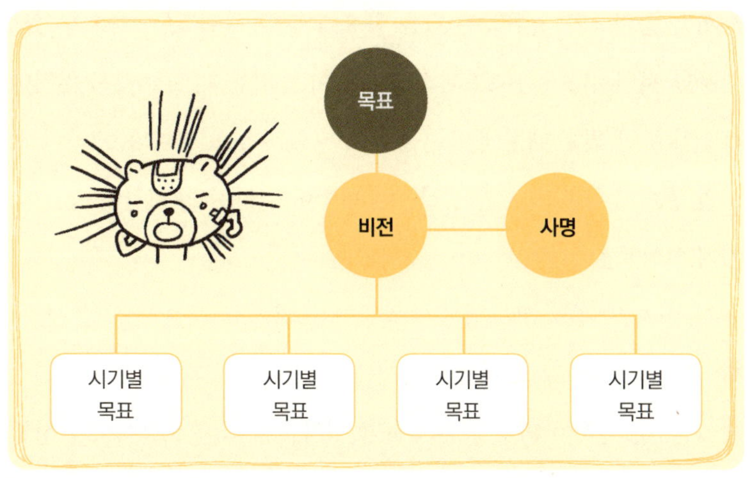



시기별 목표는 구체적일수록 좋습니다. 당장 이번 주부터 실행할 수 있는 작은 목표들을 세워보세요. 아직 진로를 정하지 못했다고 해서 목표도 세울 수 없는 것은 아닙니다. 나의 적성과 흥미를 앞으로 어떻게 발견해갈 것인지, 어떤 경험을 쌓고 싶은지 등을 적어보세요.

목표는 우리 인생에서 중력과도 같습니다. 중력이 없는 우주에서는 한곳에 발을 딛고 설 수 없으니 붕 떠서 이리저리 흘러갑니다. 목표가 없는 삶도 그러하겠지요. 중력이 있기에 우리는 땅에 발을 딛고 서서 걷고, 뛰고, 나아갈 수 있습니다.

인생의 목표가 분명한 사람은 자기가 나아가야 할 방향을 알고 있기 때문에 그에 걸맞은 준비를 하거나 계획을 세울 수 있습니다. 자신이 그리는 미래에 한발 더 다가가기 위해 설레는 마음으로 자기 인생에 더욱 집중하게 되지요. 그 과정에서 목표를 하나씩 이뤄갈 때마다 느끼는 즐거움과 성취감은 다음 목표에 더할 나위 없는 동기부여로 작용할 것입니다. 물론 그 과정에서 일이 준비한 대로 풀리지 않거나 예상치 못한 변수 때문에 계획을 바꿔야 할 수도 있습니다. 그러나 방향만 놓치지 않는다면 가는 길이나 방법이 달라져도, 시간이 조금 더 걸려도 상관없습니다.

자, 이제 내 진로 로드맵의 맨 꼭대기에 써 넣을 목표를 작성해봅시다. 자기 이해와 직업 탐색의 과정을 통해 찾아낸 직업을 적고, 직업 앞에 '어떤 사람이 되고 싶은지'를 설명하는 수식어를 붙여서 완성합니다. 이 수식어는 나의 비전과 사명을 나타내는 것입니다.

여러분이 그리는 미래상은 어떤 모습입니까? 여러분의 심장을 뜨겁게 만드는 사명은 무엇인가요? 그리하여 마침내 여러분의 진로 로드맵 첫 줄을 장식한 삶의 목표는 무엇입니까?

경영학자 개리 해멀은 "목표는 앞으로 일어날지도 모르는 일에 대한 추측이 아니라, 당신이 실제 일으킬 수 있는 일을 상상하는 것이다"라고 했습니다. 여러분의 목표를 실제로 일으키기 위해서는 어떻게 해야 할지, 로드맵의 항목을 한 줄씩 채워보도록 합시다.

| 비전 | 완전범죄는 없다는 것을 입증해 보이는 프로파일러가 되자! |
|---|---|
| 사명 | 성폭력, 유괴, 묻지 마 범죄, 연쇄 살인사건이 없는<br>안전한 사회를 만든다! |
| → 목표 | 시민들의 불안을 잠재우는 최고의 프로파일러 |

| 비전 | 지구를 사랑하는 패션 디자이너가 되어 나만의 브랜드를 만들자! |
|---|---|
| 사명 | 한 철 입고 버리는 옷이 아니라 지구 환경까지 생각하는 옷을<br>디자인한다! |
| → 목표 | 오래 입어도 질리지 않는 옷을 만드는 패션 디자이너 |

| 비전 | 사람들에게 공감과 위로와 소망을 주는 영화를 만든다! |
|---|---|
| 사명 | 사람들 사이의 갈등을 이해하고 이를 위로해준다! |
| → 목표 | 상담을 가장 잘하는 최연소 여자 영화감독 |

| 비전 | 호텔 경영자, 호텔경영 관련 교수, 심리학 교수가 되고,<br>실용성을 추구하는 교수가 된다! |
|---|---|
| 사명 | 사람들에게 재미와 행복을 더해주는 경영을 한다! |
| → 목표 | 유머러스한 호텔 CEO |

| 비전 | 꾸준한 연구를 통해 우리나라 최초로 노벨물리학상<br>또는 화학상을 수상한다! |
|---|---|
| 사명 | 세상을 이롭게 하는 물리학, 화학 분야의 신기술을 개발하여<br>우리나라 학자로서 세계적인 영향력을 미친다! |
| → 목표 | 전세계를 놀라게 할 연구원이자 공학 계열의 교수 |

| 비전 | 청소년들의 전인적 성장을 돕는 교육 전문가가 되자! |
|---|---|
| 사명 | 사람들의 꿈과 사명을 일깨우고 실현시키도록 돕는다! |
| → 목표 | 청소년들과 함께하는 열정적인 교육 전문가 |

# 나의 성장,
# 나이 또는 시기별 목표

큰 목표를 정했다면 다음으로는 작은 목표를 세울 차례입니다. 목적지까지 한 번에 도착할 수는 없으니까요. 목적지가 걸어서 30분 거리의 친구 집이라고 해봅시다. 친구의 생일 파티가 있어서 한 시간 후에 도착해야 합니다. 피곤해서 순간 이동을 하면 딱 좋겠다고요? 이해합니다. 하지만 그럴 수 없으니 어떻게 갈지를 생각해야겠지요.

'30분 정도니까 그냥 걸어가자!' 이렇게 결정했다면 먼저 집에서 나와 골목을 5분쯤 걸어 나와야 합니다. 그런 다음 큰길을 따라 15분가량 가다가 중간에 있는 선물 가게에서 친구 생일 선물을 사야겠다고 생각합니다. 약속 시간에 늦지 않으려면 선물을 고르고 계산하는 데까지 30분 안에 끝내야 합니다. 그후 사거리에서 좌회전해서 10분쯤 더 걸어가면 친구 집에 도착합니다.

아니면 대중교통을 이용하기로 결정할 수도 있습니다. 10분 걸어 나가서 지하철을 타고 두 정거장 가서 내립니다. 지하철역 근처에서 선물을 산 다음 마을버스를 타고 친구 집에 도착합니다. 만약 이마저도 귀찮으면 집 근처에서 선물을 사고 택시를 탈 수도 있겠지요.

이처럼 목적지에 도착하기 위해 언제까지 어떤 길로 어떻게 갈지를 계획하는 것이 진로 로드맵의 '시기별 목표'입니다. 최종 목표에 도달하기 위해 언제까지 뭘 하겠다는 단계별 목표를 세우는 일이라고 할 수 있습니다.

## 최종 목적지로 이어지는 징검다리를 만들자

시기별 목표는 구체적인 목표와 함께 나이 또는 시기를 생각해야 합니다. 좋은 목표를 아무리 많이 세워도 언제까지 하겠다는 계획이 없으면 흐지부지되기 십상이니까요. 또 대부분의 목표는 달성하기에 알맞은 시기가 있기 때문에 그때를 놓치면 다음 목표들까지 연달아 차질을 빚을 수도 있습니다.

앞서 진로 로드맵 맨 위에 자신의 최종 목표를 적었지요? 그 목표를 이뤄나가는 과정을 상상해보면 중요한 징검다리 역할을 하는 장면들이 떠오를 겁니다. 예를 들어 방송국 사장이 되는 것이 목표라면 그

때까지 거쳐야 할 과정을 시간 반대 순서로 생각해보세요. 방송국 사장 – 보도국 국장 – 뉴스 앵커 – 해외 특파원 – 보도국 기자 – 신문방송학과 졸업……. 그리고 각각의 징검다리마다 이루기에 가장 적절하다고 생각되는 나이나 연도를 순서대로 적습니다.

징검다리를 건너는 시점은 사람마다 다를 수 있습니다. 어떤 친구는 스무 살에 대학에 들어갈 것이고, 다른 친구는 고등학교를 졸업하고 1년간 여행을 한 뒤 스물한 살에 대학을 가겠다고 생각할 수도 있으니까요. 또 누군가는 50세에 퇴직해서 제2의 인생을 시작하겠다는 계획을, 다른 누군가는 35세까지 경험을 쌓은 후 창업을 하겠다는 계획을 세울 수도 있습니다. 정답이 있는 것은 아니니 자신의 계획에 따라 각각의 징검다리에 해당하는 시기를 순차적으로 기록하면 됩니다.

자, 그럼 로드맵의 첫 줄인 '시기별 목표'를 어떻게 채울지 정리해볼까요? 지금부터 5년, 10년, 20년, 30년 후를 연령대별로 상상하면서 각각의 시기마다 어떤 내가 되어 있고 싶은지를 시간 순서로 기록합니다. 내가 가고 싶은 학교, 얻고 싶은 직업이나 지위의 명칭, 또는 달성하고자 하는 목표를 적으면 되겠지요.

시기별 목표는 ① 첫 번째 직업을 이루기 위한 학교(대학) ② 학교(대학) 졸업 후 갖는 첫 번째 직업 ③ 그 직업에서 이루고자 하는 가장 높은 지위나 명예 ④ 그 직업을 통해 실현할 가치의 순서로 잡는 것이 일반적입니다.

로드맵을 더욱 단단하게 만들고 싶다면 각 시기별 목표를 달성하는 데 필요한 과정을 최대한 자세히 알아보는 것이 좋겠지요? 예를 들어 의사가 되고 싶다면 의대에 들어가서 몇 년 동안 공부를 해야 하는지, 졸업한 뒤에는 바로 병원에 취직하는 것인지, 인턴으로 일하는 기간은 어느 정도이고, 레지던트는 몇 년 동안 해야 하는지 등 기본적으로 거쳐야 할 과정과 걸리는 시간을 알아봐야 합니다. 그런 다음 시기별 목표에 맞게 해당 목표를 이루고자 하는 기간을 정하면 됩니다.

### 목표가 없으면 계획도 없다!

중학교 3학년인 우빈이의 목표는 '아름다운 지구 환경을 지키는 환경연구원'입니다. 우빈이는 그 최종 목표로 다가가기 위한 시기별 목표를 190쪽 표와 같이 작성했습니다. 환경연구원이 되는 데 필요한 학과에 가는 것을 가장 가까운 목표로 잡고, 대학 졸업 후 갖는 첫 번째 직업은 산림청 연구원으로 설정했습니다. 55세부터는 연구원으로서 퇴직할 준비를 하며 본격적으로 환경운동을 시작할 거라고 적었지요. 그리고 65세 이후에는 그동안 쌓은 경험과 지식을 바탕으로 환경을 보존하는 데 이바지하고, 자연과 더불어 살아가는 삶의 가치를 이루고 싶다고 합니다.

## 아름다운 지구 환경을 지키는 환경연구원(환경공학기술자)

| 시기 | 20세 | 24세 | 32세 | 49세 |
|---|---|---|---|---|
| | • 국민대학교 산림환경시스템학과 입학 | • 전공 공부를 열심히 하면서 환경 관련 스펙 쌓기 | • 산림청 연구원으로 근무<br>• 환경을 보호하는 발명품 만들기 | • 연구자들과 함께 연구보고서를 바탕으로 책 출판 |
| 시기별 목표 (지위) | **55세** | **64세** | **65세 이후** | |
| | • 연구원으로서 퇴직 준비<br>• 본격적인 환경운동가 활동 | • 사진전 열기<br>• 아프리카 봉사활동 | • 사진집 출판<br>• 서울 인근에서 과일, 채소 농사짓기<br>• 자연과 함께하는 삶 | |

이렇게 시기별 목표를 세우면 진로의 밑그림을 그렸다고 볼 수 있습니다. 시기별 목표를 미리 세워두면 인생의 단계마다 진로 선택 때문에 고민할 일이 별로 없겠지요?

물론 지금 학교생활만으로도 벅찬데 몇 년, 몇십 년 뒤를 계획한다는 일이 어렵게 느껴지는 것은 당연합니다. 내가 이 자격증을 따는 데 시간이 얼마나 걸릴지, 승진을 하기까지는 얼마나 걸릴지, 병원을 세울 돈을 모으려면 몇 년이 걸릴지 등을 예측하기란 어른들도 쉽지 않으니까요.

그럼에도 기간을 예상해야 하는 이유는 내가 지금 무엇을, 얼마만큼의 노력을 들여서 해야 하는지 파악하기 위해서입니다. 예를 들어

열흘 뒤에 중간고사가 예정돼 있다는 것을 알면 내일까지는 국어시험 준비, 그다음 이틀은 수학 준비 식으로 계획할 수 있겠지요? 마찬가지로 내 인생의 어느 시기에 무엇이 되어 있겠다는 구체적인 목표를 미리 세워두면 그 징검다리를 건너기 위해 오늘의 내가, 6개월이나 1년 뒤의 내가 무엇을 해야 할지가 그려지고, 그에 필요한 계획을 세울 수 있습니다.

## 목표 달성은 작은 성취에서부터

부모님과 등산이나 트레킹을 가본 적이 있나요? 돌부리에 걸려 넘어질까봐 땅만 보고 걸으면 금방 지치고 힘이 듭니다. 그럴 때 100m 앞의 저 바위까지만 가자고 생각하면 조금 힘이 납니다. 그 바위에 도착하면 다시 저 앞의 소나무까지만 가자고 생각하고 또 가는 겁니다. 이런 식으로 조금씩 걸어가다 보면 어느새 정상이나 목적지에 다다르게 되지요.

아무리 근사한 꿈을 품고 분명한 목표가 있다 할지라도 매일, 매 순간이 즐거울 수는 없습니다. 정말 지치고 힘들 때면 목표고 뭐고 다 포기하고 싶어질 수도 있을 거예요. 로드맵에 시기별 목표가 필요한 이유는 바로 거기에 있습니다. 최종 목표로 향하는 길의 중간중간에 징검다리 목표를 놓아두고, 다음 징검다리까지만 가보자고 생각하면 훨씬 가벼운 마음으로 걸어갈 수 있기 때문입니다. 설령 아주 작은 징검다리일지라도 발을 딛는 순간 여기까지 왔다는 성취감을 느낄 수 있고, 그 성취감이 다음 목표로 나아가게 하는 힘이 될 것입니다.

여러분은 어떤 경로를 통해 목적지에 도착하고 싶은가요? 최대한 빠른 시간 내에 도달할 수 있도록 고속도로나 직선 경로를 선택하는 친구가 있는가 하면, 최대한 많은 것을 경험하고 즐기면서 가기 위해 좁고 구불구불한 국도를 선택하는 친구도 있고, 또는 최대한 신중을 기하기 위해 조금 시간이 걸리더라도 가장 안전하고 확실한 길을 선택하는 친구도 있을 것입니다.

어느 쪽이든 좋습니다. 마라톤 경기를 보면 선수들이 코스 사이사이의 식수대에서 목을 축이고 열량을 비축하며 달려가지 않던가요? 여러분도 자신이 설계한 시기별 목표에 도달할 때마다 성취감을 만끽하고 에너지를 충전한 뒤 다음 목표 지점을 향해 나아가면 됩니다.

잊지 마세요. 내 인생의 로드맵을 달리는 선수는 바로 나입니다. 따라서 순위 경쟁은 있을 수가 없지요. 내 스텝으로, 내 속도대로, 내가 정한 경로를 따라 내가 세운 목표까지 완주하는 것. 그것이 진정한 자기 삶의 주인으로 살아가는 길입니다.

# 나의 능력, 해야 할 공부와 갖춰야 할 자격

시기별 목표를 정했다면 이제 그 목표를 좀 더 잘게 쪼개볼까요? 진로 로드맵의 두 번째 항목은 바로 '각 시기의 목표를 이루는 데 필요한 공부와 자격'입니다. 예를 들어 20세에서 65세 이후까지의 시기별 목표가 게임의 레벨에 해당한다고 합시다. 각 레벨을 클리어하기 위해서는 아이템이나 장비가 필요한 것처럼, 공부와 자격은 여러분이 시기별 목표를 달성하기 위한 무기라고 할 수 있습니다.

여기 '사람들의 마음에 평화를 가져다주는 심리상담사'가 큰 목표인 친구가 있습니다. 스무 살까지 이루고자 하는 작은 목표는 고려대학교 심리학과에 입학하는 것입니다. 그 목표

를 이루려면 무엇이 필요할까요?

고려대학교 인문계의 입학 전형을 알아보니 국어, 수학, 영어, 사회 탐구 중 세 개 영역 이상이 2등급 이내여야 합니다. 그럼 해야 할 공부는 '국어, 수학, 영어, 사탐에 집중한다'가 되겠지요. 수학이 약하다면 '특히 수학 공부에 신경쓴다'가 될 수도 있고요. 단, 진로 로드맵의 공부는 학과 공부만이 아니라 더 넓은 의미를 포함합니다. 예를 들어 '심리학 관련 책을 일주일에 한 권 이상 읽는다'라든가 '인간 심리를 다룬 다큐멘터리를 찾아서 본다' 같은 것도 공부에 속합니다. 학교에서 배우는 것만이 공부가 아니기 때문입니다.

공부뿐만 아니라 특정 자격이 필요한 목표도 많지요. 메이크업 아티스트가 되려면 메이크업 전문가 자격증을 따는 것이 좋고, 전문적인 호텔리어가 되기 위해서는 외국어 자격증이 있으면 더 유리할 것입니다. 그런데 간혹 '스펙'을 쌓겠다며 닥치는 대로 자격증을 따는 사람들이 있는데요. 가짓수만 많은 백화점식 스펙 쌓기는 시간과 비용의 낭비일 뿐입니다.

실제로 2014년에는 10대 그룹 인사 담당자들이 '스펙 초월 채용'을 하겠다고 밝힌 바 있습니다. 아예 이력서에서 어학 점수나 해외 연수 등을 기재하는 항목을 없앤 기업들도 있지요. 더욱이 한국고용정보원이 한 취업 정보 사이트를 통해 청년 구인 기업 500곳을 조사한 결과를 보면 스펙에 치중한 구직자에게는 오히려 마이너스 점수를 준다는 응답도 있었습니다. 기업들도 직원의 스펙과 업무 능력이 반드시 일치하지 않는다는 것을 경험을 통해 알게 됐기 때문입니다.

결국 자신의 진로 방향을 고려하면서 시기별 목표를 이루는 데 필요한 핵심 자격을 취득하는 것이 가장 효과적인 방법입니다. 주인공이 아무리 예쁘고 잘생겨도 줄거리가 중구난방이라면 누가 그 드라마를 볼까요? 마찬가지로 공부와 자격에도 '잘 짜여진 스토리'가 필요합니다. 큰 목표로 가는 방향을 잃지 않으면서 시기별 목표를 달성하는데 최적화된, 군더더기 없는 계획이 필요한 것이지요.

### 노력만큼 계획도 중요해!

'공부와 자격' 항목은 앞서 살펴본 시기별 목표를 설정하는 것보다 더욱 상세하고 꼼꼼한 탐색과 선택을 필요로 합니다. 목표가 구체적인 만큼 그 목표를 달성하기 위한 계획도 구체적이어야 하기 때문입니다. 시기별 목표를 달성하기 위해 내가 실천해야 할 것들이 무엇인지 찾아보고 한 가지씩 결정하다 보면 목표로 나아가는 길을 더 명확하게 알 수 있습니다. 6개월 후, 2년 후 등 가까운 미래의 내 모습도 머릿속에 한결 선명하게 그릴 수 있지요. 내가 '지금' 해야 할 일들을 알게 되는 순간, 진로 로드맵은 막연한 '소망 종이'가 아닌 현실이 됩니다.

미국 작가 지그 지글러는 "계획을 수립하는 데에는 그 일을 성취하는 데 필요한 만큼의 노력을 기울여야 한다"고 말했습니다. 우리는 뭔가를 이루기 위해 얼마나 노력하느냐가 제일 중요하다고 생각하지만,

실은 그 전에 노력의 방향과 내용을 계획하는 것도 똑같이 중요하다는 뜻입니다.

이처럼 계획이 중요한 이유는 애써 설정한 진로가 나의 현실과 연결되지 않는 불상사를 막기 위해서입니다. 막연히 '나는 검사가 되고 싶고, 검사가 되기 위해 열심히 노력하겠다'는 마음가짐만으로는 현재 나의 행동에 지속적으로 영향을 주기 어렵습니다. 아무리 목표가 훌륭하고 나의 적성과 흥미에 맞는다고 해도 언제, 무엇을 열심히 노력해야 할지는 계획을 세워보기 전까지는 정확히 알 수 없습니다. 더욱이 '열심히'가 어느 정도여야 하는지도 애매하지요. 그냥 열심히 하겠다는 말에는 어느 정도의 노력이나 시간 투자가 필요한지에 대한 내용이 빠져 있기 때문입니다. 그래서 구체적으로 준비해야 할 것들을 생각하지 않으면 시기별 목표를 세운 것조차 헛수고로 돌아갈 가능성이 많습니다.

간단한 예로 밭을 만들지, 우물을 만들지, 김장독을 묻을지 등, 각각의 용도에 따라 땅을 파는 면적과 깊이와 모양이 다를 것입니다. 그런데 무작정 땅만 열심히 판다면 헛힘 쓰는 것밖에 안 되겠지요? 이렇듯 내 소중한 시간과 노력을 무의미하게 쏟아붓지 않으려면 시기별 목표를 뒷받침할 수 있는 계획에 최대한 공을 들여야 합니다.

먼저 시기별 목표를 이루기 위해 일반적으로 알려진 내용을 찾아서 기록해보세요. 대표적인 곳이 고용노동부에서 운영하는 '워크넷'입니다. 우리나라의 다양한 직업들뿐만 아니라 다른 나라의 직업들에 대한 정보를 볼 수 있고, 각각의 직업을 갖기 위해 준비해야 할 내용도 자세히 설명돼 있어 로드맵 작성에 유용합니다. 한발 더 나아가서 내가 하고자 하는 일을 이미 하고 있는 사람을 통해 정보를 수집하면 더 큰 도움이 되겠지요.

### 내 인생의 '무한! 도전~'

앞서 소개한 우빈이는 시기별로 해야 할 공부와 갖춰야 할 자격을 199쪽 표와 같이 작성했습니다. 여러분의 로드맵 두 번째 항목은 어떤 내용으로 채우면 좋을지 참고해보세요.

우빈이는 고등학교 시기를 학년별로 나눠 계획했습니다. 이렇게 적어나가다 보면 해야 할 것들은 늘어나고 목표는 높고 힘들게만 느껴져서 부담스러울 수도 있습니다. 앞날에 대한 불안감과 과연 내가 할 수 있을까 하는 의구심 때문에 두려울 수도 있지요. 하지만 신기하게도 시기별 계획을 한 칸씩 채워나가다 보면 그 목표를 이룬 내 모습이 손에 잡힐 듯 그려지면서 뿌듯함을 느낄 것입니다.

가능하다면 공부와 자격을 더 자세히 적어도 좋습니다. 200~201쪽은 '따뜻한 마음을 가지고 세계 평화와 인권을 위해 일하는 국제기구 직원'이 목표인 예진이의 로드맵입니다. 예진이는 20대 동안 할 일을 1년 단위로 쪼개서 계획했습니다. 그리고 공부나 자격 외에 별도로 하고 싶은 일까지 기록했습니다.

와우! 정말 대단하지 않나요? 아마도 예진이는 20대에 진로로 방황하거나 이번 방학에는 뭘 할까 고민할 일이 없을 것 같습니다. 매년 스스로에게 과제를 주고 그것을 실천해나가면서 목표에 점점 더 다가가겠지요.

〈무한도전〉이라는 프로그램을 보면 멤버들은 매주 새로운 도전 과제를 받고 그것을 수행합니다. 비록 실패로 끝나거나 굴욕을 맛볼 때도 있지만, 그 과정을 통해 멤버들이 성장하는 모습을 보는 것만으로도 감동적이지요. 이 세상에는 무한한 과제들이 여러분의 도전을 기다리고 있습니다. 여러분도 '내 인생의 무한도전'을 연출해보세요.

# 목표 ❯ 아름다운 지구 환경을 지키는 환경연구원(환경공학기술자)

| 시기 | 시기별 목표(지위) | 해야 할 공부 & 갖춰야 할 자격(증) |
|---|---|---|
| 20세 | • 국민대학교 산림환경시스템학과 입학 | [2학년]<br>• 수리, 외국어, 과학탐구에 중점 두어 공부하기<br>• 수리논술 준비<br>• 내신 2등급 이내<br>• 환경과 관련된 책 한 달에 두 권 읽기<br>• 환경동아리(GreEco) 열심히 참여 (포토폴리오 작성)<br>[3학년]<br>• 모의고사 평균 2등급 이내<br>• 내신 1등급 이내 |
| 24세 | • 전공 공부를 열심히 하면서 환경 관련 스펙 쌓기 | • 조경 관련 공부<br>• 유럽 배낭여행<br>• 어학연수<br>• 아프리카 봉사활동 |
| 32세 | • 산림청 연구원으로 근무<br>• 환경 보호에 기여하는 발명품 만들기 | • 환경에 관한 책 읽고 연구<br>• 산림청 담당 연구<br>• 국립수목원 자주 방문하여 수목원 내 식물 탐구 |
| 49세 | • 연구자들과 함께 환경 보고서를 만들고, 많은 사람들에게 환경의 중요성을 일깨워줄 수 있는 책 출판 | • 장기 프로젝트로 책 출판할 보고서 내용 정리<br>• 사진 및 촬영법 공부<br>• 열대지방으로 여행 가기 |
| 55세 | • 연구원으로서 퇴직 준비<br>• 본격적인 환경운동가 활동 | • 나무심기 운동<br>• 자선모금 활동<br>• 사진촬영 활동 |
| 64세 | • 아름다운 자연환경과 환경 파괴의 현장을 담은 사진전 열기<br>• 아프리카 봉사활동 | • 사진전 준비<br>• 아프리카 봉사 홍보 |
| 65세 이후 | • 사진집 출판<br>• 서울 인근에서 과일, 채소 농사짓기<br>• 자연과 함께하는 삶 | • 농사에 대한 공부<br>• 과일과 채소 재배방법 공부 |

**따뜻한 마음을 가지고 세계 평화와 인권을 위해 일하는 국제기구 직원**

| 시기 | 해야 할 공부 & 갖춰야 할 자격(증) | 그 외 하고 싶은 일 |
|---|---|---|
| 19세 | • SAT(2,200점) TOEFL(117점) AP(3과목 5점, 2과목 4점)<br>• 2014년 5월 불어 DELF B1 준비<br>• DIAKONIA 스크랩 및 기부 재단 신경쓰기<br>• 특례 전형 국어 & 영어 문제풀이<br>• 대학(한동대, 연대 집중적으로) 구술 및 면접 준비<br>• 시간이 되면 한국사, 세계사 리뷰 | • 12월 방학 때 KOTRA가 참여하는 전시회에서 통역 아르바이트 가능할 정도로 영어 실력 늘리기, 실행하기<br>• 꾸준히 하루 1시간 운동해서 체력 기르기 |
| 20세 | • SAT(2,200점) TOEFL(117점) AP(3과목 5점, 2과목 4점)<br>• 2014년 5월 불어 DELF B1 준비<br>• DIAKONIA 스크랩 및 기부 재단 신경쓰기<br>• 특례 전형 국어 & 영어 문제풀이<br>• 대학(한동대, 연대 집중적으로) 구술 및 면접 준비<br>• 시간이 되면 한국사, 세계사 리뷰<br>• 여름에 대학 입시 준비(삼성 특례 입시 학원) | • 대학이 결정 난 후 초등학교 선생님들 찾아뵙기<br>• 시각장애 아이들 가르치기<br>• 겨울에 러시아 횡단 열차로 일주일간 여행하기 |
| 21세 | • 한국사 2급 목표로 공부하기<br>• 2015년 11월 불어 DELF B2 준비 | • 방학 때 국토대장정 참여<br>• Asian bridge/ Korea gap year/ NGO 봉사 프로그램 참여하기<br>• 문학캠프 참여하기 |
| 22세 | • 2015년 11월 불어 DELF C1 준비<br>• 한국사 2급 목표로 공부하기 | • 여름방학 때 유럽 배낭여행 가기(사진 찍은 걸 바탕으로 꾸준히 스크랩하기 : 그 나라의 문화, 언어, 경제)<br>• 11월에 DELF C1 따기 |

| | | |
|---|---|---|
| **23세** | • 미국이나 캐나다 대학에 교환학생으로 가서 불어 실력 늘리기 | • 여름에 교환학생 가기 전에 뉴욕, 라스베이거스, LA 여행/케냐, 모로코, 이집트 여행 |
| **24세** | • 2018년 5월 불어 DELF C2 따기<br>• 여름에 교환학생 마치고 돌아온 후 대학원 시험 준비 | • 가을에 마라톤 완주하기 (10km 또는 20km) |
| **25세** | • 대학원 : 연세대 국제학대학원<br>• 유엔인권정책센터(사무국 인턴십) : 3~8월 | • 겨울에 하와이에서 크리스마스 보내기<br>• 꾸준히 과외한 돈으로 자동차 구입 |
| **26세** | • 대학원 다니기+스페인어 공부 | • 스쿠버다이빙 자격증 따기<br>• 승마 배우기 |
| **27세** | • 종로 국가정보학원에서 1년간 국립외교원 시험 준비<br>• 스페인어 공부 | • 여름에 NGO 단체 인턴십<br>• 여행 경험 토대로 느낀 점과 연관 지어서 국립외교원 지원 동기 다지기 |
| **28세** | • 국립외교원 시험 보기(4월) : 지역외교(석사학위 이상을 가진 사람이 지원할 수 있고 전문적인 언어를 구사할 수 있어야 함)<br>• 스페인어 DELE B2 따기 | • 겨울에 아프리카 봉사활동 |
| **29세** | • 1년 동안 국립외교원 연수 실행 | • 서른 살 기념으로 굿네이버스 자매 후원 |

## MAP 4

# 나의 관계,
# 인적 네트워크 쌓기

지금까지 여러분은 진로 로드맵을 작성하기 위해 '내 인생'에 집중했습니다. 사실 '시기별 목표', '해야 할 공부와 갖춰야 할 자격'까지 모두 작성했다면 그 자체로도 진로 로드맵이라고 할 수 있습니다. 그런데 가만 들여다보면 뭔가 허전한 느낌이 들지 않나요? 비록 누구도 대신 걸어줄 수 없는 길이지만 함께 걸어갈 수는 있을 텐데……. 혼자서 그 먼 길을 걸어간다고 생각하면 문득 외롭고 두렵기까지 합니다. 그래서 로드맵의 세 번째 항목은 '인적 네트워크', 즉 사람입니다.

만화 〈원피스〉의 수많은 등장인물 중에서도 몽키 D. 루피는 특히 많은 사랑을 받는 캐릭터입니다. 그 이유는 고무고무 열매를 먹고 생긴 쭉쭉 늘어나는 신기한 능력과 엄청난 식성 때문이기도 하지만, 무엇보다 '신뢰와 희생의 리더십'을 보여주기 때문입니다. 루피는 한번 마음을 준 사람은 끝까지 믿고, 개성이 강한 동료들 간에 문제가 생길 때마다 신뢰로 위기를 벗어나며, 친구를 위해 울어주고 희생할 줄 압니다. 주위 사람들과 함께 수많은 위기와 변화를 헤쳐나가는 과정에서 루피의 능력과 기술도 더욱 발전하고, 밀짚모자 해적단의 당당한 선장으로 성장해가지요.

여러분도 목표를 향해 나아가기 위해서는 루피처럼 서로 마음을 나누고 영향을 주고받을 사람이 필요합니다. 우리 모두는 각자 자신의 트랙을 걸어가지만 그 길들은 평행한 것이 아니라 거미줄처럼 얽혀 있습니다. 언제 어디서 누구를 만나게 될지, 그 사람이 나에게 어떤 영향을 줄지 알 수 없지요. 지금은 별로 중요해 보이지 않는 사람일지라도 길을 걷다 보면 꼭 필요한 순간에 마주칠 수 있습니다. 그래서 어른들은 '인간관계에도 기술이 필요하다'고 말합니다. 살아가면서 만나게 되는 수많은 사람들과 어떤 관계를 맺고 유지하는지가 나의 능력 못지않게 중요하기 때문입니다.

### 네트워크란 공통의 이해나 관심사로 연결된 관계

여러분은 혹시 팬클럽 회원인가요? 좋아하는 아이돌 가수나 배우의 팬카페에 한두 개쯤 가입한 친구들이 꽤 많을 텐데요. 굳이 팬클럽에 가입한 이유는 무엇인가요? 그냥 혼자 좋아해도 될 텐데, 사람들은 왜 동호회니 무슨무슨 모임을 만들어서 비슷한 관심사를 가진 사람들과 만나고 싶어 할까요?

그 이유는 우선 정보를 얻기 위해서입니다. 내가 좋아하는 연예인이 언제 어디에 출연하는지 알 수 있고, 팬미팅에 참여할 수도 있으니까요. 또 실제로 그 연예인을 본 사람의 목격담이나 건너건너 들은 정보를 알 수도 있습니다.

좋아하면 알고 싶은 게 사람 마음입니다. 그런데 TV나 인터넷처럼 모든 대중에게 공개된 미디어에서 접하는 모습만으로는 부족하겠지요. 그래서 같은 연예인을 좋아하는 사람들끼리 관계를 맺고 더 깊은 정보를 공유하거나 도움을 주고받게 됩니다. 그 연예인이 나온 방송을 놓쳤으면 다시 볼 수 있는 방법을 알려주기도 하고, 콘서트 티켓을 못 구했다면 남은 티켓을 구할 수 있는 곳을 알려주는 식으로요.

또 다른 이유는 공감하고 이해받기 위해서입니다. 뭔가를 좋아하면 마구 이야기하고 싶어집니다. 반에서도 같은 관심사를 가진 친구들끼리 쉽게 친해지지 않나요? 좋아하는 연예인에 대해 깨알 같은 리액션을 해가며 나누는 대화는 무척 즐겁습니다. 말 그대로 생활의 활력소가 되어주지요.

이와 같이 공통분모가 있는 사람들 사이의 관계가 '네트워크'입니다. 다른 말로는 '인맥'이라고 하는데요. 인맥이라고 하면 정당하지 못한 방법으로 흔히 연줄이라고 하는 관계에 의존하고 이용한다는 부정적인 이미지가 있는 것도 사실입니다. 그래서 요즘은 인맥이라는 말보다 '인적 네트워크' 또는 '휴먼 네트워크'라는 표현을 더 많이 씁니다.

네트워크는 수평적 관계 맺기입니다. 군대처럼 명령과 규율로 이뤄지는 수직적 관계가 아니라, 공통의 이해나 관심사로 연결되어 서로에게 도움을 주는 관계지요. 반드시 명심할 것은 '저 사람이 나한테 도움이 될까, 안 될까?'가 기준이 되어서는 안 된다는 점입니다. 실제로 누군가와 의식적으로 관계를 맺으려 들면 금방 들켜버리기 쉽습니다. 마음으로 다가가기보다 이용 가치를 먼저 생각한다면 그 사람도 나를 마음으로 대하지 않습니다.

또 무조건 많은 네트워크를 만들 필요도 없습니다. 수많은 관계를 맺고 관리하려다 보면 여기저기 에너지가 분산되어 오히려 진정성을 의심받게 되지요. "모두의 친구는 누구의 친구도 아니다"라는 말이 있습니다. 항상 단체 문자만 보내는 사람을 친구라고 생각하는 이가 몇이나 될까요?

네트워크를 거미줄이라고 생각해봅시다. 방사형으로 뻗어나간 거미줄의 이쪽 끝에서 저쪽 끝으로 가기 위해서는 수많은 작은 줄을 지나야 합니다. 한 걸음 옮길 때마다 주변의 줄들이 지지해주고 다리 역할을 해주지 않으면 무사히 건널 수 없겠지요.

마찬가지로 나 역시 다른 사람이 건너갈 수 있도록 다리 역할을 해주고, 먼저 가본 경험을 통해 지름길이나 위험한 길을 알려주는 것. 바로 그것이 네트워크이며 진정한 관계 맺기입니다. 이제 네트워크가 진로 로드맵의 세 번째 항목을 차지한 이유를 알겠지요?

## 나만의 네트워크 지도를 만들자!

여러분의 로드맵을 보며 각 시기별로 어떤 네트워크를 맺으면 좋을지 생각해보세요. 그리고 목표를 달성하는 과정에서 만나게 될 사람들, 만나고 싶은 사람들, 내 목표를 달성하는 데 중요한 역할을 해줄 사람들을 적어보세요. 우빈이는 시기별로 필요한 네트워크를 208~209쪽의 표와 같이 작성했습니다.

지금까지 여러분이 맺어온 네트워크도 우빈이와 크게 다르지 않을 것입니다. 유치원에 들어가면서 처음으로 가족이 아닌 사람들과 관계를 맺었을 것이고, 학교와 학원, 동아리 등을 통해 많은 네트워크가 형성됐을 것입니다. 그리고 대학에 가고 취업을 하면 새로운 조직에서 자연스럽게 네트워크가 생기겠지요. 특히 우빈이는 환경문제라는 관심사를 공유하는 환경동아리 친구들과 평생 관계를 이어가겠다는 계획을 세우고 있습니다. 우빈이처럼 기존의 네트워크는 어떻게 관리하고, 새로운 네트워크는 또 어떻게 만들어갈지 계획해보세요.

요즘은 SNS 덕분에 물리적 환경을 뛰어넘어 외국인이나 직접 만나본 적이 없는 사람과도 얼마든지 관계를 맺을 수 있습니다. 한 예로 오바마 미국 대통령은 소셜 네트워크를 잘 활용해서 대통령에 당선된 것으로 유명합니다. 페이스북을 중심으로 유튜브 같은 소셜 미디어를 활용해 수많은 사람들과 적극적으로 소통했고, 사람들은 자신이 오바마와 연결돼 있으며 수평적인 관계에 있다고 느낄 수 있었지요. 그 결과 오바마는 출마 초기의 불리한 여건을 딛고 역전에 성공하면서 미국 최초의 흑인 대통령이 되었습니다.

## 현재의 관계에 충실하되 나의 매력을 키워가자

《탈무드》에는 "가난해도 부자의 줄에 서라"는 말이 있습니다. 지금 누구를 만나고 누구와 알고 지내느냐가 내 미래를 결정한다는 뜻입니다. 네트워크의 중요성을 강조하는 말이지요. 물론 앞에서 강조했듯이 자신의 성공에 도움이 될지 안 될지만을 생각하며 관계를 맺으라는 것은 아닙니다. 실제로 한 번씩 서로 도움을 주고받고 끝나버리는 '일회용 관계'도 많지만 그런 관계는 수만 번을 반복해도 아무 의미가 없습니다. 오히려 얄팍한 처세에만 능한 사람으로 낙인이 찍혀서 나중에는 진정한 관계를 맺으려고 해도 힘들 것입니다.

인간관계는 행복지수와 밀접한 관계가 있습니다. 그래서 목표를 달성하고 사회적 성공을 이루는 것만큼이나 인간관계에도 많은 시간과 에너지를 투자할 필요가 있습니다. 서로 정보와 경험을 공유하고, 기꺼이 자신의 통찰력을 나눠주고, 마음으로 서로의 행복과 성공을 빌어주는 관계는 그냥 얻어지는 것이 아니기 때문입니다.

간혹 네트워크를 어렵게 생각하는 친구들이 있는데요. 네트워크는 억지로 만든다고 해서 만들어지는 것도, 많을수록 좋은 것도 아니니 부담을 느낄 필요가 전혀 없습니다. 네트워크 역시 먼저 자기 자신을 이해하는 것이 중요합니다. 예를 들어 내성적인 사람이 많은 관계를 맺으려고 한다면 엄청난 스트레스를 받겠지요? 따라서 내가 편안하

## 목표 〉아름다운 지구 환경을 지키는 환경연구원(환경공학기술자)

| 시기 | 시기별<br>목표(지위) | 해야 할 공부 &<br>갖춰야 할 자격(증) | 네트워크<br>(인맥) |
|---|---|---|---|
| 20세 | • 국민대학교 산림환경시스템학과 입학 | [2학년]<br>• 수리, 외국어, 과학탐구에 중점 두어 공부하기<br>• 수리논술 준비<br>• 내신 2등급 이내<br>• 환경과 관련된 책 한 달에 두 권 읽기<br>• 환경동아리(GreEco) 열심히 참여(포토폴리오 작성)<br>[3학년]<br>• 모의고사 평균 2등급 이내<br>• 내신 1등급 이내 | • SNS 친구들<br>• 고등학교 친구들과 선생님들<br>• 환경동아리 친구들 |
| 24세 | • 전공 공부를 열심히 하면서 환경 관련 스펙 쌓기 | • 조경 관련 공부<br>• 유럽 배낭여행<br>• 어학연수<br>• 아프리카 봉사활동 | • 대학교 교수님<br>• 학과 친구들과 선배들<br>• 환경동아리 친구들 |
| 32세 | • 산림청 연구원으로 근무<br>• 환경 보호에 기여하는 발명품 만들기 | • 환경에 관한 책 읽고 연구<br>• 산림청 담당 연구<br>• 국립수목원 자주 방문하여 수목원 내 식물 탐구 | • 산림청 직원들<br>• 대학교 친구들<br>• 환경동아리 친구들 |
| 49세 | • 연구자들과 함께 환경 보고서를 만들고, 많은 사람들에게 환경의 중요성을 일깨워줄 수 있는 책 출판 | • 장기 프로젝트로 책 출판할 보고서 내용 정리<br>• 사진 및 촬영법 공부<br>• 열대지방으로 여행 가기 | • 연구원들<br>• 환경동아리 친구들 |

| 55세 | • 연구원으로서 퇴직 준비<br>• 본격적인 환경운동가 활동 | • 나무심기 운동<br>• 자선모금 활동<br>• 사진촬영 활동 | • SNS 친구들<br>• 연구원들<br>• 환경동아리 친구들 |
|---|---|---|---|
| 64세 | • 아름다운 자연환경과 환경 파괴의 현장을 담은 사진전 열기<br>• 아프리카 봉사활동 | • 사진전 준비<br>• 아프리카 봉사 홍보 | • 연구원들<br>• 대학 동기들<br>• 환경동아리 친구들 |
| 65세 이후 | • 사진집 출판<br>• 서울 인근에서 과일, 채소 농사짓기<br>• 자연과 함께하는 삶 | • 농사에 대한 공부<br>• 과일과 채소 재배방법 공부 | • 농사짓는 이웃들<br>• 환경동아리 친구들 |

게 느끼고 감당할 수 있을 정도의 네트워크만 갖는 것이 좋습니다. 얼마나 많은 사람을 아느냐보다 어떤 사람을 알고 있느냐가 중요하니까요. 또 한정된 시간과 에너지를 누구에게 어떻게 분배할지에 대해서도 원칙을 정하는 것이 바람직합니다.

무엇보다 중요한 것은 지금 나에게 소중한 사람들에게 충실히 대하는 것입니다. 그리고 실력과 경험을 쌓아서 다른 사람들이 나와 관계를 맺고 싶어 하도록 '나의 매력'을 키워가세요. 지금 당장 내세울 만한 능력이나 실력이 없어도 괜찮습니다. 관계에 대한 열린 마음만 있다면 언제든 네트워크는 자연히 따라올 테니까요.

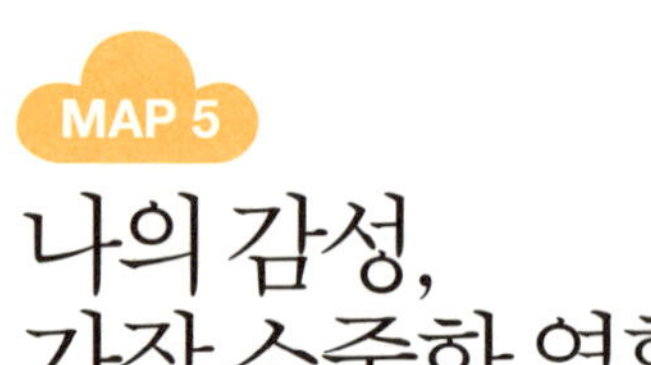

# 나의 감성,
# 가장 소중한 역할

나의 진로와 인생에서 꼭 필요하고 중요한 관계 맺기에 대해 생각해봤다면 다음은 내가 그들과의 관계에서, 그리고 내가 속한 조직에서 어떤 역할을 할 것인지 살펴볼 차례입니다.

역할이 왜 중요한지는 굳이 설명하지 않아도 알 것입니다. 인간이든 동물이든 집단을 이루며 살아가는 존재들은 저마다 제 역할이 있고, 그 역할을 제대로 수행하지 않으면 사회가 제대로 유지될 수 없습니다. 식당에 갔는데 요리사가 음식을 만들지 않거나 서빙하는 사람이 주문을 받지 않고, 또는 카운터 담당자가 계산을 제대로 하지 않는다면 어떻게 될까요?

그 식당은 하루도 못 가서 문을 닫아야 할 것입니다. 단 한 명만 제 역할을 하지 않아도 식당 전체가 망하게 되는 것이지요. 가정과 학교, 회사와 사회도 다 마찬가지입니다. 우리 모두는 각자의 역할을 함으로써 자신이 속한 사회에 기여하고, 동시에 다른 사람들이 수행하는 역할에 의존하며 살아갑니다.

그렇게 보면 '더불어 사는 사회'라는 말은 어쩌면 모순일지도 모릅니다. 굳이 수식어를 붙이지 않아도 사회라는 것 자체가 좋든 싫든 더불어 살 수밖에 없게끔 설계돼 있으니까요. 그런데도 '더불어 사는'이라는 수식어를 강조하게 된 이유는 언제부턴가 역할의 사회적 의미보다 개인적 의미가 중요해지기 시작했기 때문입니다. 경쟁이 심화됨에 따라 '역할=지위 또는 성공'이라는 생각이 확산되면서 저마다 더 크고, 더 중요하고, 더 그럴싸한 역할을 추구하게 된 것이지요. 그 결과 역할의 사회적 의미는 점점 퇴색해버리고, "너나 잘해!"라는 차가운 말이 대변하듯이 단순하고 개인적인 차원으로 축소돼가고 있습니다.

"국민 여러분, 행복하십니까? 살림살이 좀 나아지셨습니까?"

예전에 어느 정치인이 했다가 개그 프로그램을 통해 유명해진 말이지요. 여러분에게도 물어보겠습니다. 진로 로드맵을 온통 내 인생, 내 목표, 내 성공으로만 빼곡히 채운다면 여러분은 행복하겠습니까? 그저 '내 역할 = 내 직업과 지위'라고 여기며 살아가면 살림살이 좀 나아질까요? 이제부터 로드맵의 네 번째 항목, '가장 소중한 역할'을 어떻게 채울지 알아보며 함께 생각해봅시다.

## 내 로드맵에 감성과 온기를 불어넣자

로드맵에 역할을 적는 이유는 '행복하고 균형 있는 삶'을 추구하기 위해서입니다. 여러분이 목표를 이루기 위해 한눈팔지 않고 열심히 달려간다면 분명히 그 목표를 달성할 수 있을 것입니다. 작은 목표를 달성하고 나면 성취감에 고무되어 모든 시간과 에너지를 다음 목표에만 쏟게 될 수도 있지요. 그 과정에서 가족이나 친구들은 여러분을 기꺼이 응원하고 격려하고 칭찬하겠지만, 여러분은 자신이 이룬 성취에 도취되어 정작 소중한 사람들을 놓칠 수 있습니다. 그런데 만약 가족과 친구들이 없다면 여러분이 그렇게 열심히 노력하고 도전할 수 있었을까요?

예를 들어 여러분의 중간고사 성적이 오르거나 여러분이 속한 동아리가 대회에서 상을 받으면 무척 기쁠 것입니다. 왜 그럴까요? 물론 나 자신이 자랑스럽기 때문이기도 하지만 부모님이, 또는 동아리 지도 선생님이 기뻐하실 모습이 떠올라서이기도 합니다. 자식 노릇, 제자 노릇을 제대로 한 것 같아서 기쁨이 두 배가 되는 것이지요. 하지만 목표를 이뤄도 함께 기뻐해줄 사람이 없다면 내가 느끼는 만족도 역시 떨어질 수밖에 없습니다.

이처럼 우리 삶을 더욱 풍성하고 행복하게 만들어주는 것은 우리 주변의 소중한 사람들입니다. 실제로 사람들이 무엇에서 행복을 느끼는지 연구한 결과, 인생의 시기에 따라 행복에 영향을 미치는 요인들은 조금씩 다르게 나타났지만 모든 시기를 통틀어 변하지 않는 요인은 '관계'였다고 합니다. 결국 우리는 스스로 의미 있게 생각하는 사람들, 그들과의 관계 안에서 가장 큰 행복감을 느끼는 것입니다.

그런데 내 곁에 있는 사람들과의 관계에서 어떤 역할을 할지에 대한 생각은 온데간데없고, 오직 목표와 성취로만 채워진 로드맵에서는 아무런 감성도 온기도 느껴지지 않을 것입니다. 물론 목표는 내가 이뤄가는 것이지만, 그 과정에서 소중한 사람들을 잊지 않고 그들과 함께하는 시간을 계획함으로써 보다 행복하고 균형 있는 삶을 추구할 필요가 있습니다.

여러분의 로드맵에 '나의 소중한 역할'을 적어놓고, 시기별 목표나 공부 및 자격과 마찬가지로 그 역할에 충실하기 위해 노력해보세요. 목표를 한 가지씩 이루며 나아갈 때마다 소중한 사람들이 곁에서 함께 기뻐해주는, 감성과 온기로 가득한 로드맵이 될 것입니다.

### 여러 가지 역할이 고민될 땐 우선순위가 답

그럼 '나의 소중한 역할'은 어떻게 정해야 할까요?

우리는 세상에 태어나 맨 먼저 가족과 관계를 맺습니다. 이 시기에 나의 유일한 역할은 자녀입니다. 잘 먹고 잘 자고 잘 싸면 내 역할을 다하는 것이지요. 자라면서 형제가 있다면 동생 또는 형이나 누나 역할을, 할머니 할아버지에게는 귀여운 손자손녀 역할을 하면 되고요.

그러다 어린이집이나 유치원에 들어가서 처음으로 가족이 아닌 다른 조직에 속하게 됩니다. 그리고 초등학교부터 대학교에 다닐 때까지 학생이라는 역할이 주어지고, 성인이 되어서는 자신의 직업이나 전문 영역에 따라 역할이 확장됩니다. 누군가의 상사나 부하 직원, 동료의 역할이 생기는 것이지요. 결혼을 하면 아내나 남편, 사위나 며느리로서의 역할이 추가되고, 자녀를 낳으면 부모로서의 역할도 더해집니다.

이처럼 역할이 다양해질수록 요구되는 것도 많아집니다. 물론 여러 가지 역할을 모두 완벽하게 해낼 수는 없겠지만 최대한 균형을 맞추려고 노력할 필요는 있습니다. 만약 아빠가 직장에서의 역할만 중요하게 생각하고 가정에서의 역할은 등한시한다면 어떨까요? 또 엄마가 부모로서의 역할에만 집중하고 아내나 딸로서의 역할은 외면한다면요?

여러분 중에도 자식으로서의 역할은 아랑곳없이 좋은 친구 역할에만 몰두하는 경우가 있을 것입니다. 그래서 부모님을 섭섭하게 만들고 "친구가 밥 먹여준다든?", "자식 키워봤자 소용없다더니……"라며 한숨을 내쉬게 하고 있을지도 모릅니다. 이처럼 어떤 역할이든 자신이 속한 곳에서 해야 할 역할을 무시하거나 지나치게 소홀히 하면 주변 사람들이 상처를 받거나 피해를 입게 됩니다.

자식, 동생, 누나(또는 형), 친구, 학생 역할을 어떻게 다 잘하냐고요? 그래서 역할을 적을 때에는 '우선순위'를 생각해야 합니다. 물론 모든 역할이 다 소중하지만 시기에 따라 역할의 우선순위가 달라질 수 있기 때문입니다. 예를 들면 대학을 졸업할 때까지는 학생으로서의 역할을, 사회 초년생 시기에는 직장인으로서의 역할을, 자녀를 낳아 기르는 시기에는 부모로서의 역할을 우선순위로 잡을 수 있겠지요. 어떤 여학생은 모든 시기마다 '직원 → 팀장 → 임원' 등 커리어우먼으로서의 역할을 1순위에 둘 수도 있을 테고요.

정답이 있는 것은 아니니 시기별로 자신에게 주어질 역할들을 떠올려보고, 그중에서 자신이 가장 중요하게 선택하고 싶은 역할을 우선순위에 따라 '어떠어떠한 누구'의 형식으로 정리하면 됩니다. 이렇게 역할의 우선순위를 정해놓으면 나중에 두 가지 역할이 동시에 요구될 때, 나의 시간을 어디에 먼저 사용해야 할지 결정하는 데 도움이 될 것입니다. 다른 친구들은 시기별로 가장 소중한 역할의 우선순위를 다음과 같이 적었습니다.

| 고등학교<br>~대학교 | • 성실한 학생<br>• 믿음을 주는 딸 |
| --- | --- |
| 25~33세 | • 책임감 있는 소아과 전문의<br>• 소아 난치병 치료법에 도전하는 연구자 |
| 34~45세 | • 실력과 덕망을 갖춘 소아과 전문의<br>• 친구 같은 아내이자 함께하는 시간만큼은 아낌없이 사랑을 주는 엄마 |

| 고등학교<br>~대학교 | • 꿈을 위해 열공하는 학생<br>• 든든한 아들 |
|---|---|
| 24~34세 | • 끊임없이 공부하는 사회복지사<br>• 자랑스러운 아들 |
| 35~41세 | • 도움이 필요한 아이들이 믿고 의지할 수 있는 사회복지사<br>• 가족들과 소중한 추억을 만들어가는 남편이자 아빠<br>• 믿음직한 아들 |
| 42~51세 | • 그동안의 경험과 지식을 바탕으로 실질적인 도움을 줄 수 있는 사회복지사<br>• 아내와 아이들을 응원해주는 최고의 서포터<br>• 부모님을 외롭게 하지 않는 아들 |
| 52세 이후 | • 아동복지센터의 책임자로서 모든 직원들이 본받고 싶어 하는 상사<br>• 하나뿐인 아내의 동반자이자 존경스럽고 멋진 아빠 |

그럼 우빈이는 시기별로 어떤 역할을 중요하게 생각했는지 볼까요?

218~219쪽의 표를 보면, 우빈이는 지금 자신에게 가장 소중한 역할이 성실한 학생이라고 생각합니다. 대학에 가면 학교생활을 충실히 하는 대학생이 될 것이고, 연구소에 들어가면 인정받는 연구원이 되고 싶습니다. 동시에 환경에 관심 있는 10대들의 멘토 역할도 하고 싶다는 바람이 있습니다. 55세부터는 환경운동가로서의 역할을 우선순위로 하되 가정에도 충실하고, 65세부터는 여유로운 농사꾼이자 지역에 기여하는 동네 주민이라는 새로운 역할을 자신에게 부여했습니다.

몸은 하나고 시간은 한정돼 있으니 마음이 있다 해도 모든 역할을 잘해내기란 힘들 것입니다. 그러나 이렇게 미리 계획해놓으면 가장 소중한 역할에 집중하면서 다른 역할에도 시간과 노력을 지혜롭게 분배할 수 있습니다.

### 무슨 역할이냐보다 어떤 역할이냐가 중요해!

2014년 소치 동계올림픽에서 '노 메달'임에도 누구보다 많은 주목을 받은 선수가 있었습니다. 소치올림픽을 끝으로 은퇴를 선언한 스피드 스케이팅 국가대표, 이규혁 선수가 그 주인공입니다. 그는 올림픽에서 한 번도 메달을 따지 못했는데도 많은 사람들이 진정한 올림픽 영웅이라며 찬사를 아끼지 않았지요. 왜 그랬을까요?

이규혁 선수는 1994년부터 2014년까지 6회 연속 올림픽에 출전했습니다. 무려 20년 동안 국가대표로 선발됐다는 것은 그만큼 선수로서 자기 역할에 충실했다는 의미입니다. 또한 후배들이 진심으로 존경하고 따를 수 있는 선배로서의 역할도 훌륭히 해냈지요.

 **목표** 아름다운 지구 환경을 지키는 환경연구원(환경공학기술자)

| 시기 | 시기별 목표(지위) | 해야 할 공부 & 갖춰야 할 자격(증) | 네트워크 (인맥) | 가장 소중한 역할 |
|---|---|---|---|---|
| 20세 | • 국민대학교 산림환경시스템학과 입학 | [2학년]<br>• 수리, 외국어, 과학탐구에 중점 두어 공부하기<br>• 수리논술 준비<br>• 내신 2등급 이내<br>• 환경과 관련된 책 한 달에 두 권 읽기<br>• 환경동아리(GreEco) 열심히 참여(포토폴리오 작성)<br>[3학년]<br>• 모의고사 평균 2등급 이내<br>• 내신 1등급 이내 | • SNS 친구들<br>• 고등학교 친구들과 선생님들<br>• 환경동아리 친구들 | • 성실하고 안정적으로 학교생활 |
| 24세 | • 전공 공부를 열심히 하면서 환경 관련 스펙 쌓기 | • 조경 관련 공부<br>• 유럽 배낭여행<br>• 어학연수<br>• 아프리카 봉사활동 | • 대학교 교수님<br>• 학과 친구들과 선배들<br>• 환경동아리 친구들 | • 대학생 생활에 충실하면서 외국 경험 쌓기 |
| 32세 | • 산림청 연구원으로 근무<br>• 환경 보호에 기여하는 발명품 만들기 | • 환경에 관한 책 읽고 연구<br>• 산림청 담당 연구<br>• 국립수목원 자주 방문하여 수목원 내 식물 탐구 | • 산림청 직원들<br>• 대학교 친구들<br>• 환경동아리 친구들 | • 인정받는 연구원<br>• 중학생 및 고등학생의 멘토 |

| | | | | |
|---|---|---|---|---|
| 49세 | • 연구자들과 함께 환경 보고서를 만들고, 많은 사람들에게 환경의 중요성을 일깨워줄 수 있는 책 출판 | • 장기 프로젝트로 책 출판할 보고서 내용 정리<br>• 사진 및 촬영법 공부<br>• 열대지방으로 여행 가기 | • 연구원들<br>• 환경동아리 친구들 | • 기부활동(기아단체) |
| 55세 | • 연구원으로서 퇴직 준비<br>• 본격적인 환경운동가 활동 | • 나무심기 운동<br>• 자선모금 활동<br>• 사진촬영 활동 | • SNS 친구들<br>• 연구원들<br>• 환경동아리 친구들 | • 환경운동가로서의 역할<br>• 좋은 부모, 배우자 |
| 64세 | • 아름다운 자연환경과 환경 파괴의 현장을 담은 사진전 열기<br>• 아프리카 봉사활동 | • 사진전 준비<br>• 아프리카 봉사 홍보 | • 연구원들<br>• 대학 동기들<br>• 환경동아리 친구들 | • 사진 찍고 글 쓰는 환경운동가 |
| 65세 이후 | • 사진집 출판<br>• 서울 인근에서 과일, 채소 농사 짓기<br>• 자연과 함께하는 삶 | • 농사에 대한 공부<br>• 과일과 채소 재배방법 공부 | • 농사짓는 이웃들<br>• 환경동아리 친구들 | • 여유로운 농사꾼<br>• 지역에 도움이 되는 주민 |

이처럼 성적이 조금 따라주지 않더라도 자신이 맡은 역할을 열심히 하는 사람들은 인정을 받습니다. 만족스럽지는 않아도 후회 없는 삶이란 그런 것이 아닐까요?

21세기는 'What'의 시대가 아니라 'How'의 시대라고 합니다. 무엇을 하느냐보다 어떻게 하느냐가 중요하다는 뜻이지요. 과거에는 의사, 박사, 변호사 등 소위 '사(士)'자 직업, 또는 자기 회사를 가진 사장이 선망의 대상이었습니다. 잘하든 못하든 그 역할을 하는 것만으로도 칭찬과 인정을 받았지요. 하지만 이제는 역할 자체보다 무엇에 가치를 두고 그 역할을 어떻게 해냈느냐가 평가의 기준이 되는 시대입니다.

그냥 의사가 아니라 '학교보다 병원에 있는 날이 많은 아이들을 고쳐서 학교로 돌려보내주는 의사', 그냥 선생님이 아니라 '아이들이 힘들 때 맨 처음 찾아오는 선생님', 그냥 아빠가 아니라 '눈치 볼 필요 없는 친구 같은 아빠', 그냥 딸이 아니라 '부모님을 외롭게 하지 않는 딸'……. 이렇게 매 시기마다 여러분이 가치있고 소중하게 생각하는 역할에 충실하다면 스스로 만족할 수 있는 것은 물론이고 다른 사람들에게도 인정받을 수 있을 것입니다.

# 나의 현실, 필요한 경비

**아**이고, 여기까지 오느라 고생 많았습니다! 드디어 로드맵의 마지막 항목, '필요한 경비'를 계획할 차례입니다. '결국은 돈 문제네'라고 생각하는 친구들도 있을 텐데요. 맞습니다. 진로를 열어가고 목표를 이루기 위해서는 많든 적든 간에 돈이 필요합니다.

내가 어떤 대학을 가려고 하는데 합격 안정권에 들기 위해서는 가장 부족한 국어부터 보충해야 한다는 결론이 났다고 해봅시다. 지금 당장 실행에 옮기기 위해 EBS 인터넷 강의를 들으려고 합니다. 그런데 이것 참, 문제집이 없네요. 문제집이 얼마더라……?

이렇게 시기별 목표를 이루고 필요한 공부

를 하거나 자격을 갖추기 위해서는 경비가 소요됩니다. 기본적으로 생활비는 항상 필요할 테고, 학교를 다니면 학비와 교재비도 필요하겠지요. 따라서 시기마다 어느 정도 비용이 들어갈 것으로 예측되는 목표나 활동을 정리하고, 큼직큼직한 요소를 중심으로 구체적인 비용을 알아볼 필요가 있습니다.

이렇게 이야기하면 "아직 중학교 1학년인 내가 그걸 어떻게 알겠어? 또 10년, 20년 뒤에는 물가가 오를 텐데 지금 물가로 계산해봐야 무슨 소용이람!" 하며 툴툴대는 친구들도 있을 것입니다. 와우! 물가까지 생각하다니, 천잰데요?

### 내 목표를 좀 더 현실적으로 다듬어보자

로드맵에 경비를 적는 이유는 목표를 보다 현실적으로 검토함으로써 실현 가능성을 높이기 위해서입니다. 마음의 준비를 제외하고 대부분의 준비에는 기본적으로 돈이 필요하기 때문입니다. 당장은 시기별 목표에 따른 비용을 일일이 계산하고 계획한다는 것이 비현실적이고 어렵게 느껴지겠지만, 실제로 해보면 꿈을 이뤄가는 전략이 더욱 구체적이고 현실적으로 발전하는 것을 알 수 있을 것입니다.

예를 들어 대학에 입학할 때 들어갈 비용을 알아봤더니 우리 집 형편으로는 감당하기 어려울 것 같다고 합시다. 그럼 내가 가고 싶은 학과가 있는 대학들 중에서 등록금이 비교적 싼 국립대학이나 시립대학으로 목표를 정할 수 있습니다. 아니면 지금부터 공부를 좀 더 열심히 해서 장학금을 받겠다거나, 용돈을 더 아껴서 조금이라도 보탬이 되겠다고 생각할 수도 있지요.

또는 아예 처음부터 학자금 대출을 생각할 수 있습니다. 이 경우 앞으로 국영수 중 한 과목이라도 최고로 잘해서 대학생이 되면 과외 아르바이트를 하겠다, 대학 입학 후 가려고 했던 배낭여행은 잠시 미루고 취업해서 학자금 대출을 다 갚은 뒤 '나에게 주는 선물'로 여행을 가겠다 등의 대안을 마련하면 됩니다.

이렇게 비용을 적다 보면 원래 계획했던 시기별 목표를 약간씩 수정해서라도 나의 로드맵이 현실이 될 수 있는 방법을 더 구체적으로 생각해보게 됩니다. 아울러 내가 지금 무엇을 해야 할지도 더욱 선명하게 다가올 것입니다.

## 비용은 내 소관이 아니라고?

열정은 모든 것의 시작이 될 수 있지만 열정만으로 꿈을 현실화시킬 수는 없습니다. 또 미래만 바라보며 현실을 외면한다고 해서 존재하는 현실이 달라지는 것도 아닙니다. 난 어리니까 형편이 되든 안 되든 부모님이 무조건 책임져야 한다고 억지를 쓰거나, 만약 내가 목표를 못 이루면 다 부모님 탓이라며 지레 책임을 전가하는 태도는 누구에게도, 그 무엇에도 전혀 도움이 되지 않습니다.

사람은 모두 다른 환경에서 태어나며 그 환경에 영향을 받을 수밖에 없습니다. 집안 형편이 별로 넉넉하지 않은데 엄청난 비용이 드는

비용을 적다 보면 원래 계획했던 시기별 목표를
약간씩 수정해서라도 나의 로드맵이 현실이 될 수 있는 방법을
더 구체적으로 생각해보게 됩니다.

로드맵을 설계한다면 실현 가능성이 낮아지는 것이 당연합니다. 가능성을 높이고 싶다면 그 환경을 극복할 대안을 함께 마련해야 합니다.

동방신기의 유노윤호는 연습생 시절에 노숙한 경험을 밝혀서 화제가 됐습니다. 가수의 꿈을 좇아 중학교 3학년 때 고향인 광주에서 서울로 올라왔지만 그 꿈을 반대한 가족이 지원을 끊어버렸기 때문입니다. 그래서 아르바이트를 하며 잠은 주로 서울역에서 잤다고 합니다. 그래도 자기 힘으로 꿈을 이루고 싶었기 때문에 부모님에게 도움을 요청하지 않았다는 것이지요.

나와는 상관없는 이야기라고요? 가정 형편이 좀 여유가 있다고 해도 마찬가지입니다. 부모님이 무조건 모든 경비를 부담할 테니까 나는 신경쓸 필요가 없다고 생각하는 것은 지금까지 그려온 로드맵을 부끄럽게 만드는 태도입니다. 그동안 누누이 '내 인생'이고 '내 목표'이며 '내가 걸어갈 길'이라고 해놓고, 정작 가장 현실적인 계획을 필요로 하는 돈에 관해서는 모르쇠로 덮어둔다면 로드맵은 그저 어느 청소년의 공상일기에 지나지 않을 것입니다.

그러니 스스로 자신이 가는 길에 필요한 경비를 예측해보고, 그것을 어떻게 마련할 것인지(부모님에게 부탁할 부분, 내가 모을 부분, 내가

절약할 부분, 그 외 다른 방법으로 충당할 수 있는 부분 등)를 고민해보세요. 그리고 진로 로드맵을 보며 부모님과 함께 이야기를 나눠보세요. 어느 부분은 지원을 해줄 수 있는지 묻고, 지원받을 수 없는 부분은 어떻게 할지 의논하세요.

### 정확하게 계산할 필요는 없어~

'필요한 경비' 항목은 혼자 작성하기 버거울 수 있으니 인터넷 등을 통해 알아보는 것 외에도 부모님의 도움을 받는 것이 바람직합니다. 최대한 자세히 적는 것이 좋긴 하지만 실제로 비용 계산을 하지 않더라도 어떤 항목에 돈이 필요한가를 생각해서 적어보면 됩니다. 지금으로서는 도저히 비용을 알 수가 없다면 어떤 항목에 비용이 필요할지 뽑아보는 정도로만 작성하고 추후에 보완하는 것도 좋습니다.

우빈이는 필요한 경비를 226~227쪽의 표와 같이 작성했습니다.

알 수 있는 비용은 대강의 액수만 적고, 예측할 수 없는 비용은 항목만 기록했습니다. 앞으로 구체적인 비용을 알아가며 차차 메우게 될 것입니다.

목표 ▷ 아름다운 지구 환경을 지키는 환경연구원(환경공학기술자)

| 시기 | 시기별<br>목표(지위) | 해야 할 공부 &<br>갖춰야 할 자격(증) |
|---|---|---|
| 20세 | • 국민대학교 산림환경시스템학과 입학 | [2학년]<br>• 수리, 외국어, 과학탐구에 중점 두어 공부하기<br>• 수리논술 준비 • 내신 2등급 이내<br>• 환경과 관련된 책 한 달에 두 권 읽기<br>• 환경동아리(GreEco) 열심히 참여(포트폴리오 작성)<br>[3학년]<br>• 모의고사 평균 2등급 이내<br>• 내신 1등급 이내 |
| 24세 | • 전공 공부를 열심히 하면서 환경 관련 스펙 쌓기 | • 조경 관련 공부 • 유럽 배낭여행<br>• 어학연수 • 아프리카 봉사활동 |
| 32세 | • 산림청 연구원으로 근무<br>• 환경 보호에 기여하는 발명품 만들기 | • 환경에 관한 책 읽고 연구<br>• 산림청 담당 연구<br>• 국립수목원 자주 방문하여 수목원 내 식물 탐구 |
| 49세 | • 연구자들과 함께 환경 보고서를 만들고, 많은 사람들에게 환경의 중요성을 일깨워줄 수 있는 책 출판 | • 장기 프로젝트로 책 출판할 보고서 내용 정리<br>• 사진 및 촬영법 공부<br>• 열대지방으로 여행 가기 |
| 55세 | • 연구원으로서 퇴직 준비<br>• 본격적인 환경운동가 활동 | • 나무심기 운동<br>• 자선모금 활동<br>• 사진촬영 활동 |
| 64세 | • 아름다운 자연환경과 환경 파괴의 현장을 담은 사진전 열기<br>• 아프리카 봉사활동 | • 사진전 준비<br>• 아프리카 봉사 홍보 |
| 65세 이후 | • 사진집 출판<br>• 서울 인근에서 과일, 채소 농사짓기<br>• 자연과 함께하는 삶 | • 농사에 대한 공부<br>• 과일과 채소 재배방법 공부 |

| 네트워크<br>(인맥) | 가장 소중한<br>역할 | 필요한 경비 |
| --- | --- | --- |
| • SNS 친구들<br>• 고등학교 친구들과 선생님들<br>• 환경동아리 친구들 | • 성실하고 안정적으로 학교생활 | • 수학학원비 약 20만 원<br>• 방과 후 학교(언어, 외국어) 약 5만 원<br>• 인터넷 강의 약 100만 원<br>• 문제집 약 10만 원 |
| • 대학교 교수님<br>• 학과 친구들과 선배들<br>• 환경동아리 친구들 | • 대학생 생활에 충실하면서 외국 경험 쌓기 | • 배낭여행 비용<br>• 어학연수 비용<br>• 아프리카 봉사활동비 |
| • 산림청 직원들<br>• 대학교 친구들<br>• 환경동아리 친구들 | • 인정받는 연구원<br>• 중학생 및 고등학생의 멘토 | • 발명품 연구비 |
| • 연구원들<br>• 환경동아리 친구들 | • 기부활동(기아단체) | • 프로젝트 비용<br>• 휴가 비용 |
| • SNS 친구들<br>• 연구원들<br>• 환경동아리 친구들 | • 환경운동가로서의 역할<br>• 좋은 부모, 배우자 | • 환경운동 비용 |
| • 연구원들<br>• 대학 동기들<br>• 환경동아리 친구들 | • 사진 찍고 글 쓰는 환경운동가 | • 사진전 제작 비용 |
| • 농사짓는 이웃들<br>• 환경동아리 친구들 | • 여유로운 농사꾼<br>• 지역에 도움이 되는 주민 | • 사진집 출판 비용<br>• 농사짓는 비용 |

이렇게 필요한 경비까지 작성해서 로드맵을 완성했습니다. 이제 자신이 어떤 공부를 왜 해야 하는지, 각각의 목표에 필요한 비용은 얼마 정도인지 부모님에게 설명하기도 수월할 것입니다. 특히 등록금이나 어학연수처럼 목돈이 필요한 항목은 지금부터 부모님과 의논해보고, 여러분이 더 노력할 부분과 부모님의 도움을 받을 수 있는 부분으로 나눠서 계획해보는 것이 좋습니다.

자, 이제 진로 로드맵의 각 항목에 대해 이해가 되었나요? 물론 처음에는 우빈이처럼 자세히 작성하기가 힘들 수도 있습니다. 그러나 진로 로드맵은 한 번에 완성하는 것이 아니라 몇 개월에 걸쳐 만들어가는 것이니 지레 부담을 가질 필요는 없습니다. 만들어놓은 다음에도 지속적으로 정보를 탐색하고 고민하는 과정을 거쳐야 합니다. 그 과정에서 생각에 변화가 있거나 더 좋은 방법이 생기면 계속 수정, 보완해나가면 되는 것이지요. 그러니 조급해하지 말고 편하게 시작해보세요.

이어서 진로여행의 대단원이 펼쳐집니다. 나의 로드맵을 훨씬 더 풍성하고 구체적으로 업그레이드하는 노하우와 생생한 로드맵 활용법, 그리고 가장 가까운 목표인 진학으로 연결하는 비결과 일생에 걸친 진로여행의 등대가 되어줄 멋진 자기명언과 비전선언문이 여러분을 기다리고 있습니다. 어서 만나볼까요?

## 나만의 진로 로드맵을 그려보자

로드맵을 그릴 때에는 '이미 이루어졌다'는 확신을 갖는 것이 중요합니다. 즉 '프로파일러가 될 것이다'가 아니라 '프로파일러가 되었다', '범죄심리 분석에 관한 책을 발표했다' 같은 표현을 사용함으로써 미래의 내가 과거를 돌아보듯이 쓰는 것이지요.

'이미지 트레이닝'이라는 말, 혹시 들어봤나요? 운동선수들이 경기에 나가기 전에 머릿속으로 자신이 경기하는 장면을 그려보는 훈련입니다. 평소에 이미지 트레이닝을 많이 하면 기술 향상에 도움이 될 뿐만 아니라 실제 경기에서도 긴장하지 않고 자신의 기량을 발휘할 수 있다고 합니다.

여러분도 로드맵을 그릴 때 이미지 트레이닝을 해보세요. 자신의 미래 모습을 최대한 구체적으로 상상해보고, 이미 이뤄진 일인 것처럼 머릿속에 시각화하여 그 이미지를 잘 간직하기 바랍니다. 그 이미지를 지속적으로 떠올리며 시기별 목표를 실행해가다 보면 목표가 현실이 될 가능성이 더욱 높아질 것입니다.

| 시기 | | | |
|---|---|---|---|
| 시기별 목표(지위) | | | |
| 해야 할 공부 | | | |
| 갖춰야 할 자격(증) | | | |
| 네트워크 (인맥) | | | |
| 가장 소중한 역할 | | | |
| 필요한 경비 | | | |

START
ROAD MA

# 진로 로드맵 완성!
# 이제부터가
# 진짜 시작이다

# 꿈을 꿨다면 실행하라

**여**러분은 자신만의 진로 로드맵을 가지게 됐습니다. 진로 로드맵을 가졌다는 것은 분명한 형체 없이 머릿속에 공상처럼 떠다니던 미래에 밑그림이 그려졌다는 의미입니다. 조금 부족해도 상관없습니다. 이제 막 밑그림을 그린 것일 뿐, 로드맵의 진가는 지금부터 본격적으로 발휘될 테니까요.

진로여행을 떠나기 전의 여러분은 크게 세 가지 타입 중 하나였을 것입니다.

첫째는 현실주의자입니다. 우리가 맨 처음 'ROAD 1'에서 만났던 진수를 기억하나요? 꿈이 없어서 고민이라던 친구 말입니다. 어쩌면 진수는 꿈이 없는 것이 아니라 꿈을 품기가 두

려웠을지 모릅니다. 공부를 열심히 해야 좋은 대학에 가고, 좋은 대학을 가야 안정된 직장에 들어갈 수 있다는 이야기를 귀에 못이 박히게 들어서, 우등생인 진수는 자신의 미래도 대충 그런 모습일 거라고 생각했겠지요. 한마디로 미래가 별로 궁금하지도 않고, 미래는 공부를 잘하느냐 못하느냐에 따라 달라질 뿐이라고 생각했을 것입니다. 그래서 괜히 꿈을 품었다가 정해진 미래를 위해 잘 가고 있는 자신의 현재에 금이 갈까봐, 안정된 미래가 흔들릴까봐 두려웠을지도 모릅니다.

둘째는 몽상가입니다. 머릿속으로 자신이 꿈꾸는 미래의 모습을 그리며 그 모습에 도취돼 있는 타입이지요. 앞서 'ROAD 1'에서 만났던 기철이가 이 타입에 가장 가까울 것입니다. 기철이가 만화가라는 꿈에 집착했던 것은 한편으로는 현실을 똑바로 마주 보기가 싫어서였을지도 모릅니다. 진수와 반대인 셈이지요. 기철이는 만화가가 되려면 만화만 잘 그리면 된다며 공부라는, 시험이라는 현실을 회피했습니다. '나는 공부를 못하는 게 아니라 안 하는 것'이라는 쿨한(?) 논리를 내세우며 스스로 만족했던 것입니다.

셋째는 우유부단형입니다. 꿈이 있으면 좋을 것 같긴 한데 꿈을 좇자니 별로 현실성이 없을 듯하고, 현재에 충실하자니 공부도 그렇고 다 어중간해서 미래가 불안하기만 하고……. 좋은 말로 하면 '꿈 반 현실 반'이고, 냉정하게 말하면 이도 저도 아닌 타입이라고 할까요? 'ROAD 1'에서 만났던 정인이를 포함해서 많은 친구들이 이런 고민을 안고 있을 것입니다. 현실은 재미없고 미래는 막연하고, 그래서

'어떻게든 되겠지'라는 생각으로 적당히 할 일 하면서 하루하루를 보내는 경우입니다.

자, 지금은 어떤가요? 진로여행을 함께하고 진로 로드맵을 그리는 동안, 여러분은 꿈과 현실은 영원히 만날 수 없는 평행선이 아님을 깨닫게 됐을 것입니다. 자기를 이해하고, 세상을 탐색하고, 로드맵을 통해 현실에서 꿈으로 향하는 징검다리를 어디에 어떻게 놓을 것인지도 계획했으니까요. 여러분은 대체 어느 방향으로 흘려보내야 할지 몰랐던 열정과 에너지를 쏟아낼 곳을 이제야 발견했습니다. 그동안 의미 없이 자신의 귀한 에너지를 흘려보내고 있었다면, 이제 그 모든 에너지를 한곳으로 모아 집중해야 할 때입니다.

### 꿈과 현실의 온도차를 줄여라!

혹시 로드맵을 손에 쥐고 벌써 꿈을 이룬 듯 잔뜩 꿈에 부풀어 있지 않나요? 잠깐이라면 얼마든지 좋지만 너무 길어지지 않기를 바랄게요.

혁명가 체 게바라는 "우리 모두 현실주의자가 되자. 그러나 가슴속에는 불가능한 꿈을 품자"라고 했습니다. 아르헨티나에서 태어나 의과대학을 다니던 그는 친구들과 오토바이 여행을 떠났다가 라틴 아메리카 곳곳에서 참혹한 가난과 고통을 목격한 뒤, 부당한 현실을 바꿔야겠다고 결심합니다. 쿠바로 건너가 혁명을 이끌고 마침내 성공했지만, 그는 눈앞의 엄청난 권력을 미련 없이 버리고 다른 나라의 혁명을 돕기 위해 떠났다가 볼리비아에서 죽음을 맞았습니다.

이처럼 체 게바라는 현실의 문제점을 냉정하게 바라보는 동시에, 당장은 불가능해 보일지라도 자신의 이상을 이루기 위해 하루하루를 살았습니다. 그래서 그는 몽상가가 아닌 혁명가로 불리며, 이념을 떠나서 지금까지도 세계 젊은이들의 우상이 되고 있습니다.

뜨거운 꿈을 가진 사람이라면 차가운 현실도 직시할 줄 알아야 하고, 행동하는 가운데 충실히 살아야 한다는 것을 체 게바라는 자신의 삶으로 알려줬습니다. 이상과 현실 사이에는 언제나 거리가 있습니다. 그러나 뜨거운 꿈과 차가운 현실, 그 온도차를 줄여나가는 것이 삶의 의미이고 기쁨입니다. 미래는 자고 일어나면 오는 것이 아닙니다. 현실이 그 미래를 닮아가려고 노력하지 않는 한 자신이 그리는 미래는 결코 다가오지 않지요.

여러분은 지금 출발선에 있습니다. 진로 로드맵이라는 든든한 지도를 얻었으니 앞으로는 길을 잃을까 걱정하지 않아도 되고, 얼마나 걸릴지 몰라 염려하지 않아도 됩니다. 이제부터는 목적지로 향하는 과정에 충실히 임하며 즐길 준비를 하면 됩니다. 중요한 것은 지도를 계속 보면서 앞으로 나아가는 것입니다. 그래야 잘못된 길로 들어설 염려가 없을 테니까요.

### 로드맵도 자꾸 봐야 정든다

진로 로드맵을 실행하기 위해 가장 먼저 할 일은 방에서 제일 눈에 잘 띄는 곳에 붙여두고 틈날 때마다 보는 것입니다. 침대 옆이나 책상 앞에 붙여놓고 매일 아침 10초만 바라보세요. 늦잠을 자서 정신없는 아침이라도 10초는 낼 수 있습니다. 로드맵 맨 꼭대기에 쓰여진 최종 목표를 한 번 읽고, 지금 내가 속한 시기별 목표를 스윽 훑어보는 것으로 충분합니다.

밤에 잠들기 전에는 10분쯤 할애해서 진로 로드맵을 전체적으로 찬찬히 읽어보세요. 그리고 내가 오늘 하루를 충실히 보냈는지, 어제보다 한 걸음 더 나아갔는지 돌이켜보는 겁니다.

이렇게 의식적으로 보는 것도 중요하지만 아무 때나 무심코 계속 보게 해놓으면 더 좋습니다. 휴대전화의 초기화면이나 컴퓨터 바탕화면에 로드맵을 깔아두세요. 특히 휴대전화는 하루에도 수십 번씩 보게 되지요? 좋아하는 연예인이나 내 '셀카' 사진을 보는 것도 좋지만 이왕이면 내 꿈을 바라보는 데 투자해봅시다.

어느 날은 왠지 기운이 없고 노력할 마음이 생기지 않을 때도 있을 것입니다. 그럴 때에는 작은 목표를 이룰 때마다 '나에게 주는 상'을 준비하면 어떨까요? 예를 들어 목표로 한 성적을 달성했다면 '하루 종일 게임만 하고 뒹굴뒹굴하기'라는 상을 준비해두는 거지요. 또 다른 목표를 이루면 내가 좋아하는 가수의 콘서트에 가는 상을 준비해두고요. 이렇게 늘 구체적인 상을 정해놓고 진로 로드맵에 함께 붙여두세요. 포스트잇에 메모를 해서 붙여도 좋고, 사진이나 그림도 좋습니다. 진로 로드맵을 볼 때마다 '내 기필코 이 상을 받고야 말리라!'라는 마음으로 힘을 낼 수 있을 것입니다.

작은 것부터 행동을 개시하는 순간, 여러분의 행복한 진로여행은 이미 시작된 것입니다. 이제부터 진로 로드맵을 실행에 옮기는 일곱 가지 방법을 알아볼 텐데요. 그 과정에서 여러분의 진로여행은 신선한 정보와 지식을 만나 더욱 특별해지고, 생생한 체험과 만남을 통해 더 깊어질 것입니다. 여행의 설렘이 느껴지나요? 자, 그럼 출발!

## MAP 2

# 진로 로드맵으로
# 내 편을 만들어라

앞서 로드맵의 세 번째 항목이 무엇이었는지 기억하나요? 맞습니다. '인적 네트워크'였지요. 보다 행복하고 풍성한 진로여행이 되려면 마음을 나누고 영향을 주고받을 수 있는 사람들과의 네트워크가 중요하다고 했습니다. 여러분도 진로 로드맵을 작성했으니 이제 내 목표를 주위에 알려서 나를 도와줄 사람, 함께 갈 사람들을 찾아야 합니다. 가장 빠른 길은 나의 비전과 로드맵을 상대방과 공유하는 것입니다.

스티브 잡스의 신화도 그렇게 시작됐습니다. 애플을 막 시작했을 때만 해도 무일푼이어서 부모님의 집 차고에 회사를 차려야 했지만,

그는 결코 자신의 처지에 위축되지 않았습니다. 당시 유명한 광고 전문가였던 레지스 메키너에게 무작정 전화를 걸었고, 여러 번의 시도 끝에 마침내 그를 만나게 됐습니다. 스티브 잡스는 그 기회를 놓치지 않고 '가정과 회사에 컴퓨터를 팔겠다'는 등 애플의 비전을 열정적으로 그려 보였지요. 심지어 일을 맡아주지 않으면 절대 돌아가지 않겠다며 고집을 부렸습니다.

그의 태도에 깊은 인상을 받은 메키너는 회사라기보다 아직 동아리 수준에 불과했던 애플의 홍보를 맡기로 결심합니다. 게다가 투자자까지 소개해줬지요. 훗날 레지스 메키너는 "스티브 잡스처럼 진실로 마음속에 미래를 그리고 사는 사람은 거의 본 적이 없다"고 말했습니다. 잡스는 확고한 비전과 심지어 정상이 아닌 것처럼 보일 만큼의 열정을 가지고 있었기에 꼭 필요한 사람들을 자기편으로 만들 수 있었던 것입니다.

### 내 인생 최초이자 가장 중요한 네트워크는 부모님

진로 로드맵을 완성했다면 먼저 주변 사람들을 내 편으로 만드세요. 지금의 여러분에게 가장 중요한 네트워크는 바로 부모님입니다. 진로를 설계하고 실행하는 데 부모님은 여러분의 가장 중요한 조력자이자 동반자이기 때문이지요.

스티브 잡스도 마찬가지였습니다. 물론 애플의 성공을 이야기할 때 잡스와 비전을 공유했던 공동 창업자, 스티브 워즈니악을 빼놓을 수 없습니다. 그에 비해 잡스의 가족들이 얼마나 중요한 역할을 했는지는 잘 알려져 있지 않습니다. 애플이 시작된 차고는 원래 잡스의 아버지가 자동차를 수리해서 판매하는 부업을 위해 사용하던 공간이었는데 잡스에게 내준 것이었습니다. 잡스의 여동생이 결혼 전에 쓰던 방은 부품 창고가, 식탁은 사무실이 됐습니다. 어머니는 밤새 컴퓨터를 만드느라 쌓인 온갖 쓰레기를 청소해줬고, 전화를 받거나 손님을 대접하는 것도 어머니 몫이었습니다. 잡스의 아버지는 컴퓨터를 시험하는 장치를 만들어줬고, 잡스의 여동생과 친구는 컴퓨터를 조립하는 일을 맡았습니다. 이 모두는 잡스가 가족들에게 자신의 꿈을 보여주며 도움을 요청하고 자기편으로 만들었기에 가능했던 것입니다.

　여러분 중에는 진로 문제로 부모님과 갈등을 겪는 친구도 있을 것입니다. 친구들끼리 다툴 때를 제외하고 심각한 갈등을 빚는 대상은 아마 부모님이 처음이겠지요. 그러나 여러분은 앞으로 자신과 다른 의견을 가진 수많은 사람들을 만나게 될 것입니다. 사회생활은 나와 의견이 다른 사람들을 설득하고, 그들의 의견에 귀 기울이며 합의점을 찾아가는 과정의 연속입니다. 또 확고한 신념이 있다면 설득을 통해 다른 사람들이 기꺼이 수긍하고 따르게 하는 능력이야말로 리더십의 중요한 요소 중 하나입니다.

　그러니 조금 귀찮고 불편하다고 해서 부모님과의 갈등을 피하지만 말고 설득하려고 노력해보세요. 더욱이 부모님은 여러분이 태어나는 순간부터 여러분 편이며, 언제든 여러분 편이 될 준비가 되어 있는 분들입니다. 평생 동안 변함없는 사랑을 주며 '자식빠'로 살아갈 분들이지요. 그런 부모님조차 설득하지 못한다면 나중에 누구를 설득할 수 있을까요?

### 알리고, 설득하고, 평가받자!

부모님을 내 편으로 만드는 1단계!

여러분이 만든 진로 로드맵을 복사하거나 프린트해서 부모님에게 보여주세요. 처음에는 대충 훑어본 뒤 "어 그래, 나중에 자세히 볼게" 하고는 바빠서 지나칠지도 모릅니다. 그럼 거실이나 식탁 등 가족이 자주 모이는 곳에 로드맵을 붙여두세요. 달력에 자기 생일을 표시해두듯이 계속해서 상기시키는 것입니다. 사람은 계속 보면 자기도 모르게 기억하게 되고, 기억하고 있으면 어느새 당연한 듯 받아들이게 됩니다.

부모님을 내 편으로 넘어오게 하는 2단계!

모든 가족 앞에서 자신의 로드맵을 발표해보세요. 토론 프로그램처럼 질문이나 반박도 받아보고요. 만약 어떤 질문에도 대답할 수 있고 자신 있게 주장할 수 있다면 여러분의 로드맵은 무척 견고하다고 볼 수 있습니다. 이 방법은 혼자 머릿속으로만 생각하다가 다른 사람들의 의견을 듣고 토론함으로써 그동안 미처 생각하지 못했던 것을 고려하고 점검할 수 있다는 장점도 있지요.

부모님을 내 편으로 굳히는 3단계!

부모님의 의견을 적극 받아들이고 필요하다면 로드맵을 수정, 보완해나가세요. 부모님의 풍부한 사회 경험과 지식을 공짜로 전수받아 내 로드맵을 더욱 짱짱하게 만들 수 있는 절호의 기회입니다.

3단계까지 마쳤다면 부모님은 이미 여러분 편이 되어 있을 것입니다. 설령 로드맵에서 조금 마음에 안 드는 부분이 있더라도 이렇게까지 진로를 고심해서 계획했다는 것에 감탄하고 여러분을 자랑스러워할 것입니다. 그리고 믿음과 지원을 보내줄 것입니다. 거듭 강조하지만 부모님은 여러분 인생에서 가장 큰 조력자입니다. 한발 더 나아가 여러분의 열렬한 서포터즈로 만들 수 있다면 정말 행복한 진로여행이 되겠지요?

부모님과 가족 외에 선생님이나 친구, 선배 등에게 진로 로드맵을 보여주고 의견을 물어보는 것도 좋습니다. 이를 가리켜 '피드백을 받는다'고 합니다. 인터넷 게시판에 글을 쓰면 리플이 달리지요? 이 또

진로 로드맵을 완성했다면
먼저 주변 사람들을 내 편으로 만드세요.
지금의 여러분에게 가장 중요한 네트워크는
바로 부모님입니다.

한 피드백을 받는 것입니다. 그런데 글을 쓴 사람이 가장 속상할 때는 리플이 하나도 없는 '무플'일 경우입니다. 자신의 로드맵을 무플로 만들지 말고 적극적으로 피드백을 받으세요.

어떤 친구는 혼자 끙끙대며 완벽한 진로 로드맵을 만들려고 애씁니다. 하지만 누구보다 많은 시간과 노력을 투자했더라도 객관적인 평가가 없으면 자신의 로드맵이 잘된 것인지 확신하기가 어렵습니다. 그러니 어느 정도 완성됐다면 빨리 주변 사람들에게 피드백을 받아서 보완하는 편이 낫습니다.

물론 부정적인 피드백을 받을 수도 있지만 그 또한 고맙게 받아야 합니다. 입에 써야 약이지 달면 사탕이게요? 더욱이 나에게 관심이 없다면 대충 좋게 말하고 넘어가도 되는데 굳이 부정적인 의견을 줄 필요가 없겠지요. 이렇듯 여러 사람의 평가가 더해지면 짧은 시간에 훨씬 더 균형 있고 풍부한 로드맵이 완성됩니다.

### 로드맵을 소문내면 실행 안 할 수 없을걸?

이처럼 진로 로드맵을 가족과 주변 사람들에게 알리는 더욱 중요한 이유는 실행력을 높이기 위해서입니다. 사실 실행은 여러분뿐만 아니라 어른들에게도 어렵습니다. 새해가 되면 많은 어른들이 금연이나 다이어트를 목표로 삼지만 성공하는 사람이 별로 없는 것만 봐도 알 수 있지요. 그런데 금연이나 다이어트의 성공률을 높일 수 있는 중요한 방법이 뭔지 아세요? 바로 '소문내기'입니다. 가족과 친구, 회사 동료들에게 "나 오늘부터 담배 끊을 거야!", "나 5kg 감량 목표로 다이어트 돌입한다!"라고 알리는 것이지요. 또한 일방적인 선포에 그치는 것이 아니라 반드시 협조를 요청해야 합니다. 친구나 동료들에게 담배를 권하지 말 것을 요청하고, 가족이나 친구들에게 달콤한 디저트 등을 먹자고 유혹하지 말아달라고 부탁하는 것입니다.

아무리 굳은 의지를 품었을지라도 혼자서는 얼마 못 가 흔들리고 무너지기 쉽습니다. 세상은 넓고 유혹은 널렸으니까요. '오늘은 어차피 거의 다 갔으니까 게임 좀 하다가 자고 내일부터 하지 뭐.' 한번 이렇게 미루기 시작하면 실행의 첫날은 영영 오지 않습니다. 하지만 내 진로 로드맵을 동네방네 소문내고 나면 내 편이 돼준 부모님 눈치도 보이고, 자존심 때문에라도 실행을 하지 않을 수 없겠지요? 좀 소홀하려고 해도 주변에서 "너 이과 가서 파일럿 되려고 수학 공부 열심히 한다며? 잘돼가?" 하고 자꾸 목표를 환기시켜주니 잊어버릴 틈이 없을 것입니다.

진로 로드맵을 알리고 내 편을 만들면 이렇게 '외부적인 강제 장치' 역할을 함으로써 실행력을 높여주는 것 외에도 많은 장점이 있습니다. 우선 여러분의 장기적인 목표를 위해 미술학원이나 기타학원을 다니고 싶다거나, 단기적인 목표를 위해 어떤 과목의 인터넷 강의 교재가 필요하다거나 할 때 부모님의 지원을 받기가 훨씬 쉬워집니다. 그런가 하면 '나에게 주는 상'도 당당하게 누릴 수 있지요. 이미 어떤 목표를 달성할 경우 '하루 종일 게임하기'를 상으로 정해놓은 것을 부모님도 알기 때문에 뭐라고 하지 않을 테니까요.

중요한 이득 한 가지가 더 있는데요. 바로 이어지는 '정보' 편에서 설명하기로 하겠습니다.

## 나의 정보관리 노트를 만들어라

진로 로드맵의 실행력을 높일 수 있는 두 번째 방법은 '정보 수집하고 관리하기'입니다. 먼저 내가 세운 시기별 진로 목표를 달성하는 데 꼭 필요한, 또는 필요할 것 같은 정보들을 모아야겠지요? 앞서 이야기한 '로드맵 소문내기'의 이득 중 하나가 바로 그것입니다. 어떤 정보든 관심이 없는 사람보다 관심이 있는 사람에게 빨리 전달되게 마련이니까요. 내가 '엑소' 팬이라는 걸 친구들이 다 안다면 가만있어도 엑소에 관한 정보가 내 귀에 들어옵니다. 마찬가지로 내 꿈이 프로파일러라는 걸 주변에 알렸다면, 예를 들어 국내 1호 프로파일러인 표창원 박사의 책이 새로 나왔다는 정보를 누군가가 말해줄 것입니다.

정보를 모으기 위해서는 이렇게 진로 로드맵을 일종의 자석처럼 활용해야 합니다. 내 진로 목표와 관련 있는 정보들이 와서 달라붙을 수 있게 말이지요. 수많은 정보들 중에서 나에게 도움이 되는 정보만 달라붙게 만들려면 우선 진로 로드맵이 최대한 명확해야 하고, 정보 수집 및 관리법을 꾸준히 훈련해서 정보를 선별하는 능력을 길러야 합니다. 가장 추천하고 싶은 방법은 '나의 정보관리 노트'를 만드는 것입니다. 이름은 정보관리 '노트'지만 세 가지 도구를 사용할 수 있습니다. 하나씩 알아볼까요?

### 정보관리 노트의 세 가지 버전

첫 번째는 말 그대로 진짜 노트입니다.

맘에 드는 새 노트를 장만하고, 표지에는 보기만 해도 동기 유발이 팍팍 되는 제목을 달아줍니다. '내 미래로 가는 베이스캠프', '내 꿈을 향해, 파이팅!' 등 무한 에너지를 줄 수 있는 제목이면 뭐든 괜찮습니다. 노트는 다이어리 속지처럼 구분이 되어 있는 것을 사용하면 관련 정보들끼리 분류하기 좋습니다. 또는 포스트잇에 '진학 정보', '진로 정보' 등 분류명을 써서 노트 중간에 붙여놓으면 한결 쉽게 찾을 수 있겠지요? 분류별로 노트를 여러 권 사용하는 것도 좋습니다.

노트를 사용하면 사진을 붙이거나 색깔 펜을 사용하고 그림을 그리는 등 자유롭게 표현할 수 있어 좋습니다. 평소 다이어리 꾸미는 걸

즐기거나 예술적 감성이 뛰어나다면 이 방법이 잘 맞을 것입니다. 내가 직접 쓰고 꾸미는 만큼 애정도 커지겠지요. 또 늘 가지고 다니면서 생각날 때마다 꺼내 보거나 기록할 수 있다는 것도 장점입니다.

두 번째 방법은 컴퓨터를 이용한 노트 만들기입니다.

먼저 새 폴더를 하나 만드세요. 이때에도 나만의 폴더명을 붙여줍니다. 그다음 이 폴더 안에 다시 새 폴더 두 개를 만드세요. 하나에는 진학 관련 정보, 다른 하나에는 진로 관련 정보를 담습니다. 두 폴더 안에서도 편의에 따라 폴더를 나눠 정보를 분류하세요.

다음 그림은 '사람들의 마음을 읽어주는 심리학자'를 꿈꾸는 친구의 정보관리 노트입니다. 진학 관련 정보 폴더에는 관심 있는 대학들의 심리학과 정보를 하위 폴더로 분류하고, 진학하면 무엇을 배우는지, 입학 조건은 무엇인지 등 필요한 진학 정보들을 정리했습니다.

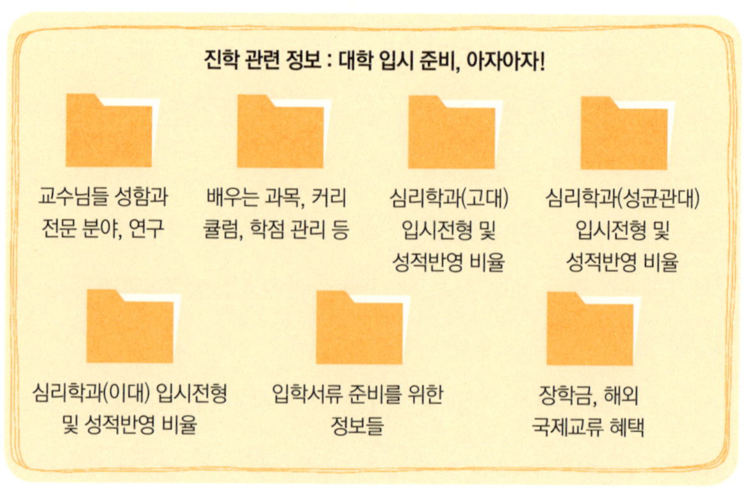

그리고 진로 관련 정보 폴더에는 심리학자라는 직업에 대한 정보, 나의 롤모델과 멘토에 대한 정보, 그리고 나의 의견이나 아이디어 등으로 구분해서 각각 별도의 폴더에 정리했습니다.

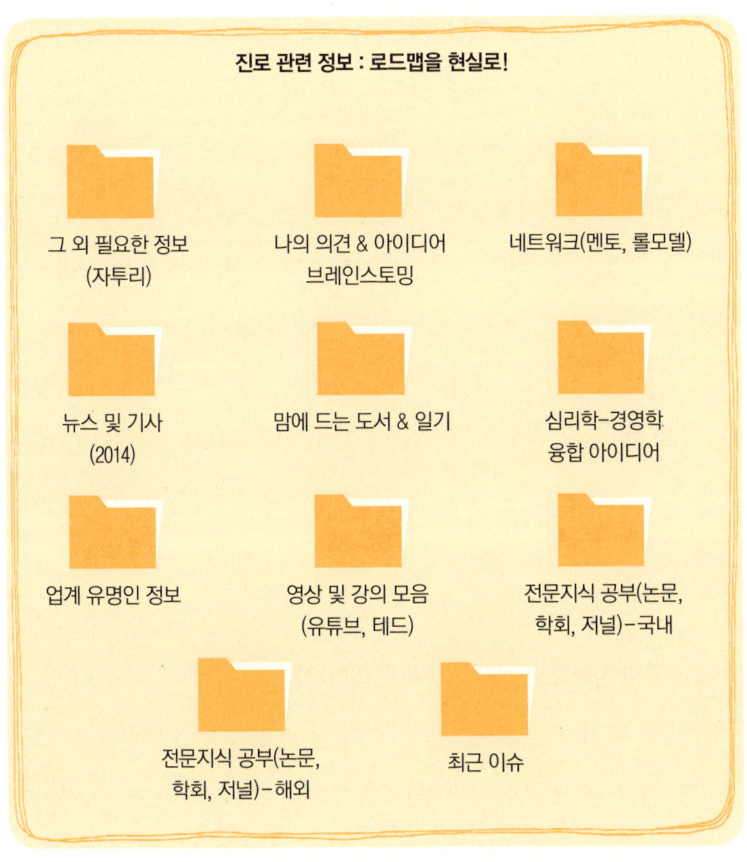

이 방법은 원하는 대로 정보를 쉽게 분류할 수 있고 한눈에 볼 수 있어 편리합니다. 다만 컴퓨터를 늘 휴대하기는 어려우므로 실제 노트처럼 아무 때나 펼쳐 보고 관리할 수 없다는 단점이 있습니다.

세 번째 방법은 블로그를 노트로 활용하는 것입니다.

각자 주로 사용하는 포털사이트의 블로그를 이용해보세요. 정보의 종류에 따라 메뉴를 나누고 필요한 정보를 정리하면 됩니다. 블로그는 인터넷에서 찾은 정보를 바로바로 스크랩하고 자신의 생각을 기록할 수 있어서 편리합니다. 무엇보다 멀티미디어를 활용한 정보 관리를 할 수 있다는 것이 큰 장점이지요. 사진이나 그림 등의 이미지는 물론이고, 동영상을 넣거나 음악을 깔 수도 있으니까요.

또 다른 장점은 네트워크 관리까지 할 수 있다는 점입니다. 비공개로 운영해도 좋지만 비슷한 목표나 꿈을 가진 친구들이 있다면 이웃을 맺고 정보를 교환할 수 있습니다. 스마트폰을 이용해 수시로 블로그에 접속할 수도 있지요.

### 내 소중한 정보노트, 스마트하게 관리하자!

위의 세 가지 중 각자 관리하기 가장 편한 도구를 선택하세요. 그리고 자신에게 꼭 필요한 정보부터 취합해보세요. 여러분이 꼭 알아야 할 정보는 크게 진학 정보와 진로 정보로 나눌 수 있습니다. 진학 정보는 관심이 있는 학과와 학교에 대한 정보입니다. 자신이 가고자 하는 학과와 학교의 1, 2, 3순위를 정해서 관련 정보를 수시로 찾아보세요. 주로 다음과 같은 정보에 초점을 맞춰서 찾으면 도움이 될 것입니다.

- 학과/학교 입시전형 및 성적반영 비율
- 학과 커리큘럼(배우는 내용)
- 학과 교수진 정보
- 졸업 후 진출 분야
- 학교 장학금 및 그 외 해외 교류 혜택

한편 진로 정보는 관심 있는 분야와 직업군에 대한 정보나 지식입니다. 내가 가고자 하는 분야에 대해 다음과 같은 정보를 알아보세요.

- 일반적인 정보(최근 이슈, 주요 키워드, 유명인 저서 등)
- 전문적인 지식(책, 논문 및 학회 저널)
- 영상 및 강의 (테드TED, 유튜브 등)
- 뉴스 및 기사
- SNS(트위터, 페이스북 등) 및 카페나 블로그를 통해 얻은 정보
- 그 분야의 해외 정보

이외에 시기별 목표를 이루기 위해 필요한 정보들도 기록하면 좋겠지요. 목표를 이루기 위해 들어가는 비용과 장학금 정보, 다른 관심

분야 정보, 자격증 정보 등을 찾아보세요.

마지막으로 잊지 말아야 할 것은 정보관리 노트에 '영혼'을 불어넣는 것입니다. 프랑스 시인 보들레르는 "정보가 많아질수록 그 의미는 적어진다"고 했습니다. 정보는 그 자체로 의미 있는 것이 아니라 내 눈으로, 내 입장에서 해석을 할 때 비로소 의미를 갖게 됩니다. 그런데 정보가 많아지면 각각의 정보가 의미하는 바에 집중하기가 어렵지요. 그러니 정보를 하나씩 수집하고 정리할 때마다 내가 그 정보에 주목한 이유, 그 정보를 보면서 떠오른 생각이나 느낌, 아이디어 등을 한 줄이라도 메모하는 것이 좋습니다. 내 코멘트 없이 정보만 모으는 것은 단어는 잔뜩 외웠는데 정작 문장은 해석하지 못하는 거나 마찬가지입니다.

## 가볍게 시작하되 꾸준히 관리하자

처음에는 여러분이 가장 재미있게 할 수 있는 방식으로 정보를 모으는 것이 좋습니다. 세 가지 노트 중 하나를 마련하고, 위에 예를 든 진학 및 진로 정보들 중 지금 나에게 가장 필요하거나 가장 관심 있는 주제를 하나만 골라서 일단 시작해보세요. 그리고 정보노트를 어떻게 관리해야 하는지 요령이 생기고 정보 수집 및 관리가 어느 정도 습관이 되면 다른 주제의 정보를 추가해가는 것입니다. 여러분이 분신처럼 들고 다니는 스마트폰을 활용해도 좋습니다. 메모 앱이나 노트 앱을 활용해서 수시로 메모해보세요.

또한 정보는 모으는 것만큼이나 버리는 것도 중요합니다. 환경의 변화에 따라 어제는 유용했던 정보가 오늘은 필요 없어질 수도 있고, 종합적인 정보 하나를 찾았다면 그동안 모아놨던 조각 정보들은 별 의미가 없겠지요. 계속 쌓아두면 어차피 관리하기도 어려우니 한 달에 한 번은 대청소하듯이 쓸모없는 정보를 버리고 더 새롭고 의미 있는 정보를 위한 공간을 마련하세요.

직접 해보면 정보를 모으고 관리하는 일이 얼마나 힘들고 때로는 지루한 일인지 알게 될 것입니다. 꾸준히 시간과 열정과 노력을 쏟지 않으면 내 정보관리 노트는 1단원 이후로는 깨끗한 참고서나 문제집 신세가 되기 십상이지요. 또 그것은 마치 우리 몸의 근육을 기르는 과정과도 같습니다. 불필요한 지방 같은 정보는 골라내고, 단백질과 무기질 같은 영양가 있는 정보만 습득하려면 훈련이 필요하니까요.

그러니 귀찮은 생각이 들 때마다 정보관리 노트를 만드는 이유를 머릿속으로 떠올려보세요. 그 이유는 내 진로 목표를 이루는 데 꼭 필요한 정보를 찾고, 그 정보를 활용해서 시기별 목표를 더 구체화하기 위해서입니다. 한마디로 내 실행의 근거를 마련하는 작업이라고 할 수 있지요. 결국 진로 로드맵의 실행력을 높이기 위해 가장 좋은 정보는 '할 수 없는 이유'가 아니라 '할 수 있는 방법'을 제시해주는 정보입니다. 그런 정보를 찾아가는 과정에서 비로소 정보는 꿈으로 연결됩니다.

정보 관리의 또 다른 장점은 관심 분야에 대한 다양한 정보를 모으고 나에게 필요한 정보를 골라내는 과정에서 일종의 '간접체험'이 가능하다는 것인데요. 체험에 관해서는 로드맵의 실행력을 높이는 세 번째 팁에서 더 자세히 살펴보도록 합시다.

# 관심 분야를
# 직접, 간접으로 체험하라

앞서 진로 로드맵의 실행력을 높이는 두 번째 방법으로 정보 수집 및 관리에 대해 알아봤습니다. 사실 인터넷만 잘 활용하면 여러분이 필요로 하는 거의 모든 정보를 찾을 수 있습니다. '정보의 블랙홀'이라고 할 만큼 인터넷은 세상의 모든 정보가 모여드는 곳이니까요. 더욱이 동영상 정보가 점점 늘어나는 추세여서 보다 구체적이고 생생한 정보를 접할 수 있지요.

하지만 정보가 아무리 구체적이고 생생해도 경험을 대신할 수는 없습니다. 요즘은 여행 가기 전에 미리 그 도시나 지역의 명소와 맛집 정보를 열심히 찾아보고 떠나는 사람들이 많

습니다. 그런데 막상 가보면 TV 여행 프로그램이나 인터넷에서 본 것과 느낌이 다를 때가 있습니다. 잔뜩 기대하고 먹어본 음식에 실망하는 경우는 부지기수고, 명소라는 곳도 기대에 못 미치는 경우가 많은데요. 그 이유는 사람들이 각자 입맛도 다르고 좋아하는 취향도 다르기 때문입니다. 또 같은 장소라도 어느 계절에 가고 날씨에 어땠느냐에 따라 느낌이 확연히 달라지기도 합니다.

일기예보를 보면 오늘의 기온을 알려주지요? 그런데 '어, 생각보다 안 춥네?' 또는 '26도라더니 왜 이렇게 푹푹 찌는 거야?'라고 느낀 적이 있을 것입니다. 온도계가 가리키는 온도와 몸으로 느끼는 온도는 다르기 때문입니다. 이를 '체감온도' 또는 '느낌온도'라고 합니다. 같은 기온이라도 습도가 높으면 더 덥게 느껴지고, 바람이 불면 더 춥게 느껴집니다. 개인의 주거환경, 체질, 심리 상태, 옷을 입은 정도에 따라서도 달라지기 때문에 최대한 가까이 계산할 수는 있지만 정확히 측정하기란 거의 불가능합니다. 결국 스스로 밖에 나가보지 않으면 알 수 없는 것입니다.

직업체험은 '직업의 체감온도'를 측정해보는 것과 같습니다. 따사로운 봄 날씨나 선선한 가을 날씨처럼 편안하게 느껴지고 마구 활동하고 싶어지는 온도가 아니라면 그 직업을 다시 생각해보는 것이 좋습니다. 물론 처음에는 나에게 적당한 온도인지 아닌지 알기 어려울 수 있습니다. 그래서 많이 경험해볼수록 좋은 것입니다.

## 도전! 진로체험

관심 분야를 가장 쉽게 체험해볼 수 있는 방법은 학교에서 자신의 진로와 연관되는 활동을 하는 것입니다. 꼭 직업체험이 아니더라도 생활 속에서 자신의 진로와 관련된 활동을 찾고 실행해보세요. 인테리어 디자이너를 꿈꾼다면 교내 환경미화대회에 적극 참여해보고, 경영자나 정치인 등 리더십을 발휘하는 사람이 되고 싶다면 임원 활동을 통해 의사소통 능력을 키워보는 것입니다.

CA(계발활동) 시간을 활용하는 것도 좋습니다. 여러분의 학교에는 어떤 CA가 마련돼 있나요? 요리반, 영화감상반, 방송반, 합창반 등 다양한 CA 중에서 관심 있는 분야에 도전해보세요. 이 모든 것이 로드맵을 실행하고 목표에 다가가는 체험활동입니다.

우리 학교 CA에는 내 관심 분야가 없다고요? 있긴 있는데 선생님에 비해 학생 수가 많고 체험을 하기에는 재료나 시설이 부족한가요? 그럼 직업체험을 할 수 있는 곳을 적극적으로 찾아가세요. 인터넷에서 '진로체험', '직업체험' 등의 키워드로 검색해보면 다양한 체험의 기회를 제공하는 곳을 찾을 수 있습니다. 서울시는 거의 모든 구에서 진로·직업체험센터를 운영하고 있으며, 광역자치단체별로 운영하는 곳도 있습니다.

만약 여러분이 사는 곳 근처에 체험센터가 없다면 주말을 이용해서 박람회에 참여해보는 건 어떨까요? 매년 대한민국청소년박람회, 서울행복진로직업박람회 등이 개최되고, 대구·부산·충남·전북 등에서도 '진로박람회', '직업진로정보박람회', '진로진학박람회' 등 다양한 명칭으로 직업 및 진로 관련 박람회가 열립니다.

아래에 진로·직업 관련 센터 몇 군데를 소개하겠습니다. 각 센터의 홈페이지에 들어가서 구체적으로 어떤 체험 프로그램을 운영하는지 살펴보는 것도 좋은 정보가 될 것입니다.

**진로 · 직업 체험센터**

| | |
|---|---|
| **한국잡월드**<br>(koreajobworld.or.kr) | • 청소년들의 진로 및 직업 선택을 지원하는 고용노동부 산하 공공기관<br>• 직업세계관, 청소년체험관, 진로설계관 등을 운영 |
| **서울시립청소년**<br>**직업체험센터**<br>(www.haja.net) | • 일명 '하자센터'. 서울시의 위탁을 받아 연세대학교가 운영하는 곳<br>• 일일 직업체험, 청소년 토요진로학교, 청소년 직업체험캠프 커리어워크, 청소년 창의캠프 등을 진행 |
| **상상팡팡**<br>(3388.gd.go.kr) | • 서울시 강동구가 운영하는 강동진로직업체험센터<br>• 진로학습 상담실, 직업현장 체험, 잡월드 체험, 직업체험 강좌, 직업탐구 기자단, 직업인 특강 콘서트 등 다양한 프로그램 운영 |

물론 가장 좋은 방법은 실제 직업현장에 가보는 것이겠지요? 부모님이나 친지들 중에 여러분의 관심직업을 가진 분이 있다면 견학을 부탁하세요. 실제로 가서 어떤 일을 하는지 지켜보고, 기회가 된다면 간단한 일이라도 도우면서 체험해보는 겁니다.

단, 아무 준비 없이 무작정 가는 것은 금물! 예를 들어 별 생각 없이 게임 개발회사에 가면 '애개! 무슨 회사가 이렇게 작담', '게임 개발자들은 잘 안 씻나봐' 등 표면적인 것만 보고 오기 쉽습니다. 따라서 어렵게 얻은 직업현장 체험 기회를 충실히 활용하려면 가서 무엇을 보고 올 것인지, 궁금한 점은 무엇인지 등 미리 목표를 세우고 준비해서 가는 것이 좋습니다.

### 최고의 간접체험 수단은 책

학교활동이나 체험센터 등을 통해 직접체험을 하는 한편으로 독서를 통해 간접체험을 많이 하는 것이 좋습니다. 책은 나이와 상관없이 누구에게나 가장 쉽고 깊이 있는 간접체험 수단이지요. 물론 드라마나 영화, 만화에도 다양한 직업이 등장하지만 과장되거나 단편적인 모습만 보여주는 경우가 많아서 직업의 참모습을 들여다보기는 어렵습니다. 그에 비해서 책은 특정 직업에 대해 더 실질적이고 풍부한 정보를 알려주지요.

인터넷 서점도 좋고 동네 서점도 좋습니다. 서점에서 직업의 세계를 소개한 책들을 찾아보세요. 또 자기 분야에서 성공한 사람들이 쓴 책을 읽으면 그 직업에 얽힌 희로애락을 생생하게 느낄 수 있습니다.

책을 통해 좀 더 체계적이고 깊이 있는 간접체험을 하고 싶다면 이런 방법들도 있습니다.

첫째, 내 관심 분야의 도서 목록을 만들어서 한 학기, 또는 방학 동안에 읽는 것입니다. 예를 들어 박물관이나 미술관에서 전시회를 기획하고 작품을 수집하는 큐레이터(학예사)가 되고 싶다면, 그 분야의 책을 모두 찾아본 뒤 지나치게 전문적인 책을 제외하고 내가 읽기에 적당한 책들의 목록을 작성해서 집중적으로 읽어보는 것이지요.

둘째, 내 관심 저자의 리스트를 만들어서 일정 기간 동안 그 저자가 쓴 책을 읽는 것입니다. 여행작가가 꿈이라면 예를 들어 1학기에는 한비야의 책을, 2학기에는 손미나가 쓴 책을 모두 읽어봄으로써 각각의 작가들이 여행을 즐기는 방식과 여행을 통해 추구하는 가치를 이해할 수 있겠지요.

셋째, 작가와의 만남에 참여하는 것입니다.

요즘은 작가들이 새로 책을 내면 독자들과 만남의 장을 마련해서 적극적으로 소통하는 경우가 많습니다. 여러분의 관심 저자나 관심 분야의 책이 새로 나오면 서점이나 출판사 홈페이지에서 작가와의 만남 행사가 있는지 찾아보고, 기회가 되면 참여해보세요. 작가와 독자들이 나누는 이야기를 듣는 것만으로도 좋은 경험이 되지만, 이왕이면 평소 궁금했던 점들을 직접 물어본다면 더욱 좋겠지요?

그 밖에도 대형 서점에서 주말마다 열리는 저자 강연회에 참석해보는 것도 좋습니다. 꼭 내 관심 분야가 아니더라도 자기 분야에서 오랫동안 경험을 쌓아온 사람들이 들려주는 이야기는 여러분의 진로여행에 많은 도움이 될 것입니다.

## 다양한 직업의 세계를 소개하는 책

| | |
|---|---|
| 《세상을 바꾸는 천 개의 직업》 | • 5년간 전세계를 돌며 찾아낸 직업 천 개를 소개 |
| 《십대를 위한 직업 콘서트》 | • 직업 전문가 이랑 선생님이 들려주는 진로 · 직업 이야기 |
| 《WANT 내가 꿈꾸는 직업》 | • 여섯 개의 진로 구분에 따라 직업군 설명 |
| 《청소년용 직업카드》 | • 총 72개의 직업에 관한 정보를 카드에 적어놓은 책 |
| 《톡 까놓고 직업 톡》 | • 저자가 15년간의 탐구를 통해 알게 된 직업의 세계 |
| 《너의 꿈에는 한계가 없다》 | • 각 분야 인물들의 생생한 직업 이야기와 인터뷰 |

## 특정 분야의 직업 이야기를 담은 책

| | |
|---|---|
| 《스튜어디스 비밀노트》 | • 스튜어디스들이 말하는 일에 대한 이야기와 일상의 에피소드들 |
| 《번역에 살고 죽고》 | • 번역 입문 시절부터 현재까지, 번역가의 실제 생활과 경험을 담은 책 |
| 《예술가로 살아가기》 | • 디자인, 음악, 영화, 글쓰기, 비평, 만화 등 일곱 가지 주제로 열린 포럼에서 우리 시대 예술가들이 나눈 삶 이야기 |
| 《국가대표 공학도에게 진로를 묻다》 | • 공과대학 재학생 40여 명이 알려주는 공대에 대한 모든 것 |
| 《여행도 하고 돈도 버는 여행작가 한번 해볼까》 | • 여행작가가 되기 위해 필요한 실전 노하우 |

# 롤모델과 멘토를 찾아라

여행을 떠나기 위해 필요한 정보를 알아보고 모든 계획을 세웠습니다. 그래도 낯선 곳으로 간다고 생각하니 걱정이 됩니다. 그럼 어떻게 할까요? 주변에 먼저 다녀온 사람이 있다면 조언을 구합니다. 또는 인터넷에서 이미 다녀온 사람들의 후기를 찾아보며 주의할 점이나 놓치지 말아야 할 점들을 확인할 것입니다. 또 다른 방법은 가이드와 함께 여행하는 것입니다. 전문 가이드를 고용하거나 현지 사정을 잘 아는 사람과 함께 여행하는 것이지요.

우리의 진로여행에도 이런 사람들이 필요합니다. 이런 관계들을 진로 로드맵에서는 네트워크 항목에 작성합니다. 네트워크에는 동아리 친구들처럼 내 진로여행을 함께할 동반자도 포함되지만, 내가 어디로 어떻게 걸어가야 할지 알려주는 안내자도 필요합니다. 내가 가려는 길을 처음 개척했거나 나보다 먼저 가서 그 길을 잘 닦아놓은 사람, 그래서 내가 그 등을 바라보며 따라갈 사람 말입니다. 진로 로드맵의 실행력을 높이기 위한 네 번째 방법은 바로 '롤모델'과 '멘토' 만들기입니다.

### 본받을 점이 있다면 누구나 내 롤모델이 될 수 있다

롤모델, 또는 역할모델이란 존경하고 본받고 싶은 인물을 뜻합니다. 내가 가고 싶은 길을 먼저 성공적으로 걸어간 사람을 모델로 삼으면 아직 가보지 못한 길에 대한 힌트를 얻을 수 있고, '그 사람처럼 되고 싶다'는 구체적인 목표가 생겨서 실행력이 높아집니다.

김연아는 어린 시절부터 전설적인 피겨 스타 미셸 콴을 보며 꿈을 키웠습니다. 여덟 살 때 1998년 나가노 동계올림픽에서 미셸 콴 선수가 은메달을 따는 것을 보고는 그 경기 장면을 녹화해서 몇 번이고 돌려 봤다고 합니다. 그리고 표정이며 몸짓 등 미셸 콴의 연기를 따라하기 시작했습니다. 2010년 밴쿠버 동계올림픽에서 금메달의 꿈을 이룬 뒤, 김연아 선수는 자신의 아이스쇼에서 미셸 콴과 한 무대에 서게 됩니다. 더구나 미셸 콴으로부터 자신의 열렬한 팬이라는 말까지 들었으니 얼마나 감격스러웠을까요?

반기문 UN 사무총장에게도 롤모델이 있었습니다. 고등학교 2학년 때 영어경시대회에 참가했다가 '미국 방문 프로그램'에 선발된 덕분에 백악관에서 당시 대통령이었던 존 F. 케네디를 만난 것입니다. 그때 케네디 대통령은 "우리가 서로 잘 지낼 의지만 있다면 국경은 아무런 방해가 되지 않는다"고 말해 반기문 총장은 큰 감명을 받았습니다. 그때부터 외교관의 꿈을 키우며 그 말을 항상 가슴속에 품어왔다고 합니다.

어떤 분야건 우리보다 먼저 걸어간 사람들이 있습니다. 꼭 같은 직업이 아니더라도 '저 사람처럼 되고 싶다'고 생각하는 사람이 있다면 그가 바로 롤모델입니다. 또 롤모델은 꼭 위인이나 유명인일 필요도 없습니다. 가장 가까운 부모님은 물론이고 주변 사람 누구나 나에게 모범이 되고 따르고 싶다면 롤모델이 될 수 있습니다.

### 이왕이면 진로와 가치가 일치하는 롤모델을 찾아보자

우선 여러분이 가려는 길과 관련 있는 사람들을 찾아보세요. 갖고 싶은 직업이나 진로 로드맵 항목 중 '가장 소중한 역할'을 떠올리며 그 길에서 가장 닮고 싶은 사람을 찾는 것입니다. 김연아와 미셸 콴의 관계처럼 자신의 진로와 직접 연관된 사람을 롤모델로 삼으면 목표 의식이 더 뚜렷해지고 실행 의지도 강해지는 장점이 있습니다.

다른 방법은 여러분이 생각하는 가치를 중심에 두고 롤모델을 찾는 것입니다. 로드맵 맨 꼭대기에 기록한 최종 목표를 기억하나요? 그 목표의 앞부분, 즉 비전과 사명을 담은 '어떠어떠한'과 가장 가까운 사람도 롤모델이 될 수 있습니다. 예를 들어 '많은 사람들에게 위로를 주는' 싱어송라이터가 내 목표라고 한다면, 음악가가 아니더라도 사람들의 마음을 다스려주는 종교인을 롤모델로 삼을 수 있겠지요. 마찬가지로 '잠재력을 능력으로 입증하지 못한 선수들을 뒷받침하는' 스포츠 에이전트가 꿈이라면, 나를 뒷바라지하기 위해 정말 열심히 노력하고 고생하는 부모님도 롤모델이 될 수 있는 것입니다.

그렇다면 최선의 롤모델은 내가 추구하는 진로와 가치, 모든 면에서 진정으로 본받고 싶은 사람일 것입니다. 혹시 내셔널 지오그래픽 채널에서 〈코스모스〉라는 다큐멘터리를 본 적이 있나요? 〈코스모스〉는 1980년에 방영되어 전세계 7억 5,000만 명이 시청한 과학 다큐멘터리로, 칼 세이건이라는 미국의 유명한 천문학자가 해설을 맡았습니다. 그로부터 35년 만인 2014년 〈코스모스〉의 리메이크작이 방영되었습니다. 그런데 이 최근작의 해설자인 천체물리학자 닐 타이슨의 롤모델이 바로 칼 세이건이라고 합니다.

뉴욕 출신의 과학 꿈나무였던 17세의 닐 타이슨은 어느 겨울날 칼 세이건의 초대를 받았습니다. 칼 세이건은 타이슨과 함께 식사도 하고 자신의 연구실도 구경시켜줬지요. 그런데 타이슨이 집에 가기 위해 버스를 타러 갔을 때 폭설이 내리기 시작했습니다. 칼 세이건은 타이슨에게 자신의 전화번호가 적힌 쪽지를 건네며 눈이 많이 와서 버스가 멈추거든 우리 집에 와서 자고 가면 되니까 연락하라고 했습니다.

닐 타이슨은 그날을 회상하며 "나는 내가 커서 뭘 하고 싶은지는 알았지만, 어떤 사람이 되고 싶은지는 그날 처음 알게 됐다"고 말합니다. 그 만남 전까지만 해도 그냥 과학자가 되고 싶었지 '어떤' 과학자가 되고 싶은지는 생각해보지 못했다는 것이지요.

여러분도 닐 타이슨처럼 자신의 진로와 가치, 즉 '어떠어떠한 누구'의 모범이 되어줄 롤모델을 찾는다면 여러분의 진로여행에 큰 등불 하나가 생길 것입니다.

### 멘토는 내 삶의 지혜로운 안내자

롤모델이 우리가 등을 보고 따라갈 수 있는 사람이라면 좀 더 가까이서 가이드 역할을 해줄 수 있는 사람은 바로 '멘토'입니다. 멘토는 고대 그리스 작가 호메로스가 쓴《오디세이아》에서 유래한 말입니다. 오디세우스 왕은 트로이 전쟁에 나가면서 친구인 멘토르에게 아들 텔레마코스의 교육을 맡겼습니다. 멘토르는 10여 년간 이 어린 왕자의 친구, 선생님, 상담자, 때로는 아버지가 되어 그를 돌봤습니다. 덕분에 오디세우스 왕이 전쟁을 끝내고 돌아왔을 때 아들은 훌륭하게 성장해 있었습니다. 이후 멘토르, 영어로 멘토라는 이름은 지혜와 신뢰로 한 사람의 인생을 이끌어주는 지도자, 스승의 의미로 쓰이고 있습니다.

이처럼 멘토는 가까이서 내 삶을 인도하는 안내자입니다. 멘토가 있다면 얼마나 든든하고 안심이 될까요? 나를 현명하게 이끌어줄 수 있고 나의 진로에 대해 진정 어린 조언을 해주는 사람이라면 누구든 멘토가 될 수 있습니다. 내가 가고자 하는 분야에 몸담은 사람이 아니어도 상관없습니다. 나보다 많이 알고 많이 경험해서 지혜로운 해답을 줄 수 있는 사람을 찾아보세요.

멘토가 꼭 한 명일 필요도 없습니다. 훌륭한 멘토가 한 명 있다면 그것으로 충분하지만 내가 존경하고 조언을 듣고 싶은 사람이라면 모두 멘토로 청하고 관계를 맺어가면 됩니다.

**내 인생의 롤모델과 멘토를 만나기 위한 4단계**

롤모델이나 멘토를 정했다면 4단계에 따라 만나봅시다.

먼저 1단계로는 멘토에 대한 기초 정보를 정리합니다. 그 사람에 대한 책, 영상, 인터뷰, 기사 등 최대한 많은 정보를 모으세요. 그리고 누가 그 사람에 대해 물으면 술술 대답할 수 있을 정도로 머릿속에 넣어둡니다.

그다음에는 조사한 내용을 정리해보세요. 롤모델에 대해 알게 된 정보와 나의 느낌을 자유롭게 적어보는 겁니다. 글, 그림 등 어떤 형식이든 상관없습니다. 단, 다음 내용들은 꼭 들어가는 것이 좋습니다.

- 롤모델의 활동 분야와 직업
- 롤모델에게 영향을 주었던 말이나 사건
- 롤모델의 비전이나 꿈
- 롤모델에게 본받고 싶은 점

2단계는 만남을 위한 사전 준비입니다. 오른쪽 표를 참고해서 멘토를 만나면 물어보고 싶은 질문 리스트를 만들어보세요.

3단계는 만남입니다. 만나기 위해서는 적극적으로 문을 두드려야 합니다. 먼저 가족과 가까운 친지들에게 자신이 선택한 진로를 알리고, 관련 분야에 아는 사람이 있으면 소개를 부탁해봅시다. 직접 만나면 제일 좋겠지만 전화나 이메일, SNS를 활용해도 좋습니다. 용감하게, 그러나 예의를 갖춰서 먼저 연락하고 조언을 구하세요. 진지하고 열정적인 태도를 보인다면 아무리 어려도 쉽게 무시할 수 없습니다.

질문은 2단계에서 준비한 질문 리스트를 활용하면 됩니다. 기자나 연예정보 프로그램의 리포터가 되었다고 생각하고 인터뷰하는 겁니다. 가능하면 녹음을 하거나 함께 사진도 찍고 동영상도 남겨보세요.

개인적으로 만나기가 어렵다면 강연회를 찾는 방법도 있습니다. 강연회 정보를 알려주는 페이스북(www.facebook.com/kang0page)을 활용하면 좋은 강연 정보를 얻을 수 있습니다. 또 '이 시대의 멘토들(www.topmentor.net)' 사이트에서는 무료 강연회 정보를 볼 수 있습니다. 강연회가 끝나면 그냥 자리를 뜨지 말고 남아서 질문을 해보세요. 관계를 이어갈 기회를 잡을 수 있을지도 모릅니다.

4단계는 만남이나 대화 내용을 돌아보며 소감을 기록하는 것입니다. 기자들이 인터뷰를 하고 나서 기사로 정리를 하듯이, 여러분도 수첩이나 블로그 또는 문서 파일에 정리해보세요. 인터뷰를 하면서 녹음을 하거나 동영상을 찍었다면 다시 듣고 보세요. 만날 때에는 잘 몰

**멘토를 만나서 할 질문 리스트**

| 자기<br>이해 | • 멘토의 강점은 무엇이고, 어떻게 강점을 살려왔는지?<br>• 멘토의 약점은 무엇이고, 어떻게 약점을 보완해왔는지?<br>• 어떤 점이 가장 힘이 드는지?<br>• 목표가 있었는지? 그 목표는 어떻게 설정했는지? 그 계기는? |
|---|---|
| 진로<br>탐색 | • 현재 몸담고 있는 분야 및 직업군에서 주로 느끼고 경험하는 것들은 무엇인지?<br>• 현재 생각하고 있는 분야 및 직업군 선택에 대한 갈등이 있다면 어떤 것들이 있는지?<br>• 분야 및 직업군에 대해 학생 때와 비교해 시각이 달라졌다면?<br>• 분야나 직업군에 대한 지식과 정보가 부족했던 점은 무엇인지?<br>• 분야나 직업 설정에 대해 후회하는 점이 있다면?<br>• 현 분야나 직업군에 대한 시장의 이슈, 크기, 문제점, 기회, 경쟁사 등은 어떤 것이 있는지?<br>• 현 분야나 직업군의 미래 흐름을 예측해본다면? 또는 개인적인 의견이 있다면? |
| 인생<br>설계 | • 인생에 대한 목표와 계획이 있었는지? 그 목표와 계획이 도움이 됐는지?<br>• 진로에 대한 계획 및 설계는 언제, 어떤 방식으로 하게 됐는지?<br>• 진로를 결정하고 계획할 때 어렵거나 고민했던 점이 있다면?<br>• 진로 결정에 대해 만족스러운 점은 무엇인지?<br>• 진로를 결정하고 계획한 후, 스스로 달라진 점은 무엇이었는지?<br>• 다시 진로를 선택할 수 있는 시점으로 돌아간다면 어떤 결정을 하고 싶은지? |

랐던 것을 새롭게 느낄 수도 있고 더 잘 기억하게 될 것입니다. 함께 사진을 찍었다면 사진도 첨부하고요. 분명 그 기록들은 여러분의 소중한 보물이 될 것입니다. 소감을 기록할 때에는 다음 질문을 꼭 생각해보세요.

- 나에게 부족한 점은 무엇인가?
- 무엇을 더 노력해야 할까?
- 그동안 놓치고 있던 점은?
- 앞으로 어떤 점들을 변화시켜야 할까?

내가 닮고 싶은 롤모델이나 멘토는 가능하다면 자주 만나서 교류하는 것이 좋습니다. 그런데 자주 만나기 어렵거나 전혀 만날 수 없는 경우도 있습니다. 특히 롤모델은 세상을 떠났거나 역사 속 인물, 위인이 될 수도 있으니까요. 그래도 방법은 있습니다. 고민거리가 생겼을 때, 여러운 결정이나 선택을 내려야 할 때 '그 사람이라면 어떻게 했을까?'를 생각해보고 행동하는 것입니다. 1단계에서 그 사람에 대해 충분히 조사하고 잘 알게 됐다면 내가 처한 상황에 대입해서 그 사람이라면 어떻게 했을지 보다 쉽게 알 수 있겠지요. 이렇게 하다 보면 어느새 롤모델이나 멘토의 장점을 내 것으로 흡수하고, 올바르게 생각하고 실행하는 방법을 익히게 될 것입니다.

# 지속적으로 관리하고
# 업그레이드하라

지도가 있다고 해서 길을 잃을 염려가 전혀 없는 것은 아닙니다. 실제로 지도를 보며 길을 찾다가 낭패를 보는 경우가 종종 있습니다. 지도에 없던 길이 새로 뚫리고, 지도에 있던 건물은 사라지는 등 세상은 계속 변하기 때문이지요. 우리 동네의 5년 전 지도를 현재 지도와 비교해보면 아마 깜짝 놀랄 것입니다. 따라서 변화가 생길 때마다 그에 맞춰서 지도를 계속 수정해야 합니다.

진로 로드맵도 마찬가지입니다. 입시전형이 바뀌면 내가 해야 할 공부의 내용도 그에 맞게

수정하고, 내가 꿈꾸는 직업을 갖기에 유리한 학과가 새로 생겼다면 그 학과들까지 고려해서 목표를 수정해야 합니다. 또 수시로 내가 어디까지 왔는지, 원래 계획보다 더 빨리 왔는지 또는 더 늦어졌는지 확인한 뒤 시기별 목표나 할 일들을 수정해나가야 합니다.

스마트폰도 컴퓨터도 제때 업그레이드해야 뒤처지지 않고 용도에 맞게 활용할 수 있지 않던가요? 진로 로드맵 역시 한물 간 지도가 되지 않도록 꾸준히 관리하고 업그레이드할 필요가 있습니다. 내 로드맵이 골동품이 되는 불상사가 없도록 꾸준히 살피면서 수정, 보완해나갑시다!

**진로관리표**

| 계획 | 1주 | 2주 | 3주 | 4주 |
|---|---|---|---|---|
|  |  |  |  |  |
|  |  |  |  |  |
|  |  |  |  |  |
|  |  |  |  |  |

## 진로관리표, 완전 구체적이지?

진로 로드맵을 관리하기 위해서는 '진로관리표'를 활용하면 좋습니다. 왼쪽의 표와 같이 하루, 일주일, 한 달 동안 할 일들을 더 구체적으로 정해서 실천하는 것입니다.

맨 위의 가로줄에는 날짜를 쓰고, 세로줄에는 목표를 이루기 위해 해야 할 세부적인 계획을 설정해 기록합니다. 그런 다음 계획을 달성하는 데 필요한 시간을 생각해서 할 일들도 좀 더 자세히 나눠 적습니다. 빈 칸에 날짜를 적고 언제, 어떤 일을 할 것인지 표시하면 됩니다. 계획을 짤 때에는 얼마나 실현 가능한지 충분히 고민한 뒤, 최종 목표 날짜를 정해놓는 것이 좋습니다.

사진작가를 꿈꾸는 보미는 이번 한 달 동안의 계획을 276~277쪽의 표와 같이 짰습니다. 이처럼 계획을 세운 뒤 무엇을 했고, 하지 않았는지 표시하세요.

이걸 언제 다 하나 싶어 한숨이 나온다고요? 그건 1에서 100이 되기를 꿈꾸기 때문일지도 모릅니다. 대신 0.1씩 모아 1을 만든다고 생각하면 훨씬 쉬워지지요. 오늘이 30번가량 모이면 한 달이 채워지고, 그날 할 일을 30번 하면 목표가 이뤄집니다. 그러니 작은 목표들을 이루기 위해 이번 달, 이번 주, 오늘은 무엇을 해야 하는지 계획하세요. 그리고 무엇을 실행했고 하지 않았는지 체크하면서 각오도 새롭게 합시다. 어느새 꿈을 위해 부지런히 움직이는 자신을 느낄 수 있을 거예요.

| 날짜<br>계획 | 1주 | | | | | | | 2주 | | | | | | |
|---|---|---|---|---|---|---|---|---|---|---|---|---|---|---|
| | 1/5 | 6 | 7 | 8 | 9 | 10 | 11 | 12 | 13 | 14 | 15 | 16 | 17 | 18 |
| 진로 블로그 채우기 | | | | | 블로그 가입 | | 꾸미기 | | | | 피드백 | | | |
| 롤모델 찾기 | | 탐색 | 인터넷 조사 | | | | | | 기사 정리 | | | | | |
| 카메라 조작법 공부 | | | | | | | 관련 책 보기 | | | | | | | 인터넷 카페에서 고급 스킬 배우기 |
| 멘토 만나기 | | 탐색 | 멘토에게 연락 | | 질문지 작성 | | 멘토와 만남 | 질문 정리 | | | | | | |

| 3주 | | | | | | | 4주 | | | | | | |
|---|---|---|---|---|---|---|---|---|---|---|---|---|---|
| 19 | 20 | 21 | 22 | 23 | 24 | 25 | 26 | 27 | 28 | 29 | 30 | 31 | 2/1 |
| | | | | | | | 기사<br>스크랩 | | | | | | |
| | | 이메일<br>보내기 | | | | | | | 손편지<br>보내기 | | | | |
| | | | | | | 사진<br>전시<br>보기 | | | | | | | 출사<br>가기 |
| | | 멘토<br>에게<br>블로그<br>보여<br>주기 | | | | | | | | | | | |

'천잰데?'라는 만화 시리즈 중에 이런 것이 있습니다.

선생님: "만날 놀기만 하는 고 1은 커서 뭐가 될까요?"
학생들: "고 2!"
선생님: "천잰데……?"

우스개지만 맞는 말입니다. 놀든 공부하든 시간이 지나면 고 1은 고 2가 되겠지요. 고 2는 고 3이 될 테고요. 하지만 딱 거기까지입니다. 그다음부터는 나이를 한 살씩 더 먹는다는 것 말고 모두에게 똑같이 주어지는 기회는 없습니다.

잊지 마세요. 여러분의 오늘이 쌓이고 쌓여서 바로 그다음의 미래를 만든다는 것을요.

## 로드맵의 권장 업데이트 주기는 얼마?

진로 로드맵을 관리하고 실천하는 한편으로 정기 업데이트도 게을리 하지 말아야 합니다. 여러분은 계속 성장하고 변화해갈 것이므로 진로 로드맵도 함께 성장하는 것이 당연합니다. 처음 계획을 세웠을 때에는 엄청나 보였던 목표가 시간이 흘러서 다시 보면 별것 아닌 듯 느껴질 수도 있으며, 처음에는 이 정도는 할 수 있다고 생각했지만 막상 해보니 만만치 않을 수도 있습니다. 또 생각이나 가치관이 바뀔 수도 있고요. 그럴 때에는 그에 맞게 로드맵도 수정해야 합니다.

권장 업데이트 주기는 3개월에 한 번입니다. 쉽게 생각해서 중간고사 끝나고 한 번, 기말고사 끝나고 한 번 점검하는 겁니다. 그 정도 기간이면 자신을 뒤돌아보고 무엇을 개선해야 하는지 알 수 있을 것입니다.

필요한 정보들을 계속 탐색하면서 추가할 내용은 채워 넣고, 잘못되었거나 바꿔야 할 부분은 수정하고, 불필요해진 부분은 지워버리세요. 로드맵을 업그레이드하다가 내용이 너무 많아지면 중요한 시기별로 다시 로드맵을 그리거나 따로 더 구체적으로 작성해서 붙여놓는 방법도 있습니다. 가능하면 1년에 한 번, 새 학년이 될 때마다 다시 그리는 것이 좋습니다. 그러면 작년 한 해 무엇을 달성하고 무엇을 놓쳤는지 확인하고, 새로운 마음으로 각오를 다질 수 있을 것입니다.

로드맵에 여러분의 손때를 많이 묻히세요. 그럴수록 '실행지수'가 높은 로드맵으로 발전해갈 것입니다.

# 진로 로드맵을
# 진학으로 연결하라

**많**은 학생들의 가장 큰 고민, 또는 도전 과제는 아마도 '대학 진학'일 것입니다.

2015학년도부터 학생부종합전형은 내신과 함께 봉사활동, 학업 성실성, 임원 및 동아리 활동, 체험활동, 독서활동, 인성과 교육환경 등을 바탕으로 종합적인 평가를 하게 됩니다. 내신의 경우, 공부 방법의 개선이나 스터디 활동 등을 통한 성적 향상과 하락의 원인까지도 함께 고려하는 종합적인 평가입니다. 즉 단순한 점수보다 학생 스스로 꿈을 위해 어떻게 노력해왔는지를 보여주는 '스토리텔링'이 중요해진 것입니다. 그래서 학생부 외에도 자기소개서와 포트폴리오의 비중이 높아졌습니다.

학생부와 자기소개서, 포트폴리오를 포함한 서류를 제출할 때 가장 중요한 것은 '나만의 스토리가 담겨 있는가' 하는 것입니다. 스토리란 그동안 자신의 관심사를 위해 어떻게 일관된 활동과 노력을 해왔는가 라고 할 수 있습니다. 무턱대고 "첫눈에 반했다"고 말하는 것이 아니라 "그동안 쭉 지켜보고 당신의 마음에 들기 위해 이렇게 노력해왔다"고 말해야 하는 것이지요. 내가 목표를 이루기 위해 얼마나 꾸준히 노력해왔는가를 최대한 보여주는 것이 중요합니다. 그러기 위해서는 진로와 목표를 정하고 그것을 구체적으로 실행해서 이뤄나갈 수 있는 방법을 찾고 계획해야 합니다.

이미 우리는 진로 로드맵을 통해 그 과정을 밟아왔습니다. 진로를 찾고 목표를 정하고 그것을 이룰 방안을 로드맵으로 계획했지요. 이제 진로 로드맵대로 잘 실행하기만 하면 자연히 일관된 스토리가 나오게 될 것입니다.

예를 들어 심리상담사를 꿈꾸는 학생이라면 진로 로드맵의 '해야 할 공부' 항목에 심리학에 관한 독서활동을 하거나 방과 후 활동을 하겠다고 적었을 것입니다. 또 아동 보호시설을 정기적으로 방문해서 외로운 아이들의 이야기를 들어주는 봉사활동을 계획했을 수도 있습니다. 이처럼 나의 목표를 위해 해온 활동과 성과, 그 모든 흔적들이 일관된 나의 스토리가 되는 것입니다.

자기소개서에는 이런 내용들을 잘 서술해야 합니다. 가장 중요한 것은 그동안 해온 활동들에 의미를 부여하는 것입니다. 아무리 작고 사소한 활동이라도 그것을 통해 내가 얼마나 성장했는가를 잘 설명할 수 있다면 충분히 의미 있는 활동이 됩니다.

그리고 이런 활동들을 모아 진학 포트폴리오를 만듭니다.


**스마트한 포트폴리오, 이렇게 만들어봐!**

좋은 포트폴리오는 어떻게 만드는 걸까요?

'스마트(SMART)'라는 단어를 기억하면 됩니다.

먼저 S는 스페셜(special), 즉 자신만의 특별한 스토리를 담아야 한다는 뜻입니다. 나라는 존재는 세상에 단 하나뿐입니다. 그러니 내가 살아가면서 경험하고 느끼는 모든 과정에 대한 기록 역시 유일합니다. 나에 대해 새롭게 알아가는 과정, 세상에 대해 새롭게 인식하는 과정, 그리고 나와 세상을 보는 새로운 시각 등 작은 깨달음이나 고민을 잘 정리하고 기록하세요. 그것들이 모여서 하나의 스토리를 이룰 때 여러분의 포트폴리오는 특별해지고 차별성을 갖게 됩니다.

일기 형식이 될 수도 있고, 녹음 기록이나 그림, 작사·작곡의 방식이 될 수도 있습니다. 어떤 방법도 좋으니 자신에게 가장 편리하고 효율적이며 스스로 즐길 수 있는 방식을 선택하세요.

M은 유지(maintain)입니다. 지속적으로 하라는 뜻이지요. 정보관리노트와 마찬가지로 가끔 하거나 코앞에 닥쳐서 꾸미는 포트폴리오는 진정한 스토리를 이룰 수 없습니다. 면접에서는 전공에 대한 이해도와 함께 여러분이 제출한 서류의 진정성을 확인받게 됩니다. 내 스토

리의 뼈대를 이룰 활동들을 주기적으로 꾸준히 할 수 있도록 가장 쉽게 실천할 수 있는 습관이나 시스템을 개발하세요. 매일 쓰는 일기가 아니니 실행하기에 부담스럽지 않은 주기를 정하고, 그 주기에 맞게 지속적으로 유지, 관리, 업그레이드하는 것이 중요합니다.

A는 적합성(adapt)입니다. 자신의 목표와 방향에 알맞게 해나가야 한다는 뜻입니다. 막연히 '일단 해두면 나쁠 건 없겠지' 정도로 임하는 것은 시간낭비일 뿐입니다. 내가 가고 싶은 학과의 학교전형을 확인하고, 그 대학에서 요구하는 것이 무엇인지 정확하게 파악하세요. 예를 들어 최고의 프로파일러가 되기 위해 심리학과에 진학하겠다면서 정작 포트폴리오의 체험활동은 반려동물 관리하기를 했다면 누구나 의문을 품을 수밖에 없을 것입니다. 이처럼 진로에 대한 활동 계획을 세우거나 체험활동을 할 때에도 그냥 남들이 하는 대로 따라가는 것이 아니라, 내가 해야 하는 이유와 목적을 찾고 나에게 가장 알맞은 방법을 찾아야 합니다.

R은 존중(respect)입니다. 자신을 존중할 줄 아는 사람이 되어야 한다는 뜻이지요. 자신을 소중히 해야 나의 강점을 발견할 수 있고, 약점은 성실하게 보완해나갈 수 있습니다. 막스 루케이도의 《너는 특별하단다》라는 그림책에는 이런 대목이 있습니다. "너는 너이기 때문에 특별하단다. 특별함에는 어떤 자격도 필요 없으며 너라는 이유만으로 충분하단다."

때로는 자신이 부족하게 느껴질 수도 있겠지만, 오히려 그래서 새로운 것을 채워 넣을 수 있는 넉넉함이 있다고 바꿔 생각해보세요. 진심으로 자기 자신을 존중하고, 내가 나를 존중하는 이유와 다른 사람들에게도 존중받을 수 있는 가치를 포트폴리오에 담아가야 합니다.

마지막으로 T는 변형(transform)입니다. 포트폴리오를 통해 여러분의 변화와 성장을 보여줄 수 있어야 한다는 의미지요. '아, 이 친구는 끊임없이 성장해왔고, 앞으로도 성장해가겠구나'라고 느낄 수 있도록 말입니다. 예를 들어 어떤 고민이나 난관을 어떻게 극복했는지, 그리고 그것이 삶의 태도나 학업에 어떠한 영향을 미쳤는지를 보여주는 것입니다. 꾸준하되 정체되지 않은 모습, 변화를 극복하고 적응하는 모습, 그리고 앞으로의 가능성을 보여주기 위해 노력할 필요가 있습니다.

학생부와 자기소개서, 포트폴리오를 포함한
서류를 제출할 때 가장 중요한 것은
'나만의 스토리가 담겨 있는가' 하는 것입니다.

다시 한 번 강조하지만 진로 관리는 닥쳐서 반짝 하는 것이 아니라 꾸준히 하는 것이 핵심입니다. 여기서는 가장 가깝고 중요한 목표인 대학 진학을 예로 들었지만, 앞에서 설명한 진로 관리의 핵심은 비단 대학에만 국한되는 것이 아닙니다. 내가 갖게 될 직업, 소중히 해야 할 역할, 실현하고 싶은 가치 등 더 큰 진로의 과정에서도 그러한 원칙을 실천해가야 합니다. 훗날 내 인생의 포트폴리오가 참 '스마트(SMART)'했다며 스스로를 자랑스러워할 수 있도록 말이지요.

## MAP 8

# 자기명언과
# 비전선언문을 만들어라

아무리 열심히 노력해도 진로 로드맵을 따라가는 과정에 항상 기쁘고 좋은 일들만 있지는 않을 것입니다. 또 반드시 계획대로 되리란 법도 없습니다. 하루하루 생활하다 보면 진로 로드맵을 처음 작성할 때의 포부를 잊어버리거나 희망의 빛깔이 점점 바랠 수도 있지요. 그럴 때마다 포기하지 않고 계속 앞으로 나아가게 해줄 뭔가가 필요합니다. 그래서 로드맵의 실행력을 높이기 위한 마지막 방법은 '자기명언'과 '비전선언문'을 만드는 것입니다.

자기명언은 한마디로 '나에게 보내는 응원 문구'라고 할 수 있습니다. 여러분은 누구보다 자신이 어떤 사람인지 잘 알고 있을 것입니다.

자신이 어떤 상황에서 가장 힘들어하고, 어떤 유혹에 잘 빠지며, 어떤 상황에서 쉽게 포기하는지 말입니다.

누구에게나 약점이 있고 한 가지 이상의 콤플렉스도 있습니다. 비록 들여다보기 싫고 유쾌하지 않을지라도 외면하지 말고 솔직하게 마주 보세요. 내 미래를 불안하게 만들 수 있는 가장 큰 약점이 무엇인지 생각해보고, 중요한 시점에 그것 때문에 무릎이 꺾이는 상황을 머릿속으로 그려보세요. 그리고 나에게 가장 영향력 있고 설득력이 있을 만한 명언을 만들어보세요. 만약 나만의 명언을 만들기가 어렵다면 책에서 읽은 구절이나 노래 가사, 또는 롤모델이 남긴 명언 등 나에게 힘을 주는 말을 자기명언으로 삼아도 좋습니다.

다른 친구들은 이런 자기명언을 만들었습니다.

- The best of time is now(최고의 시간은 바로 지금이다).
- 카르페디엠(Carpe Diem, 인생을 즐겨라).
- 지금 여기서 행복할 수 없다면 다른 곳에서도 행복할 수 없다.
- 가장 높은 불가능을 향해 도전하라. 그다음, 가능하게 만들어라.
- 나는 이 순간을 위해 살고, 미래를 위해 산다.
- 내일은 오리라.
- 단 한 번의 용납은 없다.

만화 〈원피스〉에서 주인공 루피는 해적왕을 꿈꾸며 모험에 나섭니다. 루피는 어려움에 봉착할 때면 "나는 해적왕이 될 남자다!"라고 스스로에게, 그리고 다른 사람들에게 외치며 각오를 다집니다. 또 다른 만화 〈나루토〉의 주인공 역시 힘겨운 닌자의 길을 걸어가지만 고난에 처하면 이렇게 말합니다. "한번 뱉은 말은 굽히지 않아. 그게 내 닌자의 길이니까."

해적왕이나 닌자만큼은 아니더라도 우리 앞에는 흥미진진한 인생이 기다리고 있습니다. 운동선수가 힘을 쓸 때 기합을 넣듯이, 힘들 때 외칠 나만의 명언이 있으면 더욱 좋겠지요? 그리고 이왕이면 카카오톡의 프로필이나 페이스북의 자기소개에 자기명언을 적어둡시다. 가까운 사람들이 본다고 생각하면 더욱 힘이 나고, 자기명언으로 새긴 각오가 한층 단단해질 테니까요.

### "난 꿈이 있어요! 그 꿈을 믿어요! 나를 지켜봐요~"

지금까지 여러분은 자기 이해와 세상 알아보기, 직업 탐색을 거쳐 진로 로드맵 그리는 법과 로드맵의 실행력을 높이는 방법에 이르기까지 낯설고 먼 길을 잘 따라와줬습니다. 진로를 찾아 떠난 배낭여행이 끝나가는 지금, 진로란 처음에 생각했던 것처럼 단지 적성에 맞는 학과나 직업 찾기에 그치는 것이 아님을 알게 됐을 것입니다. 진로란 내가 가야 할 길이지만 결코 혼자 걸어가는 길이 아니며, 작게는 가족과 친구 같은 소중한 사람들로부터 크게는 내가 속한 사회에 이르기까지, 내 일과 내 꿈을 통해 사람 및 세상과의 관계를 설정하는 일이기도 하다는 것을 말입니다.

자, 이제 세상을 향해 내 꿈을 선포해봅시다. 비전선언문, 즉 진로 로드맵의 맨 처음을 장식했던 비전과 사명을 하나의 선언문 형태의 문장으로 담아내는 것입니다. '나에게는 꿈이 있습니다'라는 문장으로 시작해보면 어떨까요? 미국의 흑인 인권운동가 마틴 루터 킹이 1963년 노예 해방 100주년을 기념하여 워싱턴에서 열린 평화 대행진에서 발표했던 유명한 연설문의 제목이 바로 'I Have a Dream'이었지요. 그는 이렇게 말했습니다.

"나에게는 꿈이 있습니다. 나의 자식들이 피부색이 아니라 인격에 따라 평가받는 나라에서 살게 되는 날이 언젠가 오리라는 꿈입니다."

여러분의 꿈은 무엇입니까? 여러분의 비전과 사명이 그려내는 미래는, 그 세상은 어떤 모습인가요?

민희라는 친구는 다음과 같은 비전선언문을 만들었습니다. 민희의 비전은 '작가와 일러스트레이터를 넘나드는 임상심리전문가', 미션은 '내가 창조해낸 어떤 것(책, 또는 그 외의 도움)을 통해 사람들이 감명받고 주위를 돌아보게 됨으로써 사회의 소외된 영역에 관심을 갖고, 작은 도움이라도 실천할 수 있도록 만드는 것'입니다.

나에게는 꿈이 있습니다.

서울의 거리를 거니는 모두가

서로의 행복을 바라는 날이 올 것이라는 꿈이 있습니다.

나에게는 꿈이 있습니다.
세상의 빛을 받지 못하던 사람들도
따뜻한 애정을 가슴에 품게 될 것이라는 꿈이 있습니다.

우리에게는 꿈이 있습니다.
주머니에 손 넣고 홀로 걷는 경쟁의 길이 아닌
손에 손잡고 서로의 온기를 나누며 걷는
협동의 길을 거닐 것이라는 꿈이 있습니다.

나에게는 꿈이 있습니다.
이런 모두의 꿈을 한 걸음 나아가게 하는
따뜻한 냄새가 나는 글 한 줄을 적어낼 것이라는 꿈이 있습니다.

'거위의 꿈'이라는 노래는 "난, 난 꿈이 있었죠. 내 가슴 깊숙이 보물과 같이 간직했던 꿈"이라는 가사로 시작합니다. 그러다가 "그래요 난, 난 꿈이 있어요. 그 꿈을 믿어요. 나를 지켜봐요"라고 외치지요. 여러분도 비전선언문을 만든 뒤에는 하루에 한 번씩 크게 읽어보세요. 혼자서만 가슴 깊숙이 간직할 것이 아니라, 난 이런 꿈이 있으니 지켜봐달라고 여러 사람에게 선포하듯이 읽는 것입니다.

실제로 정치인이나 시민단체 등이 선언문을 만든 후 배포만 하는 것이 아니라 많은 사람들 앞에서 발표하는 데에는 이유가 있습니다.

말에는 힘이 있기 때문이지요. 미국의 교육학·심리학 박사인 할 어반
은 "당신이 선택한 말이 당신의 인생을 만든다"고 했습니다. 말은 허
상이 아니라 살아 있는 생물이며, 우리가 선택해서 입 밖으로 내뱉는
말은 긍정적이거나 부정적인 에너지를 전달한다고 합니다.

　　그럼 다른 친구들의 비전선언문을 보며 함께 긍정적인 에너지를
느껴볼까요?

### 친구들의 비전선언문

・나에게는 꿈이 있습니다. 상처를 받은 사람들에게 희망의 씨앗이 될 수 있었으면
하는……. 내 주변과 지구 저편에서 고통받는 사람들을 위해 기도하고, 축복하고, 희
망을 심어주는 사람이 되고 싶습니다.
나뿐만 아니라 모두가 행복을 누릴 수 있는 세상이 오게 하리라는 꿈이 있습니다.

・나에게는 꿈이 있습니다. 축구공이 없는 아이들에게 축구공을 나눠주는 축구 선수
가 되고 싶습니다. 또 축구 선수를 꿈꾸는 아이들에게 열심히 노력하면 축구 선수가
될 수 있다는 소망을 주고픈 꿈이 있습니다.

・나에게는 꿈이 있습니다. 아프리카의 굶주린 어린이들을 도와주고, 유기견들과 학
대받는 동물들을 구해주는 사람이 되고 싶습니다.

・나에게는 꿈이 있습니다. '체슬리 슐렌버거'처럼 뛰어난 조종술을 가진 조종사가
되는 것이 꿈입니다. 승객들을 먼저 생각하고 그들에게 가장 안정감을 주며, 승무원
들도 의지하고 따르는 기장이 되고픈 꿈이 있습니다.

・나에게는 꿈이 있습니다. 서로 인정해주는 세상을 만드는 게 꿈입니다.
외교관이 되어 우리나라뿐만 아니라 작은 나라들의 문화를 세계에 널리 알리고 싶습
니다.

- 나에게는 꿈이 있습니다. 우리나라 최고의 기업을 탄생시켜, 우리나라의 경제가 성장하고 잘살 수 있도록 하고 싶습니다. 인재들을 발굴해서 우리나라의 미래를 만드는 데 도움이 되고 싶습니다.

- 나에게는 꿈이 있습니다. 아이들의 롤모델로서, 아이들에게 꿈을 심어주는 사람이 되고 싶습니다. 아이들에게 모르는 것을 가르쳐주는 것이 기쁩니다. 아이들이 공부에 스트레스 받지 않고 공부가 재미있다고 느끼게 해주는 것이 꿈입니다.

- 나에게는 꿈이 있습니다. 때로는 사람들을 웃게 해주고, 때로는 슬픈 마음을 풀어주는, 웃음으로 사람들을 기쁘게 하는 MC가 되고 싶습니다.

- 나에게는 꿈이 있습니다. 뮤지컬 배우가 되어서 남들에게 감동을 주고 싶습니다. 지식과 같이 내가 전해줄 수 있는 모든 것을 전달해주고 싶습니다.

- 나에게는 꿈이 있습니다. 지금까지 밝혀내지 못한 비밀을 밝히는 유명한 천문학자가 되는 꿈입니다. 어린이들을 위해 천문학 관련 대학이나 학원을 만들고 싶습니다.

- 나에게는 꿈이 있습니다. 마음에 상처를 입은 아이들을 연주로 치료해주는 피아니스트를 꿈꿉니다. 피아노 연주로 사람을 감동시키는 좋은 사람이 되고 싶습니다. 가난한 아이들을 가르치는 멋진 사람이 되고 싶습니다.

- 나에게는 꿈이 있습니다. 불쌍하고 가난한 많은 아이들을 도와주고 싶은 꿈이 있습니다. 번 돈을 기부하며 다른 사람들을 섬기고 싶습니다.

"99%의 재능, 99%의 훈련, 99%의 작업. 소설가들은 자신이 하는 일에 결코 만족하면 안 됩니다. 이미 쓴 소설은 결코 자신의 꿈이나 가능성만큼 훌륭하지 못합니다. 언제나 꿈을 꿔야 하고, 자신의 능력보다 훨씬 높은 목표를 세워야 합니다. 동시대 작가나 선배 작가들보다 더 낫기 위해 괴로워할 필요가 없습니다. 소설가는 자기 자신보다 더 나으려고 애써야 합니다."

1949년에 노벨문학상을 받은 미국 작가 윌리엄 포크너가 한 말입니다.

이제 여러분의 머릿속에는 로드맵의 도착 지점에서 활짝 웃으며 기다리고 있는 미래의 내 모습과 그 '미래의 나'를 만나기 위해 '지금의 나'가 걸어갈 길의 지도가 어렴풋이 그려졌을 것입니다. 그 길에서 여러분도 포크너의 말처럼 이미 이룬 목표에 만족하기보다 더 높은 목표를 세워보세요. 앞으로 이룰 목표가 훨씬 더 근사할 거라고 믿으세요. 남들이 나보다 얼마만큼 앞서 있고, 얼마만큼 따라붙었는지 신경쓸 필요는 없습니다. '중요한 건 자기 자신보다 더 나으려고 애쓰는 것'이니까요. 그런 여러분을 세상은 온 마음으로 응원해줄 것입니다.

START
ROAD MAP

→

**ROAD** 6

# 진로
# 로드맵으로
# 꿈을 키워가는
# 사람들

TICKET

TO

▶▶▶▶▶▶▶▶▶▶▶▶

# 경제·경영 분야

세상에는 수많은 직종들이 있지만 그중에서도 경제·경영 분야는 가장 많은 사람들이 종사하는 직종입니다. 자동차, 통신, 건설, 식료품, 금융, 철강, 전자, 반도체, 섬유·의류·신발, 가구, 제약, 화학, 컴퓨터, 레저, 화장품, 가정용품 등 우리의 생활과 밀접한 물건이나 서비스를 제공하는 모든 기업들이 여기에 해당하지요. 국민들의 대다수는 크고 작은 기업에서 근무하며 경제활동을 합니다. 이 분야는 굉장히 광범위하기 때문에 그 가운데에서도 어떤 역할을 할 것인지를 잘 선택하고 집중할 필요가 있습니다.

이 분야의 직업인은 기본적으로 논리적·분석적인 능력이 필요합니다. 또 기업활동 전반과 기업에서 일하는 사람들, 그들을 둘러싼 사회에 대한 이해가 있어야 합니다. 이와 더불어 기업이 활동하는 경제 환경에 대한 이해, 그리고 시장과 소비자에 대한 이해가 필요합니다. 보다 근본적인 준비를 하고 싶다면 자본주의 성립 배경과 현재의 시장 질서에 대해서도 기본적인 지식을 쌓는 것이 좋습니다.

<table>
<tr><td rowspan="3">멘토의<br>진로<br>로드맵</td><td>이름: 서영수</td></tr>
<tr><td>나이: 32세</td></tr>
<tr><td>직업: C사 마케팅팀 대리</td></tr>
</table>

영수 씨는 중학생 시절에 고(故) 정주영 현대그룹 회장의 자서전을 읽고 기업인이 되는 것을 꿈꿨습니다. 처음에는 구체적으로 무엇을 준비해야 할지 몰라 막막했지만, 꾸준히 직업과 진학에 대한 정보를 찾으며 경영학과에 진학해 대기업에 입사하고 임원으로 승진하는 계획을 세웠습니다.

서울에 있는 대학의 경영학과를 목표로 열심히 공부했고, 고등학교 때 이미 국내 대기업들이 원하는 인재상을 살펴보며 마음을 다잡았습니다. 경영학과에 진학하고 취업을 준비하며 지난 몇 년간 축적해온 정보들이 큰 도움이 되었습니다. 이미 회사에 대해 매우 잘 알고 있는 영수 씨를 보고 면접관들은 감탄했습니다. 결국 C사에 입사해 현재 마케팅팀에서 근무하며 훌륭한 기업인이 되기 위한 길을 차근차근 걸어가고 있습니다.

영수 씨는 경력과 실력을 쌓아서 37세에는 전문가로 인정받고, 47세 즈음에는 임원이 되며, 57세 이후에는 기업의 대표이자 경영 컨설턴트로 활동하면서 '사회에 도움이 되는 기업인'이라는 궁극적인 꿈을 이루고자 합니다.

<table>
<tr><td rowspan="2">친구의<br>진로<br>로드맵</td><td>이름: 남혜연</td></tr>
<tr><td>학년: 중학교 1학년</td></tr>
</table>

혜연이는 진로에 대해 고민해본 적이 없다고 했습니다. 막연히 호텔리어에 대한 환상을 갖고 있었는데, 진로 찾기를 통해 적성을 고려하고 호텔리어라는 직업이 필요로 하는 자질에 대해 다각도로 탐색하면서 성숙한 의사결정을 내릴 수 있었습니다. 진로 로드맵을 그리면서 꿈은 더 구체화되었습니다. 주변 친구들은 다들 어떻게 성적 맞춰서 대학 갈까 고민하고 있지만, 혜연이는 자신이 세운 계획에 맞게 노력하면 된다고 생각하니 고민이 줄고 훨씬 단단해진 기분이 듭니다.

## 기업 경영활동에 방향을 제시하는 경영 컨설턴트 / 사회에 빛과 소금이 되는 기업인

| 시기 | 17~26세 | 27~36세 | |
|---|---|---|---|
| 시기별 목표(지위) | • 연세대학교 경영학과 졸업<br>• 인생의 방향 정하기 | • 사회에 첫발 내딛기 | |
| 해야 할 공부<br><br>갖춰야 할 자격(증) | 인생의 가치관 확립하기<br>• 고전/위인전 읽기<br>• 삶의 가치관 확립하기<br>사회의 첫 직장 준비하기<br>• 인턴/아르바이트 경험<br> (희망 진출 분야)<br>• 다양한 형태의 멘토 찾기 | 첫 직장 구하기<br>• 대기업 입사 or 중소기업 경험 or<br> 글로벌 기업 아르바이트<br>업무의 전문성 쌓기<br>• 기업 내부 경험하기<br> : 인사/재무/영업/기획<br>• 사회 경험하기<br> : 국가/사회 구성요소들 | |
| 네트워크 (인맥) | • 평생의 스승이 될 멘토<br> (가치관과 직업의 롤모델)<br>• 진정한 우정을 가진 친구<br> → 가치관 형성하며, 평생 함께할<br> 가장 소중한 사람들을 만나기 | 업무<br>• 기업 내부(상/하급자, 유관 부서)<br> 및 외부(고객/파트너, 이해관계자)<br>업무 외<br>• 친구, 동창회 등 기존 관계<br>• 동호회 활동(운동, 교양, 교회 등) | |
| 가장 소중한 역할 | • 이 세상을 살아갈 나의 존재 찾기<br>• 평생을 종사하며 살아야 할 나의<br> 직업 발견하고 준비하기 | • 사회의 구성원 되기<br> (시민/국민, 직장인 등)<br>• 관계 속의 나를 찾기<br> (가정, 이웃관계, 전문성) | |
| 필요한 경비 | • 학비(등록금, 도서 구입) 및 생활<br> 비 7,000만 원 | • 의식주 영위, 사회활동<br>• 결혼/주택/차량 등<br> 의식주 외 2억~3억 원 | |

| 37~46세 | 47~56세 | 57~66세 |
| --- | --- | --- |
| • 전문가가 되기 | • 사회에 기여하기 | • 궁극적인 꿈을 이루기 |
| 전문가로 활동하기<br>• 활동 분야 확정하기<br>• 성과와 역량 발휘<br>전문성 보완하기<br>• 학위 : MBA 등<br>• 관계 : 업을 수행하기 위한 관계 발전시키기 | 직업의 꽃 피우기<br>• 기업 임원 또는 중소기업 사장 되기<br>• 협회/단체 이사 되기<br>• 해당 산업 리딩하기 | 국가/사회에 기여하기<br>• 기업의 대표 또는 국가단체의 장 되기<br>• 업의 전문성을 바탕으로 사회에 봉사하기 |
| • 고객/잠재고객<br>• 업무 협력자<br>• 지인의 확장<br>　→ 네트워크에 좀 더 집중하며 그동안 다진 관계를 활용, 발전시키기 | • 같은 업종 종사자<br>• 경제업계 이해관계자<br>• 각종 사회단체의 장 | • 각종 기업 대표들<br>• 국가 고위 공무원<br>• 각종 도움이 필요한 사람들 |
| • 신뢰받는 직업인<br>• 가정을 책임지는 사람 | • 사업/회사를 책임지는 사람 | • 해당 업의 전문성을 바탕으로 국가/사회에 기여하는 사람 |
| • 직업활동 비용<br>　(사회활동, 고객 관계)<br>• 가정유지 비용<br>　의식주 외 1억~2억 원 | • 자녀들을 돕는 비용<br>　(결혼, 사회활동) 1억~3억 원 | • 사회환원 비용(봉사활동)<br>　1억~3억 원 |

## 목표 〉직원들과 고객들에게 인정받는 호텔리어

| 시기 | 17~19세 | 20~25세 | |
|---|---|---|---|
| 시기별 목표(지위) | • 경희대 호텔경영학과 입학할 수 있는 성적 만들기 | • 호텔경영학과에서 공부<br>• 언어 능력 쌓기<br>• 취직 준비 | |
| 해야 할 공부 / 갖춰야 할 자격(증) | 고등 1학년<br>• 외국어에 중점을 두되 수리도 상위권 유지<br>• 내신 3등급 이내<br>고등 2학년<br>• 외국어 모의고사 1등급, 나머지 과목들은 평균 2등급 유지<br>• 내신 2등급 이내<br>고등 3학년<br>• 모의고사 평균 2등급 이상 유지<br>• 내신 1등급 이내 | 대학 1학년<br>• 관광학부에서 관광산업 공부 및 토익 700점<br>대학 2학년<br>• 호텔경영학과 전공 및 영어권 나라로 어학연수, 토익 800점<br>대학 3학년<br>• 일본어 공부 시작, 토익 900점 및 JPLT 2급<br>대학 4학년<br>• 호텔 인턴십 지원<br>• 일본어 공부에 집중, JPLT 1급 | |
| 네트워크 (인맥) | • 학교와 학원 친구들<br>• SNS에서 만난 친구들<br>• 호텔에서 일하는 이모 | • 중학교, 고등학교, 대학교 친구들<br>• 대학교 교수님 가까이 하기<br>• 인턴십 하며 만나는 호텔리어들 | |
| 가장 소중한 역할 | • 학업에 매진하는 고등학생 | • 전공 공부와 어학 공부를 열심히 하는 대학생 | |
| 필요한 경비 | • 학원비(수학학원, 영어학원, 인터넷 강의) | • 대학 학비, 어학연수비<br>• JPLT, 토익 등의 시험비<br>• 영어학원, 일본어학원 비용 | |

| 26~54세 | 55~60세 | 61세 이후 |
| --- | --- | --- |
| • 호텔 취직 후 객실 부문에서 경력 쌓기 | • 객실 부문에서 책임자 (director) 되기 | • 퇴직 후 외국인 관광객을 위한 게스트하우스 운영 |
| • 중국어 공부해서 HSK 6급 취득<br>• 직급별 승격시험 준비 (helper → attendant → agent/ attendant → Sr.agent → supervisor → assistant manager → manager → director) | • 리더로서 직원관리 능력 및 고객 서비스 향상 방법 연구<br>• 틈날 때마다 세계의 호텔이나 국내 호텔 다니며 벤치마킹하기<br>• 리더십 키우기 | • 창업과 회계 관련 공부<br>• CEO의 자질에 대한 공부<br>• 게스트하우스 운영 연구 |
| • 호텔 동료, 상사와 후배들<br>• 대학 친구들 | • 멘토 CEO<br>• 호텔 부하직원, 동료, 상사들<br>• 남편과 가족들 | • 호텔 직원들과 고객들<br>• SNS를 통한 인맥들<br>• 게스트하우스 찾은 외국 손님들<br>• 가족과 친구들 |
| • 능력 있는 호텔리어<br>• 좋은 엄마와 아내 | • 능력 있고 인성 좋은 상사<br>• 인정받는 호텔리어 | • 존경받는 엄마와 선배<br>• 직원들과 고객들이 신뢰하는 게스트하우스 대표 |
| • 중국어 학원비<br>• 생활비<br>• 결혼 자금 | • 여행 경비<br>• 생활비<br>• 아이들 학비 | • 게스트하우스 창업 및 운영비<br>• 직원들 월급<br>• 노후 자금 |

# 자연·과학 분야

자연·과학 분야는 다양한 자연현상을 연구해서 과학적 원리를 발견하고 인간의 삶의 질을 향상시키는 데 기여합니다. 인간을 포함한 생명체와 무생물체, 작게는 물질의 기본 단위인 원자(atom) 이하에서부터 크게는 지구가 포함된 태양계와 우주 전체까지도 다룰 수 있습니다. 수학, 물리학, 화학, 생물학, 지구과학 등을 비롯해 그 세부 분야 및 응용 분야가 포함됩니다.

자연·과학 분야에서 진로를 찾고 싶다면 우리 주변에서 일어나는 자연현상을 어떻게 이해하고 설명하는지에 관심을 가질 필요가 있습니다. 기본적으로 논리적이고 과학적인 사고가 필요하며, 관찰 및 분석 능력이 요구됩니다. 더욱 깊이 있게 다루기 위해서는 과학적 지식과 철학적 사고를 통합할 줄 아는 능력도 필요합니다. 결국 과학도 인류를 이롭게 하는 데 목적이 있으므로 사람 및 사회에 대한 이해가 수반되어야 이 분야에서 훌륭한 직업인이 될 수 있습니다.

**멘토의 진로 로드맵**

**이름**: 김주혁
**나이**: 36세
**직업**: 국립생태원 팀장

생태환경 전문가는 주로 일정 지역에 서식, 분포하는 식물과 동물의 종류, 분포 밀도, 서식 범위 등을 연구하는 직업입니다. 멸종 위기에 처한 동물이나 식물이 어디에 있는지 조사하거나 환경영향평가와 관련된 업무도 합니다. 예를 들면 어떤 지역에 주택 단지나 도로를 건설하기에 앞서 그 지역에 어떤 동식물이 서식하고 있는지, 그중에서 특별히 보호해야 할 종이나 보존해야 할 지역이 있는지를 조사하는 것이지요.

주혁 씨는 어릴 때부터 산과 바다 등 자연을 접할 기회가 많았다고 합니다. 생태 환경에 관한 일을 하고 싶다는 생각으로 생물학과에 진학한 주혁 씨는 졸업과 함께 실무 경험을 쌓았습니다.

현재 주혁 씨는 계획한 대로 생태연구 기관에서 일하고 있습니다. 그리고 40대에 자신의 조사연구 기관을 설립하겠다는 꿈을 위해 노력하고 있습니다. 또한 앞으로 우리나라뿐만 아니라 동북아시아 지역의 생태 환경을 지키고, 나아가 인간과 자연이 더불어 살아가는 지구를 만드는 데 기여하고 싶다는 꿈을 갖고 있습니다.

**친구의 진로 로드맵**

**이름**: 정현우
**학년**: 중학교 3학년

현우는 초등학교 때부터 우등생이었습니다. 하지만 특별한 꿈과 목표는 없었고, 모든 과목을 골고루 잘해서 그냥 좋은 대학만 가면 될 거라고 생각했지요. 예전부터 엄마는 이과를 선택해서 의사가 되라고 했습니다. 그런데 사춘기에 접어든 현우는 엄마가 시키는 대로 하기 싫어서 문과를 가겠다고 우겼습니다. 솔직히 꼭 하고 싶은 건 아니지만 얼떨결에 동시통역사가 되겠다고 선포를 해버렸지요.

그러다 진로코치를 만나면서 처음으로 자기를 알아가고 미래를 계획해보는 기회를 갖게 됐습니다. 그 결과 과학자라는 꿈을 발견했고, 진로 로드맵을 작성하면서 지금 어떤 공부를 왜 해야 하는지 목표를 찾았습니다. 이제 현우는 큰 목표를 위한 작은 목표들을 이루기 위해 노력하면서 우리나라 최초의 노벨물리학상이나 노벨화학상 수상자라는 꿈을 향해 나아가고 있습니다.

# 목표 ▷ 인간과 자연의 공존을 꿈꾸는 생태환경 전문가

| 시기 | 20~29세 | 30~39세 |
|---|---|---|
| 시기별 목표(지위) | • 생태환경 분야 실무 경험<br>• 환경영향평가업체(1, 2종) 근무<br>• 환경부 산하 기관 또는 KEI 근무 (국립환경과학원, 국립생태원 등) | • 국립 연구기관 또는 사설 조사연구 기관 근무<br>• 생태 조사, 컨설팅 프리랜서 활동<br>• 국립환경과학원, 국립생태원, 국립공원관리 공단 등으로부터 위탁 연구과제 수행 |
| 해야 할 공부 / 갖춰야 할 자격(증) | • 생태분야 학위 취득<br>• 생태학회, 환경생태학회 등 관련 학회 가입 및 활발한 연구 활동<br>• 생물분류기사, 자연생태복원기사 자격증 취득 | • 자연환경관리기술사 또는 환경영향평가사 취득<br>• 지속적인 야외조사(field) 경험을 통한 전문가로서의 자질 갖춤<br>• 심리학, 과학사, 과학철학 등 인문학과 통계학 공부 |
| 네트워크 (인맥) | • 대학 친구들, 교수님들<br>• 연구원 동료들 | • 사랑하는 가족, 친구들<br>• 업계의 전문가들 |
| 가장 소중한 역할 | • 부모님께 효도하는 아들<br>• 패기와 열정이 넘치는 젊은 팀장<br>• 인기 많은 미혼 남성 | • 한 가정의 가장: 육아 함께하기<br>• field 전문가 입지 구축 |
| 필요한 경비 | • 대학교 학비 학기당 약 500만 원 | • 자격증 취득 비용(관련도서 구입 등) |

| 40~49세 | 50~60세 |
| --- | --- |
| • 조사연구 기관 창립<br>• 도시계획위원회, 환경청 자문위원<br>• 환경부 위촉 전문 조사원<br>• 생태학 관련 강사(교수) | • 우리나라를 비롯해 동북아시아 지역의 생태환경 전문가로 활동 |
| • 숲해설가 과정 이수<br>• 중국, 일본 등 주변국과의 학술 교류 | • 중국, 일본 등 주변국과의 학술 교류<br>• 동북아시아 생태 환경의 조화를 위한 연구 프로젝트 |
| • 업계의 동료들, 선후배들<br>• 대학 제자들<br>• 우리나라 생태 환경에 관심을 가진 제자들과의 모임 | • 업계의 후배들, 제자들<br>• 동북아시아의 건강한 생태 환경을 위한 모임 |
| • 인정받는 생태환경 전문가<br>• 존경할 수 있는 아버지 | • 동북아시아의 생태 환경을 지키는 전문가<br>• 후배 및 제자들의 조언자<br>• 아내와 시간을 함께하는 남편 |
| • 연구기관 창업 비용<br>• 자녀 교육비 | • 동북아시아 지역 연구를 위한 비용<br>• 노후 생활비<br>• 업계 제자 양성비 |

## 목표 〉 세계를 놀라게 할 연구원이자 공학계열 교수

| 시기 | 20~23세 | 24~39세 |
| --- | --- | --- |
| 시기별<br>목표(지위) | • 서울대학교 공과대학 입학해서 학사학위 취득<br>• 총학생회장 당선<br>• 대한민국 인재상 수상 | • MIT 공대에 교환학생 가기<br>• 군대 가기<br>• MIT에서 석사, 박사학위 취득<br>• 서울대학교 공학 계열의 전임강사 → 조교수 → 부교수 |
| 해야 할 공부<br><br>갖춰야 할<br>자격(증) | • 전공 공부 열심히 해서 과 1등하기<br>• 한자 1급 따기<br>• 컴퓨터 한글, 엑셀, 인터넷 관련 자격증 취득<br>• 토플 110점 이상, 토익과 텝스 각각 950점 이상<br>• 한국사 및 국어 인증시험 공부해서 응시 | • MIT에서 깊이 있게 학문 공부<br>• 정교수가 되기 위한 준비<br>• 특정 과학 분야에 대한 심도 깊은 연구<br>• 오늘날 우리가 필요로 하는 것들에 관한 연구 |
| 네트워크<br>(인맥) | • 서울대학교 교수님들, 선후배들과 친해지기 | • MIT에서 공부하는 학생들과 교수님들<br>• 서울대학교 교수님들(정교수나 나중에 학과장, 대학 총장이 될 때 도움받을 수 있음) |
| 가장 소중한<br>역할 | • 서울대학교에서 가장 뛰어난 학생<br>• 엄친아<br>• 부모님께 효도하는 아들<br>• 서울대학교 총학생회장 | • 연구 잘하는 학생<br>• 끈기 있는 전임강사, 조교수, 부교수<br>• 나라를 위해 일하는 공인 |
| 필요한<br>경비 | • 약간의 생활비<br>• 학비(장학금) | • 대학원 학비(장학금)<br>• 전임강사 때 쓸 생활비<br>• 정교수 되기 위한 공부(연구) 비용 |

| 40~44세 | 45~54세 | 55세 이후 |
| --- | --- | --- |
| • 서울대학교 정교수<br>• 외부 강연자 | • 국내 최초의 노벨물리학상 또는 화학상 수상자<br>• 서울대학교 학과장<br>• 연구 내용 바탕으로 책 출판하기 | • 아낌없이 나눠주는 기부 천사<br>• 서울대학교 총장 |
| • 남들 앞에서 떨지 않고, 이해하기 쉽게 강의하는 능력 기르기<br>• 서울대학교뿐만 아니라 다른 대학교에서도 강연하기<br>• 다른 사람들에게 도움이 되는 연구 계속하기<br>• 책 쓰기 위한 준비 | • 노벨상 받았다고 거만해지지 말고 겸손하기<br>• 연구 꾸준히 하여, 서울대학교 총장이 될 때까지 열심히 노력하기<br>• 책 집필하기 | • 꾸준히 저축해온 돈을 우리나라나 다른 나라의 불우이웃 위해 기부하기(어떻게 기부하는 것이 가장 좋을지 알아보기)<br>• 서울대학교 총장 당선을 위해 노력하기 |
| • 대학교에서 유명하고 이름난 멘토 교수님들 사귀기 | • 모든 사람들에게 상냥하고 친절하게 대하기 | • 밝게 웃으며 모든 사람들에게 자상하게 대하기 |
| • 정말 잘 가르치는 교수<br>• 뛰어난 강의로 많은 도움을 주는 인기 교수 | • 대한민국에서 가장 뛰어난 과학자<br>• 노벨상 수상자<br>• 세상을 놀라게 한 사람 | • 우리나라 과학 분야에서 최고의 위인<br>• 남을 위해 베풀 줄 아는 셀러브리티 |
| • 연구비<br>• 생활비 | • 연구비<br>• 생활비 | • 생활비<br>• 기부금 1억 원 이상 |

# 의학·보건 분야

의학·보건 분야는 인간을 질병에서 구하고 쾌적하고 건강한 삶을 살 수 있도록 돕는 분야입니다. 인간의 수명이 늘어나면서 건강에 대한 관심이 높아지고 있기 때문에 이 분야는 점점 더 많은 인력을 필요로 하고 있습니다. 또한 신종인플루엔자, 조류인플루엔자, 중증급성호흡기증후군(SARS) 등 세계적 규모의 신종 전염병이 자주 발생함에 따라, 이를 예방하고 치료하는 공중보건의 중요성도 커지고 있습니다.

의학·보건 분야로 진출하려면 과학 및 인체에 대한 관심과 소질이 있어야 합니다. 또 냉철한 판단력과 문제해결 능력, 학습 능력과 성실함 등이 필요합니다. 인간의 건강 및 수명과 직결된 만큼 가장 빠르게 발전하는 분야 중 하나이므로 새로운 치료법에 대한 연구를 게을리하지 말아야 하지요.

이러한 능력 못지않게 바른 인성도 중요합니다. 기본적으로 사람을 대하는 일이므로 따뜻한 마음을 가져야 하며, 다른 어떤 분야보다 책임감과 사명감이 요구됩니다. 또 건강과 생명을 다루는 일인 만큼 자신의 이익보다는 타인을 위하는 봉사 정신이 필요합니다.

<table>
<tr><td rowspan="3">멘토의<br>진로<br>로드맵</td><td>이름: 이은선</td></tr>
<tr><td>나이: 29세</td></tr>
<tr><td>직업: S병원 인턴</td></tr>
</table>

가정의학과 의사는 환자나 한 가족을 지속적으로 돌봐주는 역할을 합니다. 현재 병에 걸리지 않았더라도 꾸준히 건강을 보살펴주는 것이지요. 내과나 외과처럼 한 부분만 살피는 것이 아니라 종합적으로 보살피고, 아이든 어른이든 모든 연령대의 환자들을 돌봅니다. 그래서 가정의학과 의사는 환자와 친밀하고 믿을 수 있는 관계를 형성하는 것이 중요합니다.

은선 씨는 중학교 2학년 때 미국으로 이민을 갔습니다. 그곳에서 은선 씨의 가족을 담당했던 '패밀리 닥터'라 불리는 가정의학과 의사를 보고 같은 꿈을 꾸게 됐습니다. 미국에서 의대를 졸업할 무렵 가족이 한국으로 돌아오게 되어 꿈의 무대를 미국에서 한국으로 옮겼고, 연세대학교에서 가정의학과 과정을 밟기 시작했습니다. 은선 씨는 연세대학교 의학전문대학원에 들어가 현재 인턴으로 일하면서 자신의 꿈을 현실로 만들어가고 있지요. 30세에 레지던트를 거쳐 45세에는 전문의로서 사람들의 건강과 가정의 행복을 지키는 훌륭한 의사가 되고, 의료봉사 활동도 적극적으로 해나갈 계획입니다. 또 65세 이후에는 건강한 생활습관을 장려하는 작은 찻집을 운영하겠다는 꿈을 가지고 있습니다.

<table>
<tr><td rowspan="2">친구의<br>진로<br>로드맵</td><td>이름: 김정하</td></tr>
<tr><td>학년: 중학교 2학년</td></tr>
</table>

정하는 차분하지만 자신감이 부족한 학생이었습니다. 자기는 잘하는 것도 없고 꿈도 없다고 했습니다. 그러나 자기 이해를 통해 자신감을 찾게 됐고, 직업과 진로의 세계를 알게 되면서 간호사라는 직업에 관심을 갖기 시작했습니다. 사람들을 보살피고 돕기 좋아하는 자신의 재능을 발견하고 진로 로드맵을 작성하자 정하는 어느새 자신감으로 가득 찼습니다. 또한 간호사로서 병원에서 일하는 것뿐만 아니라, 의료의 손길이 미치지 않는 다른 나라에 가서 의료봉사 활동을 하겠다는 계획도 세웠습니다. 이를 위해 간호사가 되고 난 뒤에도 꾸준히 영어 공부를 할 생각입니다.

**목표** 따뜻하고 신뢰할 수 있는 패밀리 닥터

| 시기 | 20세 | 25세 | 29세 |
|---|---|---|---|
| 시기별 목표(지위) | • 위스콘신대 의대 졸업 및 실험 논문 쓰기<br>• 동아리·봉사·문화교류 활동<br>• 파트타임 잡 가져보기 | • 연세대학교 의학전문대학원*<br>• 동아리 활동과 봉사활동 참여<br>• 독서와 다양한 활동을 통해 한층 성숙해지기 | • 대한민국 의사 자격증 취득<br>• 연세대학교 의과대학 S병원 인턴 |
| 해야 할 공부<br><br>갖춰야 할 자격(증) | • 생화학 전공 필수과목 공부<br>• 관심사인 심리학 공부<br>• 영어 공부 | • 의대 4년 과정<br>• 영어 공부 & 시험 보기<br>• 꾸준한 운동으로 체력 관리하기 | • 의대 4년 과정 이수<br>• 의학 기초지식과 기술 습득<br>• 의사 국가고시 및 인턴시험 공부 |
| 네트워크(인맥) | • 학부 친구들과 선후배<br>• 실험실 교수님과 동료들<br>• 문화 교류 등을 통해 만난 다른 나라 친구들 | • 연세대학교 의과대학 친구, 선후배<br>• 실험실 교수님과 동료들<br>• 동아리와 봉사활동을 함께 하는 사람들 | • 의대 동문들과의 친목 유지<br>• 선후배, 교수님들과의 지속적인 상호작용<br>• S병원 인턴 동기들과의 친목 도모 |
| 가장 소중한 역할 | • 한층 성숙한 딸<br>• 학교생활에 충실한 대학생<br>• 정말로 하고 싶은 것이 무엇인지 고민하고 노력하는 dreamer | • 꿈을 향해 나아가는 딸<br>• 의과대학생<br>• 도움을 필요로 하는 이들을 돕는 봉사자 | • 최선을 다해 노력하고 배우려 하는 수련의<br>• 환자에게 친절함을 잃지 않는 의사<br>• 자랑스러운 딸 |
| 필요한 경비 | • 대학교 등록금<br>• 자기계발을 위한 투자 (영어, 운동 등) | • 의과대학 등록금 | • 결혼자금 및 기타 비용을 위한 저축<br>• 자기계발을 위한 자금 마련 |

*의과대학 및 의학전문대학원과 관련하여 정책 및 제도의 변화가 있으므로, 해당 대학 및 제도 변화 시점에 따른 정보를 고려하여 진로를 설계할 필요가 있음.

| 30세 | 33세 | 45세 | 65세 |
| --- | --- | --- | --- |
| 가정의학과 레지던트 컨퍼런스 참여로 최신 의학지식 습득<br>꾸준한 봉사활동 | • 환자와 소통하는 의사<br>• 재능 기부(봉사활동)<br>• 컨퍼런스 통해 의학적 견문 넓히기 | • 환자 및 가족의 건강을 돌봐주는 주치의<br>• 적극적인 의료봉사 활동<br>• 국제의사회 참여를 통한 국제적 교류 | • 재능 기부하며 남편과 함께하는 행복한 노년<br>• 건강한 생활습관을 장려하는 찻집 운영 |
| 전문의 자격증 취득을 위한 공부<br>꾸준한 체력 관리를 위해 운동<br>영어 공부 | • 영어 공부 및 독서<br>• 국내외 컨퍼런스 참석<br>• 건강 위한 식습관 및 운동습관 유지<br>• 개원을 위해 기본적인 경영·경제 지식 쌓기 | • 푸드사이언스(food science) 공부로 음식과 영양에 대한 전문지식 습득<br>• 예방의학적 지식 갖추기<br>• 건강한 활동과 식습관 실천하기 | • 건강한 노년을 위한 활동들과 다이어트<br>• 차(tea)와 다과에 대한 공부<br>• 독서와 여행 |
| • 의과대학 동문회<br>• 전공 교수님, 선후배<br>• 멘토 교수님 | • 의대 및 병원 친목모임<br>• 멘토 교수님과의 관계<br>• 개원 의사들의 모임, 학술회 등 가입 | • 비슷한 분야에 종사하는 세계 의사들과의 교류<br>• 지역 보건책임자와의 교류 및 전문적 견해 제시 | • 동문 친구들과 선후배<br>• 봉사활동 멤버 및 차(tea)를 함께 즐길 줄 아는 이들<br>• 멘토와 멘티 |
| • 의학지식 습득과 환자와의 라포를 중요시하는 전공의<br>• 부모님께 효도하는 딸/든든한 누나<br>• 노력하는 멘티 | • 환자의 몸과 마음의 병을 치유하는 의사<br>• 가족을 소중히 하는 딸<br>• 행복한 가정을 함께 꾸려 나갈 아내<br>• 노력하는 멘티 | • 환자와 가족들의 건강을 믿고 맡길 수 있는 의사<br>• 부모님을 기쁘게 하는 딸이자 화목한 가정의 아내·엄마<br>• 멘티이자 멘토<br>• 재능 기부로 봉사하는 자 | • 45세와 동일<br>• 소통의 장이 되는 찻집 운영자 |
| • 결혼자금 및 자기계발 비용<br>• 이후 병원 개원을 위한 장기 투자자금 | • 가족을 위한 단기·중기·장기별 자금마련 계획<br>• 병원 개원을 위한 자금<br>• 여행과 자기계발을 위한 투자 아끼지 않기 | • 노년을 위한 자금 마련<br>• 찻집 운영을 위한 자금 마련<br>• 취미생활 및 자기계발 비용 | • 노년을 즐기기 위한 자금(여행비, 찻집 운영비, 봉사활동 비용 등) |

# 꾸준히 봉사활동을 하는 자원봉사자이자 간호사

| 시기 | 17~20세 | 26세 | |
|---|---|---|---|
| 시기별 목표(지위) | • 서울에 있는 상위권 대학 간호학과(가톨릭대, 경희대, 한양대 등)에 진학 | • 간호학과 졸업 후 대학병원에 취직<br>• 간호사를 하면서 틈틈이 봉사활동 | |
| 해야 할 공부<br><br>갖춰야 할 자격(증) | • 간호사에 대해 더 자세한 정보 알아보기<br>• 상위권 대학 간호학과 진학 위해 철저한 내신 준비<br>• 생물, 화학, 수학 공부 열심히 하기<br>• 고등학교 졸업 때까지 봉사활동 꾸준히 하기(적어도 한 달에 한 번 이상)<br>• 수능 공부 | • 미국 간호사가 되기 위한 영어 공부<br>• 미국 간호사 시험 준비<br>• 봉사 관련된 서적 읽기<br>• 간호사에 대한 서적을 더 자세히 알아보고 읽기<br>• 의학 용어 등을 더 열심히 배우기<br>• 미국 간호사 자격증(nclex-rn NCLEX) 따기 | |
| 네트워크 (인맥) | • 직업에 대한 조언과 충고를 해주기 위해 학교로 오신 간호사분<br>• SNS를 통해 알게 된 해외 간호사나 국내 간호사 | • 병원 실습을 통해 알게 되는 간호사와 교수님들 | |
| 가장 소중한 역할 | • 간호사가 되기 위해 공부하는 고등학생 | • 간호사의 자질을 키우는 대학생<br>• 노력하고 인내심 있는 간호사 | |
| 필요한 경비 | • 고등학교 학비<br>• 교재 구입비 | • 간호학과 관련 서적이나 교재 구입비<br>• 대학 학비<br>• 자격증 취득을 위한 비용 | |

| 33세 | 40세 |
| --- | --- |
| • 미국에 있는 병원에 취직<br>• 해외에서 일하면서 해외 현지 봉사 및 한국 봉사 병행 | • 수간호사 되기<br>• 어려운 나라에 가서 무료로 치료를 도와주고 봉사하기 |
| • 영어 실력을 향상시키기 위해 꾸준히 영어 공부<br>• 신종 바이러스나 질병들에 대해 더 알아보고 공부<br>• 틈틈이 봉사활동 | • 다른 나라에도 봉사를 가기 위해 간단한 인사나 언어 익히기<br>• 의학 서적을 열심히 공부하고 새로 발견되는 질병에 대해서도 바로바로 익히고 알아두기 |
| • 병원에 취직하면서 알게 되는 여러 간호사들과 수간호사 | • 봉사활동과 병원에서 일하면서 알게 되는 간호사들과 자원봉사자들 |
| • 병원에서 인정받고 환자들에게 사랑받는 간호사<br>• 자원봉사 열심히 하기 | • 간호사들을 잘 이끄는 수간호사<br>• 세계의 어려운 사람들을 사랑하고 헌신하는 봉사자 |
| • 영어학원비<br>• 미국에서의 생활비 | • 해외 의료봉사 경비 |

# 기술·공학 분야

기술·공학은 인류의 발전을 주도하는 분야입니다. 과학 원리를 이용해 인간의 생활을 더욱 편리하게 해주는 신기술을 연구하고 개발합니다. 21세기 들어 가장 주목받고 있는 생명공학을 비롯해서 건축공학, 기계공학, 자동차공학, 항공우주공학, 전기·전자공학, 금속·재료공학, 화학공학, 원자력공학, 조선해양공학, 환경공학 등 매우 다양한 분야가 포함되므로 그중에서 자신의 적성 및 흥미와 가장 잘 맞는 일을 찾는 것이 중요합니다.

이 분야의 직업인은 분석적이고 논리적인 사고를 가져야 합니다. 또 새로운 기술을 개발하기 위해서는 창의적이고 혁신적인 사고력이 필요합니다. 탐구 정신이 있는 사람이라면 더 좋겠지요. 그리고 다른 전문가들과 협력해야 하는 경우가 많기 때문에 융통성과 대인관계 능력도 요구됩니다. 무언가를 실험하거나 조립 또는 설계하는 데 흥미가 있고 꼼꼼한 성격과 정확한 계산 능력이 있다면 이 분야를 진지하게 생각해볼 수 있습니다.

**멘토의
진로
로드맵**

**이름**: 조현준
**나이**: 32세
**직업**: M전자 연구원

우리나라의 전자제품은 세계적으로 유명하지요. 대한민국을 전자제품 강국으로 만드는데 아주 중요한 역할을 하는 사람들이 바로 제품을 연구·개발하는 연구원들입니다. 반도체, 컴퓨터, 휴대전화, 생활가전 등 여러 분야 가운데 현준 씨는 생활가전 부서에서 일하고 있습니다. 냉장고, 세탁기, 청소기, 전기밥솥 등 우리 생활과 밀접한 제품들이지요.

초등학교 시절 현준 씨의 장래 희망은 그 또래의 많은 어린이들처럼 과학자였습니다. 그러다 중학생이 된 후 과학자라는 꿈을 더 구체적으로 생각해보게 됐지요. 과학 전반에 걸친 여러 직업들을 탐색하다 현준 씨는 전자회사에서 연구를 하며 새로운 기술을 창조하고 싶다는 꿈을 가지게 됐습니다.

한양대 공대를 졸업한 후 M전자에 입사한 현준 씨는 현재 왕성하게 연구에 임하고 있습니다. 머지않아 신기술을 개발하고 46세에 팀장, 53세 즈음에는 임원이 되고, 60대에는 기술경영 컨설턴트로 활동하면서 사회적 기업을 설립하고 싶다는 꿈도 가지고 있습니다. 궁극적으로는 좋은 기술로 사람들이 더욱 편리하게 생활할 수 있게 해주고 세상을 이롭게 하는 기술 전략가가 되기 위해 현준 씨는 오늘도 한발 한발 걸어가고 있습니다.

**친구의
진로
로드맵**

**이름**: 한영석
**학년**: 중학교 2학년

영석이는 도시계획기사를 꿈꿉니다. 처음에는 건축가를 생각했었지만 TV 여행 프로그램을 통해 자연과 문명이 조화를 이룬 해외의 여러 도시들을 보면서 목표를 바꿨습니다. 실력 있는 도시계획기사가 되어 우리나라 곳곳의 작은 도시들을 편리하면서도 개성 있게 재탄생시키고 싶다는 꿈을 갖게 됐지요.

1년 전까지만 해도 그저 서울에 있는 대학에만 가면 좋겠다던 영석이는 이제 대학보다 더 중요한 진로를 찾고 체계적인 계획을 세우게 되었습니다. 미래에 대한 계획을 세우고 현재의 작은 목표들을 위해 노력하다 보니 성적은 자연히 올랐습니다. 전에는 자신이 초라하고 게으르다고 느꼈는데 요즘은 스스로 공부하는 자신의 모습에 놀라고 있습니다.

## 목표 ▷ 세상을 이롭게 하는 기술 전략가

| 시기 | 20~29세 | 30~33세 | 34~43세 | 44~47세 |
|---|---|---|---|---|
| 시기별 목표(지위) | • 전기전자전파학과 학사 및 석사<br>• 취업(M전자 연구원) | • 연구팀에서 성과 내기<br>• 현장 노하우 충실히 배우고 습득<br>• 다양한 기술 및 프로젝트 경험 | • 프로젝트를 성공으로 이끄는 엔지니어<br>• 신기술 개발자 되기 | • 신규사업팀 팀장<br>• 연구 분야 3개 부서 경험<br>• 1억 5,000만 원 이상의 연봉 |
| 해야 할 공부 / 갖춰야 할 자격(증) | • 학점 관리<br>• 영어성적 관리(토익)<br>• 해외여행 및 연수(단기) | • 관련 자격증<br>• 신규기술 관련 자격증 | • 전공지식 습득<br>• 시장의 트렌드 파악<br>• 영어 공부 | • 프로젝트 관리 및 조직운영 능력<br>• 비전공 지식 습득<br>• 독일어 및 일본어 공부 |
| 네트워크(인맥) | • 관심 분야 교수님들<br>• 취업한 선배들<br>• 석박사 과정 선배들 | • 회사 동료들(팀 내외)<br>• 다른 회사 취업한 친구들(관심 분야)<br>• 다른 분야의 크리스천 동료들 | • 같은 직종의 선후배<br>• 같은 직종의 엔지니어들 모임 | • 회사의 임원단<br>• 자수성가한 기업인/전략가<br>• 스터디 모임 |
| 가장 소중한 역할 | • 성실한 학생<br>• 충실한 크리스천<br>• 능력 있는 직업인, 전문가<br>• 성실한 아들 | • 능력 있는 전문가, 직업인<br>• 자상한 애인/남편<br>• 성실한 아들 | • 반드시 필요한 인재<br>• 가정의 힘의 원천이 되는 아버지<br>• 든든한 아들 | • 화목한 가정의 아버지이자 든든한 아들<br>• 세상에 반드시 필요한 기술 인재 |
| 필요한 경비 | • 결혼준비 자금(월 250만 원×12개월=1년에 3,000만 원) | • 결혼준비 자금(250만 원×4년=1억 2,000만 원) → 부모님 도움 포함 전세비용 마련 | • 영어 및 전공 관련(월 10만 원)<br>• 가족 생활비(월 200만 원)<br>• 저축(월 400만 원) | • 독일어, 일본어 교육비 월 30만 원<br>• 자녀 교육비 월 150만 원<br>• 저축(월 600만 원) |

| 48~52세 | 53~59세 | 60~69세 | 70세 이후 |
|---|---|---|---|
| • 전략기획으로 해외 석사 취득<br>• 공대와 산업공학/경영으로 업무 전환<br>• 경영 쪽의 실무경험 및 성과 창출 | • R&D 기반 전략기획 부문 사장급 임원 되기(국내 기업) | • 컨설턴트 자문위원<br>• 도서 출간<br>• 기술경영 컨설턴트로 활동<br>• 사회적 기업 설립(자산 10억 원) | • 후배 양성 |
| • MBA 취득<br>• 뛰어난 영어 실력 갖추기<br>• 사람의 능력을 볼 수 있는 혜안 기르기 | • 이론과 실무의 융합<br>• 트렌드를 바탕으로 한 R&D 경영<br>• 관리자로서의 능력 계발 | • 다루지 못한 분야에 대한 이해<br>• 거시적 관점에서 사업을 이끄는 능력<br>• 10개 분야별 도서 각각 100권씩 읽기<br>• 1,000권의 책 읽고 나만의 책 10권 쓰기 | • 강연기술 익히기<br>• 노하우 전달 능력 갖추기<br>• 교육자로서의 기본 지식 습득 |
| • 공대 출신의 CEO 네트워크<br>• 그외 다른 분야 경영자들과의 네트워크 | • 경영 분야의 멘토<br>• 신뢰로 서포트할 후배 두 명 및 회사 내 인재 양성 네트워크 만들기<br>• 크리스천 마인드로 인재 양성하는 동반자들 | • 관심과 교류가 없었던 분야의 종사자<br>• 공대 출신 후배들의 멘토로서 관계 맺기(카페 만들기) | • 올바른 사고를 가진 교육자 모임 |
| • 가족과 함께하는 시간 확보<br>• 일, 쉼, 신앙을 위한 개인 시간 주 12시간 확보 | • 책임 있는 회사의 임원<br>• 자녀의 인생 길잡이 멘토<br>• 아내의 친구 | • 어려운 사람 또는 회사에 희망을 주는 역할<br>• 기술로 미래의 청사진을 제시하는 멘토<br>• 가족의 멘토<br>• 선교 사역자 | • 행복하게 사는 크리스천<br>• 다음 세대를 양성하는 사람<br>• 행복한 노인이자 남편<br>• 선교사역 지원자 |
| • 유학 비용(학교 장학금으로 다니기)<br>• 유학 중 해외에서의 가족 부양비: 2년간 약 2억 원 | • 후배 양성 및 미래 인재 지원 위한 통장 마련(모임을 통해 월 1,200만 원씩 투자, 7년 후 10억 원 마련) | • 10억 원을 통한 기금 지원 및 가치 재창출<br>• 지속적인 장학제도 마련을 위한 네트워크 형성 | • 교육장·교육기관 경비(월 500만 원)<br>• 선교 자금 연 1,000만 원 지원<br>• 행복한 노년 위한 비용(여행비 포함 월 500만 원) |

## 목표 ▶ 트렌디한 감각을 소유한 도시계획기사

| 시기 | 20~26세 | 27~28세 | |
|---|---|---|---|
| 시기별 목표(지위) | • 영어 능력 키우기<br>• 영어권 나라에 워킹홀리데이 가기<br>• 마케팅 관련 회사에서의 인턴 | • 대학 졸업 후 마케팅 관련 회사에 입사<br>• 도시계획기사를 위한 공부 시작 | |
| 해야 할 공부<br><br>갖춰야 할 자격(증) | • 학점 관리<br>• 토익, 토익 스피킹, OPIC 공부<br>• 마케팅 관련 공부 | • CAD, 도시계획기사 자격증<br>• 꾸준한 영어회화 공부<br>• 좋은 인간관계를 위한 사교 능력과 업무 능력 | |
| 네트워크 (인맥) | • 대학교 선배, 동기들과 관계 유지하기<br>• 인턴 활동을 같이 경험한 사람들<br>• 워킹홀리데이를 통해 사귄 친구들과 외국인들 | • 동료 사원들과 상사들<br>• 도시계획 관련업에 종사하는 선배, 교수님 | |
| 가장 소중한 역할 | • 독립적 의지를 가진 집안의 장남<br>• 개척 정신을 가진 대학생<br>• 장래성이 보이는 인턴 | • 회사에 꼭 필요한 사원<br>• 항상 보탬이 되어줄 수 있는 남자친구이자 아들 | |
| 필요한 경비 | • 영어학원비<br>• 용돈과 여행 경비<br>• 워킹홀리데이 경비 | • 생활비 및 학원비 | |

친구의 진로 로드맵

| 29~33세 | 34~42세 |
| --- | --- |
| • 도시계획기사 사무소에 들어가기 | • 유명한 도시계획기사 사무소 운영<br>• 재테크 성공하기<br>• 사진작가 |
| • 도시계획에 대한 공부<br>• 재테크에 관한 공부 | • 사진 기법에 관한 공부 |
| • 도시계획기사 관련업에 종사하는 사람들<br>• 재테크에 성공한 사람들 | • 사진 관련업계 사람들<br>• 해외 바이어<br>• 소중한 친구들 |
| • 행복한 가정을 이룬 남편<br>• 끊임없이 정진하는 도시계획기사 | • 친구 같지만 존경할 수 있는 아버지<br>• 믿음직한 남편<br>• 트렌디한 도시계획전문가<br>• 새로운 꿈을 위해 공부하는 학생 |
| • 결혼 자금<br>• 가정을 위한 생활비<br>• 정기적인 여행 경비 | • 노후 자금<br>• 불우한 이웃을 위한 기부금 |

# 컴퓨터·IT 분야

　컴퓨터·IT(정보기술) 분야는 컴퓨터의 하드웨어와 소프트웨어, 통신장비 관련 서비스와 부품을 개발, 생산하는 모든 산업을 포함하며 정보의 교환, 개발, 저장, 처리, 관리, 보안 등에 필요한 모든 기술을 망라하는 분야입니다. 최근에는 그동안 꾸준히 발전해온 컴퓨터 기술과 통신 기술이 결합하면서 IT보다는 ICT, 즉 정보통신기술이라는 용어가 더 많이 쓰이고 있지요.

　이 분야에서 하는 일들은 무에서 유를 창조해내는 일이라고 할 수 있으므로 창의력이 가장 중요하며, 수학적 사고력과 고도의 집중력이 필요합니다. 또 이 분야는 컴퓨터의 성능이나 소프트웨어의 품질뿐만 아니라 그 기기나 소프트웨어를 통해 소비자가 어떤 욕구를 충족시키고 싶어 하는가를 파악하는 것이 점점 더 중요해지고 있습니다. 따라서 기술적인 능력을 기르는 것 외에도 사회의 변화와 사람들의 심리나 라이프스타일 등을 이해하기 위한 노력도 게을리 하지 말아야 합니다.

<table>
<tr><td rowspan="3">멘토의<br>진로<br>로드맵</td><td>**이름**: 최윤호</td></tr>
<tr><td>**나이**: 29세</td></tr>
<tr><td>**직업**: 임베디드 융합전문가</td></tr>
</table>

어릴 때부터 로봇을 조립하거나 컴퓨터로 게임하는 것을 무척 좋아했던 윤호 씨는 부모님에게 공부는 안 하고 쓸데없는 짓만 한다고 핀잔을 듣기 일쑤였습니다. 하지만 윤호 씨는 자신이 좋아하는 것을 발전시켜서 할 수 있는 직업이 있으면 좋겠다고 생각했고, 일반인들에게는 조금 생소한 '임베디드 융합전문가'라는 직업을 발견했습니다. 다른 과목은 몰라도 수학과 과학만큼은 자신 있었던 윤호 씨는 수학적 능력과 논리적 사고력이 필요한 이 직업이 자신에게 매우 잘 맞을 것 같다고 생각했습니다.

이후로 윤호 씨는 컴퓨터게임보다 수학 문제 풀기나 프로그래밍 책을 들여다보는 데 더 많은 시간을 쏟았고, 컴퓨터공학과에 진학해 29세인 현재 대학원에서 임베디드를 전공하고 있습니다. 특히 교육이나 의학 등 사람들에게 실질적으로 도움이 되는 분야와의 융합 기술을 개발하고 싶다는 그는 45세에는 획기적인 임베디드 의료 시스템을 보급하겠다는 목표를 세웠습니다. 그리고 55세부터는 휴대용 건강검진 시스템 관련 사회적 기업을 설립하는 한편, 국가 차원에서 어려운 사람들에게 무료로 보급해주는 시스템을 개발하고 싶다고 합니다.

<table>
<tr><td rowspan="2">친구의<br>진로<br>로드맵</td><td>**이름**: 박대솔</td></tr>
<tr><td>**학년**: 고등학교 1학년</td></tr>
</table>

대솔이는 뛰어난 직관력과 통찰력을 바탕으로 자신의 강점과 약점, 흥미 그리고 부모님이 본 자신의 모습을 분석한 뒤, 자신의 성향에 알맞은 직업 유형을 탐색한 끝에 컴퓨터보안전문가로 진로를 결정했습니다. 대솔이는 자신에게 맞는 직업을 가져야 스스로 만족하는 삶을 살 수 있다는 가치에 중점을 두는 한편, 경제적 · 사회적 의미까지 고려해서 직업을 선택했습니다. 특히 경제적으로 어려운 학생들의 행복하고 편리한 생활을 돕기 위해 컴퓨터를 무상 제공하는 등 참다운 사회인이 되고 싶다는 비전을 중심에 두고 로드맵을 설계했습니다.

# 인간 복지에 기여하는 임베디드* 융합전문가

| 시기 | 17~19세 | 20~24세 | 25~29세 | 30~39세 |
|---|---|---|---|---|
| 시기별 목표(지위) | • 게임과 프로그램에 관심 갖기<br>• 논리적 사고 훈련하기 | • 컴퓨터공학과 입학<br>• 임베디드 전공 | • 로봇 대회서 우승<br>• 취직 및 대학원 진학, 임베디드 전공, 박사과정 진학 | • 박사학위 취득<br>• 창업 준비 및 융합기술연구소 설립<br>• 교육 분야와의 융합(35세) |
| 해야 할 공부<br><br>갖춰야 할 자격(증) | • 수학 문제를 잘 푸는 것(창의적 사고력으로 문제 해결)<br>• 국어 공부<br>• 영어 공부(프로그래밍에 필요) | • 프로그래밍 언어 중 하나 선택(한 가지 기술 선택해 베스트 되기)<br>• 특히 집중할 공부: 이산수학, 논리·전기·전자회로, 컴퓨터 구조, 알고리즘, 프로그래밍 언어, 임베디드 시스템 | • 로봇공학 관련 공부<br>• 로봇동아리 가입 및 활동<br>• 로봇 제작<br>• 다양한 연구 프로젝트 경험 축적 | • 경영 관련 공부<br>• 투자자 유치<br>• 창업 동아리<br>• 기반기술 개발<br>• 교육학 관련 공부(35세)<br>• 교육 기반의 융합기술 개발 |
| 네트워크 (인맥) | • 연구자 주 멤버 구성<br>• 관심 분야 친구들 모임<br>• 관련 카페 참여 | • 전공과목 교수님들<br>• 학과 선후배 | • 전공과목 교수님<br>• 학과 선후배<br>• 동아리 선배<br>• 학교 관계자들 | • 연구자 주 멤버 구성<br>• 교육 분야 전문가<br>• 경영 관련 스터디 그룹(창업 동아리) |
| 가장 소중한 역할 | • 모범적인 학생<br>• 부모님께 인정받는 아들 | • 교수님께 인정받는 학생<br>• 스스로에게 충실한 나 | • 분야에서 인정받는 전문가<br>• 어머니의 든든한 아들 | • 교육에 대한 마인드를 가진 융합전문가<br>• 한 가정의 남편<br>• 자상한 아버지 |
| 필요한 경비 | • 부모님께 의존 | • 학비: 장학금 받기<br>• 생활비: 아르바이트로 해결 | • 장학금 및 연구실에서 학비 및 생활비 해결<br>• 다양한 대회 참여와 연구업무 통해 연구소 설립비 저축 | • 장학금으로 학비 해결<br>• 융합기술연구소 설립비<br>• 결혼 자금 |

*임베디드(embedded)는 '간직하다', '끼워넣다'라는 뜻이다. 특정 작업을 수행하기 위해 전자제품이나 전자기기에 추가로 탑재되는 소규모의 마이크로프로세서 시스템을 말한다. 예를 들면 휴대전화에 TV 기능을 탑재한 DMB처럼 본 시스템에 '끼워넣는' 시스템이

## 멘토의 진로 로드맵

| 40~44세 | 45~49세 | 50~54세 | 55~59세 | 60세 이후 |
|---|---|---|---|---|
| • 의학 분야와의 융합기술 개발 | • 획기적인 임베디드 의료 시스템 보급 | • 의학 관련 상 수상(세계 무대) | • 휴대용 건강검진 시스템 개발하여 차상위 계층에 무료 보급 | • 융합전문가로서 다음 세대 양성 |
| • 의학 관련 공부<br>• 의학 기반의 융합기술 개발 | • 의학 기반 기술에 로봇 기술을 융합한 의료 시스템 개발<br>• 영어 공부 | • 해외연구 및 활동 | • 사회적 기업 설립<br>• 국가 연구사업 유치<br>• 국가 지원 보급 시스템 개발 | • 융합전문가로서의 경험과 지식 등을 정리 및 보급<br>• 책 출간<br>• 강의 및 다음 세대 양성에 집중 |
| • 연구자 주 멤버 구성<br>• 의학 분야 전문가 | • 연구자 주 멤버 구성<br>• 의학 분야 전문가<br>• 해외 석학들 | • 연구자 주 멤버 구성<br>• 의학 분야 전문가<br>• 해외 네트워킹 확대<br>• 국내 공기업 및 국가기관 | • 연구자 주 멤버 구성<br>• 국가기관 및 고위급 공무원들 | • 융합전문가에 관심을 갖는 다음 세대들 |
| • 인정받는 융합전문가<br>• 가정의 재정적 든든한 가장 | • 인정받는 융합전문가<br>• 가정의 재정적 든든한 가장 | • 세계에서 인정받는 융합전문가<br>• 한국에 기여하는 융합전문가 | • 한국에 기여하는 융합전문가<br>• 즐겁게 놀아주는 남편이자 아버지 | • 다음 세대의 멘토<br>• 아내에게 따뜻한 남편 |
| • 연구소 기술 개발비<br>• 연구소 운영비<br>• 자녀 양육비<br>• 부모 부양비 | • 연구소 기술 개발비<br>• 연구소 운영비<br>• 자녀 양육비<br>• 부모 부양비 | • 연구소 운영비 | • 연구소 운영비<br>• 사회적 기업 설립 비용<br>• 노후 자금 준비 | • 다음 세대 양성을 위한 교육비 및 지원비<br>• 아내와 함께 할 노후 자금 |

라고 할 수 있다. 최근에는 자동차, 휴대전화는 물론 세탁기, 냉장고 등의 가전제품이나 공장 자동화 장비 등 각종 전자기기들 대부분이 임베디드 시스템을 갖추고 있으며, 앞으로는 의료·군사·교통·환경 등 거의 모든 분야로 확대될 전망이다.

## 목표 ▷ 저소득층에 봉사하는 컴퓨터 보안전문가

| 시기 | 17~19세 | 20세 |
|---|---|---|
| 시기별 목표(지위) | • 고등 내신/수능 1등급 | • 서울대학교 컴퓨터공학과 입학<br>• CERT팀 가입 |
| 해야 할 공부<br><br>갖춰야 할 자격(증) | • 내신 및 모의고사 1~2등급 이내 유지<br>• C언어 공부<br>• 정보처리산업기사 등 기초 독학<br>• 영어, 수학 공부 열심히 하기 | • 대학교에서도 성실히 공부<br>• 미리미리 몸 관리 잘해두기<br>• 윈도 서버: MCSE<br>리눅스 서버: LPIC<br>네트워크: CCNA, CCNP, C, CVP, CCSP, CCIE 등<br>유닉스 서버: SCSA, SCNA<br>데이터베이스: OCA, OCP, OCM<br>자바 프로그래머: SCJP, SCJD, WCD 등<br>리버싱 언어: 해킹 악성코드 분석툴 중 나에게 맞는 것 익히기<br>• 영어 매우 많이 공부 |
| 네트워크 (인맥) | • 고등학교 친구들과의 친분 유지 | • 고등학교 시절의 친구들과 연락 주고받기<br>• 대학교에서 같은 전공의 친구들과 정보를 교류하며 좋은 관계 형성하기<br>• 전국 컴퓨터 관련 모임/동아리가 있는지 찾아보고 가입하기 |
| 가장 소중한 역할 | • 자녀와 학생 본연의 역할 | • 성실한 대학생<br>• 자신의 진로와 관련된 모임/동아리 팀원의 역할 |
| 필요한 경비 | • 학비, 등록금 등(장학금 받도록 노력) | • 학비 등(장학금 받을 수 있도록 노력) |

## 친구의 진로 로드맵

| 27세 | 32세 | 41세 |
|---|---|---|
| • 마이크로소프트사나 안철수연구소 입사 | • 프로그램 개발 팀장<br>• 저소득층 학생들에게 컴퓨터 무상 제공 | • 프로그램 개발 관리자<br>• 저소득층 학생들에게 컴퓨터 무상 제공 및 멘토 되기 |
| • '악성코드 분석을 위한 리버스 엔지니어링' 같은 훈련 해보기<br>• 그동안 배운 것들을 직장 상사들이나 여러 사람들과 함께 응용하면서 직업에 대한 자신감과 능력 익히기<br>• 영어회화 실력 높이기 | • 여러 가지 기술을 익힘(자격증 등도 포함)<br>• 심신 수양<br>• 각종 자격증 취득하기<br>SIS: 정보보호전문가<br>CHE: 윤리적해커인증<br>CISA: 정보시스템감사사<br>CISSP: 정보보안전문가 | • 자신을 돌아보고 반성할 수 있는 마음가짐 기르기<br>• 항상 발전할 수 있다는 마음을 품고 노력하기<br>• 끊임없는 자기계발 |
| • 여자 친구와 열애 중이거나 결혼<br>• 고등학교, 대학교 친구들과 친분 유지<br>• 모임/동아리 사람들과 관계 유지<br>• 회사 내 직장 동료들과 좋은 관계 형성하기 | • 동창회 참석<br>• 직장 상사, 후배, 동료들과의 원만한 관계<br>• 컴퓨터 혜택을 제공할 저소득층 학생 선발에 도움을 줄 수 있는 협력 기관 | • 아는 사람들과의 친분 유지 및 가족과의 강한 결속력<br>• 사회에서 만난 이들과 지속적인 관계 유지 |
| • 좋은 남편, 자식이자 사회인의 한 사람으로서 본연의 역할 | • 자식이자 가장으로서의 바람직한 역할<br>• 사회에 이바지할 수 있는 사회인의 역할 | • 자식 본연의 역할<br>• 열정을 가진 직장인 및 발명인<br>• 참다운 사회인의 역할 |
| • 부모님 용돈, 생활비, 집값 등 | • 생활비, 집값 등<br>• 컴퓨터 증정에 소요되는 경비 | • 생활비<br>• 자기계발비 |

# MAP 6
# 행정·사법 및 국제기구 분야

　행정·사법 분야는 국민과 국가를 위해 봉사하고 질서와 정의를 지키는 일입니다. 행정 분야는 국가에 소속되어 일하는 공무원, 외교관 등이 포함되며, 사법 분야는 우리가 흔히 아는 판사, 검사, 변호사 외에도 사법기관인 법원에서 행정을 담당하는 여러 직업군이 있습니다.

　이 분야는 냉철하고 정확한 업무처리 능력과 판단력이 필요하며 공정하고 바른 인성이 요구됩니다. 무엇보다 국민을 위해 일하겠다는 봉사정신과 국민의 안위를 지키겠다는 사명감이 중요합니다.

　국제기구는 유엔이나 유네스코, 세계보건기구 등 세계 여러 나라들이 합의해서 만든 국제협력 기관을 말합니다. 세계 곳곳의 환경 문제, 분쟁이나 전쟁, 가난하거나 아픈 어린이들, 전염병 등 다양한 문제들을 공동으로 해결하는 일을 하는 곳이지요.

　이 분야에서 일하려면 영어 외에도 유엔 공용어 중 한 가지 언어를 구사할 줄 알아야 하고, 자신이 몸담고 싶은 분야에 대한 전문 지식이 필수적입니다. 무엇보다 국제사회에 이바지하겠다는 열정과 의지가 중요하며, 세계 곳곳의 오지나 분쟁 지역으로 출장을 가야 하는 경우가 많기 때문에 건강한 신체와 강인한 정신력이 요구됩니다.

<table>
<tr><td rowspan="3">멘토의<br>진로<br>로드맵</td><td>**이름**: 송재준</td></tr>
<tr><td>**나이**: 27세</td></tr>
<tr><td>**직업**: 외교관</td></tr>
</table>

재준 씨는 중학교 때부터 외교관과 국제기구 직원이라는 두 가지 꿈을 꿔왔습니다. 둘 중 하나를 택해야 하나 고민했지만, 직업을 꼭 하나만 선택할 필요는 없다는 것을 알게 됐습니다. 먼저 외교관으로서 우리나라를 위해 일하다가 국제기구에 들어가 세계 곳곳의 어려움에 처한 사람들에게 도움이 되겠다는 목표를 세웠습니다. 그리고 두 직업을 모두 가질 수 있는 계획을 세웠습니다.

현재 재준 씨는 외무고시에 합격해 첫 번째 직업을 갖게 되었습니다. 지금은 외교통상부에서 근무하고 있지만 내년에는 해외 영사관에 파견될 예정입니다. 그리고 30세를 기점으로 국제기구에서 일하기 위해 본격적으로 준비할 것입니다. 그래서 지금은 국제기구에 대해 공부하며 자신이 그곳에서 맡을 수 있는 역할을 탐색하고 있습니다. 또 그 꿈을 위해 다시 한 번 하버드대나 예일대 같은 명문 대학에 들어가 공부하려고 합니다. 평생 공부하며 모두가 행복한 세상을 만드는 것이 재준 씨의 꿈입니다.

<table>
<tr><td rowspan="2">친구의<br>진로<br>로드맵</td><td>**이름**: 김지연</td></tr>
<tr><td>**학년**: 고등학교 1학년</td></tr>
</table>

검사를 꿈꾸는 지연이는 늘 머릿속으로 검사가 되어 정의를 실현하기 위해 활약하는 미래를 그리며 행복해했습니다. 하지만 그만큼 불안감도 컸습니다. 법학과에 떨어지면 어쩌나, 좋은 대학에 못 가면 어쩌나 걱정이 많았지요. 그러다 진로 로드맵을 그리는 과정에서 지연이는 마냥 불안해하기보다 작은 일이라도 하루하루 노력하면 꿈을 이룰 수 있을 거라는 자신감이 생겼습니다. 또 목표뿐만 아니라 인간관계나 자신의 역할도 중요하다는 것을 깨달았습니다.

한편 지연이는 50세 이후엔 꼭 자신의 이름으로 된 책을 한 권 펴내고 싶다는 꿈이 있습니다. 20대부터 법에 관한 블로그를 개설하여 법에 관심이 있거나 궁금한 점이 있는 사람들과 다양한 경험을 공유해서, 훗날 일반인들도 쉽게 읽을 수 있는 법 관련 에세이를 출간할 계획입니다.

# 우리나라와 인류를 위해 일하는 외교관 및 국제기구 직원

| 시기 | 20~26세 | 27~30세 |
|---|---|---|
| 시기별 목표(지위) | • 서울대학교 정치외교학과 입학<br>• 1년간 영국으로 교환학생<br>• 외무고시 합격 | • 파견지역 근무<br>• 대한민국이라는 이름에 당당할 수 있는 외교관 |
| 해야 할 공부<br><br>갖춰야 할 자격(증) | • 텝스, 토플 만점 가까운 실력 되게 공부<br>• 원어민과 대화 원활하게끔 영어 회화 마스터하기<br>• HSK나 BCT, DELF 준비하기<br>• 외무고시(PSAT, 국제법 등) 준비<br>• 국제 문제에 관한 지속적 스터디 | • 영어, 중국어 더 공부하기<br>• 프랑스어, 스페인어 공부하기<br>• 파견지역 언어 공부하기<br>• 업무 배우기 |
| 네트워크 (인맥) | • 대학교 친구뿐만 아니라 여러 사람들과 친분 쌓기<br>• 카투사에서 많은 외국인과 알고 지내기<br>• 고시 스터디 등 같이 공부하며 의지하고 도움받을 수 있는 친구 만들기 | • 신입 공무원으로서 상사, 동기들과 트러블 없는 원만한 관계 유지<br>• 해외 공관에 근무하면서 지역 한인들이나 나의 도움이 필요한 사람들에게 다가가기 |
| 가장 소중한 역할 | • 공부 잘하는 대학생, 교환학생<br>• 최선을 다하는 고시생<br>• 내 용돈은 내가 벌어 쓰는 아들 | • 대한민국 외교관<br>• 누군가의 남자친구/남편<br>• 용돈 드릴 수 있는 아들 |
| 필요한 경비 | • 각종 시험 비용 및 대학 생활비<br>• 교환학생 비용    • 고시 준비 비용<br>(매달 과외, 방학에는 아르바이트 통해 마련. 시험 비용과 생활비는 벌면서 쓰고, 교환학생 및 고시준비 비용은 착실히 저축) | • 외교관 일에 필요한 비용(국가 지원)<br>• 부모님 용돈 드리기<br>• 좀 빠르게 장가간다면 결혼 비용<br>(월급으로 최대한 해결. 이전에 모아둔 돈 적금 들어서 넉넉하게 불리기) |

| 31~35세 | 36~50세 | |
|---|---|---|
| • 재직 중 하버드대/예일대 유학<br>• 석사/박사 취득(들어가고자 하는 산하기구 관련 학문) | • 국내 외교통상부 고위직/해외 대사 역임<br>• UN 또는 UN 산하기구 들어감(40대 초반)<br>• 산하기구 수장(50대 초반)<br>• 재단 설립 | |
| • 산하기구 관련 학문 공부<br>• 관련 국제회의 등 참석, 발표 | • 산하기구 관련, 더 전문적인 소양 쌓기<br>• 국제 학술회의 등 지속적 참여 | |
| • 해외 유수대학의 훌륭한 연구진/교수님과 학문적·인간적으로 교류할 수 있도록 노력<br>• 산하기구 사람들과 접촉 노력<br>• 이제껏 맺어온 네트워크 잊지 않기 | • 대한민국 국가수반과 같이 일하기<br>• 대한민국뿐만 아니라 세계 여러 나라의 수장들과 네트워크 형성하기(회담, 타협 등에 유리)<br>• 내가 만든 재단과 관련된 꿈을 가진 학생들과의 교류 | |
| • 대한민국 외교관<br>• 내 아내의 남편<br>• 열심히 연구하는 학생<br>• 자랑스러운 아들 | • 대한민국 외교관<br>• 내 아내의 남편<br>• 두 아이의 아빠<br>• 자랑스러운 아들 | • 훌륭한 세계인<br>• 많은 이들의 조력자 |
| • 유학 비용(외교관이면 대부분 지원해주는 것으로 알고 있음)<br>• (좀 늦게 장가간다면) 결혼 비용<br>• 아이 양육비<br>• 부모님 용돈 드리기<br>(최대한 아끼고 월급/저축으로 마련) | • 생활비/기타 활동비(월급 나오는 것)<br>• 재단 설립비(이전부터 꾸준히 저축·재테크한 비용으로 어려운 아이들 돕는 재단 설립)<br>• 부모님 용돈 드리기 | |

# 목표 사회 정의를 지키는 검사

| 시기 | 20~24세 | 25~32세 | |
|---|---|---|---|
| 시기별 목표(지위) | • 서울대학교 법학과 입학 | • 하버드대 로스쿨 입학 | |
| 해야 할 공부<br>갖춰야 할 자격(증) | • 법학 공부<br>• 영어 공부해서 자격증 따기<br>• 로스쿨 준비하기<br>• 바이올린 배우기 | • 한국 변호사 자격증 따기<br>• 세계 여러 나라의 법 공부하기<br>• 법에 대한 블로그 만들기 | |
| 네트워크 (인맥) | • 학교 친구들<br>• 여행에서 만난 사람들<br>• SNS 친구들 | • 로스쿨 친구들<br>• 고등학교 동창들, 대학교 동기들<br>• 온라인 친구들 | |
| 가장 소중한 역할 | • 여행을 즐기는 대학생 | • 본격적인 법조인을 준비하는 로스쿨 학생 | |
| 필요한 경비 | • 여행 경비<br>• 바이올린 강습비<br>• 영어학원비 | • 로스쿨 학비 및 유학 자금<br>• 자격증 응시비 | |

| 33~49세 | 50세 이후 |
| --- | --- |
| • 검사 임명 | • 검사 퇴임하고 책 쓰며 여유롭게 살기 |
| • 사건에 대한 연구<br>• 미국 법과 한국 법을 더욱 자세히 공부하기<br>• 블로그를 통해 사람들의 고민을 해결하고 법 지식 전달 | • 블로그에 더욱 매진해 풍부한 경험을 공유하기<br>• 책을 더욱 많이 읽고 나의 책 출간하기 |
| • 동료 검사들과 선배들<br>• 각 분야에서 이름난 사람들과 교류<br>• 온라인 친구들 | • 법조계 사람들<br>• 온라인 친구들<br>• 내 책을 읽는 독자들 |
| • 사회가 필요로 하는 검사<br>• 좋은 연인 또는 아내 | • 전직 검사인 에세이 작가<br>• 후배들을 위한 멘토 |
| • 결혼 자금<br>• 여행 경비<br>• 문화생활비 | • 책 출판 비용<br>• 사교 비용 |

# 교육·복지 분야

교육·복지 분야는 사람들이 배움을 통해 성장하는 것을 돕고, 더 나은 세상을 만드는 데 기여하는 분야입니다. 이 분야의 핵심 키워드는 '사람'입니다. 교육은 사람이 어떻게 발달하고 성장하는가에 관심을 가지고 인간의 잠재력과 재능을 계발하기 위해 연구하는 분야이며, 복지는 사람에 대한 사랑과 존중을 실천하는 분야입니다.

교육은 사람을 키우고, 복지는 사람을 돌봅니다. 교육은 사회에 도움이 되는 훌륭한 사람을 만들고, 그들이 다양한 분야에서 세상을 이끌어가도록 돕는 일입니다. 따라서 교육을 통해 더 나은 세상을 만들겠다는 사명감이 필요합니다. 또한 복지는 누구나 행복하게 살 권리가 있다는 것을 증명하고 실천하는 일입니다. 나이, 성별, 학력, 빈부, 장애 여부와 상관없이 모든 국민들이 기본적인 삶의 질을 보장받을 수 있도록 돕는 것이지요. 따라서 올바른 가치관을 가지고 함께 살아가는 따뜻한 세상을 만드는 교육과 복지를 소망하는 사람이라면 이 분야에서 빛을 발할 수 있을 것입니다.

<table>
<tr><td rowspan="3">멘토의<br>진로<br>로드맵</td><td>**이름**: 나민지</td></tr>
<tr><td>**나이**: 30세</td></tr>
<tr><td>**직업**: 교사</td></tr>
</table>

민지 씨는 중학교 2학년 무렵, 남을 도울 때 자신이 가장 행복하고 기쁘다는 것을 깨달았습니다. 당시 자신에게 가장 도움을 주는 사람은 선생님이었고, 그래서 자신도 선생님이 되어 많은 학생들에게 도움을 주고 싶다고 생각했습니다. 그런데 진로에 대해 고민하던 중 선생님으로만 살다가 퇴직하는 것보다는 좀 더 다양한 일을 하며 살고 싶다는 꿈이 생겼습니다.

민지 씨는 한국교원대학교를 졸업하고 임용고시에 합격해 중학교 국어 교사가 되었습니다. 교사로서 지금도 만족과 보람을 느끼지만 33세에는 미국의 교육대학원에 진학해 다시 한 번 성장의 발판을 마련할 계획입니다. 그리고 37세부터는 투자 전문가로서 복지관 설립에 필요한 자금을 모을 생각입니다.

교육과 복지 그리고 경제에 대한 관심을 모두 활용해 장애인을 위한 복지관을 설립하는 것은 민지 씨의 최종 꿈입니다. 43세에는 복지관 건립을 시작해서 장애인들이 우리 사회에서 행복하게 살아갈 수 있도록 돕는 데 남은 인생을 바치고 싶다고 합니다.

<table>
<tr><td rowspan="2">친구의<br>진로<br>로드맵</td><td>**이름**: 박범수</td></tr>
<tr><td>**학년**: 중학교 3학년</td></tr>
</table>

수학을 좋아해서 중학교 수학 교사가 되고 싶은 범수는 진로 로드맵을 작성하며 더욱 행복한 미래를 그리게 됐습니다. 50대에는 훌륭한 교감 선생님이 되고, 은퇴 후에도 제자들의 존경을 받으며 교육계에 기여하는 참된 교육자로 살아가는 것이 범수의 꿈이지요. 범수는 수학을 잘하는 특성을 살릴 수 있는 다른 직업들도 알게 되어 시야가 넓어졌습니다. 그래서 범수는 교사뿐만 아니라 다른 관심직업들에 대해서도 진로 로드맵을 그려보며 가슴 뛰는 진로를 계속 찾고 있습니다.

# 다양한 나라에 희망을 전하는 교육 & 복지 전문가

| 시기 | ~19세 | 20~22세 | 23~24세 | 25~27세 |
|---|---|---|---|---|
| 시기별 목표(지위) | • 필요한 자질 준비<br>• 연세대학교 교육학과 입학 | • 교육자 & 상담가 위한 지식기반<br>• 교육학, 심리학 이중전공 & 일반사회 부전공 | • 교육 선교사로서의 준비<br>• 교육 선교사 교육 | • 일본 현지 경험<br>• 다른 나라 문화권에서의 교육 경험<br>• 외국어 실력 갖추기(영어+일본어) |
| 해야 할 공부<br><br>갖춰야 할 자격(증) | 학업<br>• 내신 전교 3% 이내<br>• 수능 전국 3% 이내<br>영어 & 일본어 공부<br>• 동아리 및 학원<br>• 영어성경 1독<br>음악<br>• 피아노/노래 실력 키우기 | 교육자 준비<br>• 과외 아르바이트<br>• 교육 봉사(도시형 대안 학교)<br>상담가 준비<br>• 인턴십(NGO 단체)<br>• 학점 3.5 이상 유지<br>• 교원자격증 2급<br>• 매년 1회 이상 해외 선교 프로그램 참여 | 교육 선교사 훈련<br>• JEM 훈련<br>• PSP 훈련<br>• 일본어 & 영어 공부<br>• 일본 대안학교 견학(키노쿠니 대안학교, 히키코모리 대안학교) | • 일본어 & 영어공부<br>• 미국 어학연수<br>• 한국어 교사 교육 과정 수료 |
| 네트워크 (인맥) | • 학교 선생님(특히 영어, 일본어)<br>• 교회 선생님 | • 학교 선후배<br>• 학교 교수님<br>• 교육 및 상담 분야 전문가 | • 일본 선교 관심자<br>• 선교훈련 담당자<br>• 일본 대안학교 관련자 | • 일본 현지 친구들<br>• 선교 후원자 |
| 가장 소중한 역할 | • 성실한 고등학생<br>• 순종하는 딸 | • 적극적인 대학생<br>• 주체적인 나 | • 신실한 선교 훈련생 | • 현지인의 명랑한 친구 |
| 필요한 경비 | • 외국어 학원비 | • 대학 학비 | • 선교훈련 비용<br>• 일본 대안학교 견학 비용 | • 일본 체류비<br>• 한국어 교사 교육 과정 수료 비용 |

**멘토의 진로 로드맵**

| 28~35세 | 36~45세 | 46~60세 | 61~70세 |
| --- | --- | --- | --- |
| • 교육자 & 상담가로서 현장 경험 축적<br>• 교육 & 상담 전문가(교육 & 상담 실력 인정받기 및 교육 & 상담 분야 커리어 쌓기) | • 교육 컨설턴트로 활동<br>• 결혼 & 육아<br>• 교육학/심리학 석사<br>• 나만의 앨범 제작(12곡 작사/작곡) | • 대안학교 또는 복지센터 설립<br>• 대안학교 교장이나 리더십 복지센터장(한국)<br>• 이론과 실력을 겸비한 세계적인 교육 전문가 | • 세계적인 교육 전문가<br>• 세계적 대안학교 또는 리더십 복지센터 4개 세우기(일본, 유럽, 미국 또는 캐나다, 호주 또는 뉴질랜드) |
| • 상담사 활동<br>• 교육 전문가 활동(강연자: 300명 이상 규모)<br>• 교육 컨설턴트: 다양한 학생사례 축적<br>• 교육자 & 상담사 자격증 취득<br>• 영어 토플: 90점 이상 | • 교육 전문가 활동(강연자: 500명 이상 규모)<br>• 화성학/피아노 공부 | • 교육 경영 교육<br>• 도서 집필/출판<br>• 리더십 복지센터 커리큘럼 개발 | • 일본을 제외한 3개국에서 2년씩 체류하며 언어 공부<br>• 각 나라의 언어에 따른 리더십 복지센터 커리큘럼 재구성 |
| • 같은 비전을 꿈꾸는 사람들 | • 같은 비전을 가진 사람들(교육 컨설턴트)<br>• 대안학교 후원자 모집 | • 대안학교 후원자<br>• 교육 경영자 | • 세계 여러 나라 교육 및 복지 관련 전문가 및 후원자 |
| • 건실한 직장인(교육 & 상담 전문가) | • 꿈을 심어주는 아내이자 엄마<br>• 희망을 주는 교육 컨설턴트 | • 유능한 강연자, 학교나 센터 경영인<br>• 존경스러운 엄마 | • 뛰어난 교육 전문가<br>• 손자, 손녀가 존경하는 할머니 |
| • 결혼 자금 | • 석사 학비 | • 대안학교 또는 리더십 복지센터 설립 비용 | • 다른 나라에 대안학교/리더십 복지센터 지사 설립 비용 |

## 목표 ▷ 열정과 진심으로 학생들을 가르치는 중학교 수학 교사

| 시기 | 17~19세 | 20~26세 | 27세 |
| --- | --- | --- | --- |
| 시기별 목표(지위) | • 전교 석차 3% 내에 드는 고등학생 | • 서울에 있는 사범대학교 수학교육과 입학 | • 새내기 중학교 수학 교사 |
| 해야 할 공부<br>갖춰야 할 자격(증) | • 사범대학교 입학 위해 열심히 공부하기<br>• 상위 3% 성적 유지하기 | • 교원자격증 따기 위한 (임용고시) 준비<br>• 수학교육 전공 공부 열심히 하기<br>• 군대 다녀오기 | • 어떻게 하면 학생들을 효과적으로 가르칠 수 있을지 교육 방법 연구하기 |
| 네트워크 (인맥) | • 학교 친구들<br>• 도움이 될 만한 선생님들 | • 학교 친구들<br>• 교수님들 | • 중학교 교사들<br>• 학부모들<br>• 제자들 |
| 가장 소중한 역할 | • 수업에 적극적으로 임하는 학생 | • 대학생활을 즐기면서 교사로서의 능력을 준비하는 학생 | • 학생들을 진심으로 가르치며 좋은 추억도 쌓는 신세대 교사 |
| 필요한 경비 | • 학원비<br>• 교재비 | • 학비<br>• 책 구입비 | • 개인 노트북 구입 비용<br>• 수업 위한 참고서 비용 |

| 28~40세 | 50세 | 60세 이후 |
|---|---|---|
| • 교육대학원 석사<br>• 상담 교사<br>• 다른 교사들에게 귀감이 되는 부장 교사 | • 훌륭한 교감 선생님 | • 퇴임 후 제자들과 만나며 행복한 노후를 보내는 훌륭한 교육 인사 |
| • 교육대학원 입학 준비<br>• 입학 후에는 대학원 공부 열심히 하기<br>• 그동안의 경험과 노하우를 체계화해 다른 교사들에게 전수<br>• 최선의 교육을 제공하는 법을 끊임없이 연구 | • 교감 역할을 수행하기 위해 필요한 공부하기<br>• 우리나라 교육 현실에 대해 고민하고 개선할 수 있는 방법 연구하기 | • 책 많이 읽고, 도움을 청하는 교사들이나 학생들에게 도움 주기<br>• 꾸준한 운동으로 건강한 노후 위한 체력 관리 |
| • 동료와 후배 교사들<br>• 사회에 나간 제자들 | • 교사들과 학생들<br>• 학부모들<br>• 다른 학교 교육 인사들 | • 교사들과 학생들 |
| • 학생들에게 진심으로 다가갈 방법을 고민하는 따뜻한 교사<br>• 학생들이 즐겨 찾는 상담 교사 | • 타 선생님들에게 모범이 되는 교감 | • 학교를 여전히 사랑하는 참된 교육자 |
| • 결혼 비용<br>• 대학원 학비<br>• 생활비 | • 생활비<br>• 자녀들 결혼 비용 | • 노후 자금 |

# 언론·문학 분야

언론·문학 분야는 말과 글로 의견이나 내용을 전달하는 분야입니다. 언론 분야의 직업으로는 기자, 아나운서, 리포터, 방송연출가, 방송작가, 출판편집자, 카피라이터 등이 있습니다. 또 문학 분야의 직업으로는 작가, 평론가, 번역가, 통역사 등이 있습니다.

이 분야의 직업인은 정확하고 논리적으로 자신의 의견을 표현할 수 있어야 하며 창의적인 사고와 글쓰기 능력이 필요합니다. 또 평소 다른 사람들의 말을 잘 들어주며 공감하고 이해하는 능력이 있으면 더욱 좋습니다. 독서를 많이 하고 국어 과목을 잘하며 책읽기와 글쓰기, 말하기, 발표하기를 좋아하고 잘한다면 이 분야에서 능력을 발휘할 수 있을 것입니다. 무엇보다 언론 또는 출판 매체를 통해 독자나 시청자들과 소통해야 하는 일이므로, 사회의 흐름이나 사람들의 생각과 마음을 읽을 줄 알아야 합니다.

<table>
<tr><td rowspan="3">멘토의<br>진로<br>로드맵</td><td>**이름**: 이영진</td></tr>
<tr><td>**나이**: 38세</td></tr>
<tr><td>**직업**: B방송국 기자</td></tr>
</table>

영진 씨는 TV 뉴스를 보며 기자가 되고 싶다는 꿈을 키웠습니다. 사춘기에는 잠시 방황하기도 했지만, 중학교 3학년 때부터 미래에 대해 진지하게 생각하면서 자신이 해야 할 일을 깨달았습니다. 방송국에 들어가려면 우선 좋은 성적이 기본이었습니다. 그래서 연세대학교나 서강대학교 신문방송학과를 목표로 설정하고 공부에 매진했습니다.

그 결과 고등학교에 입학한 뒤에는 부모님이 깜짝 놀랄 정도로 성적이 꾸준히 올랐습니다. 목표가 생기니 집중력도 강해졌습니다. 계획한 대로 서강대학교 신문방송학과에 합격한 날, 영진 씨는 새롭게 시작하는 마음으로 목표를 다잡았습니다. 대학에 진학한 다음에는 방송국에 입사하기 위해 스터디 그룹을 만들어 취업 준비를 했습니다. 그리고 30세에 마침내 B방송국의 지사에 합격하면서 꿈에 그리던 보도부 기자 생활을 시작했습니다. 이곳에서 경력을 쌓은 뒤 45세에는 B방송국 본사에서 앵커가 되고, 50세에는 모교의 교수가 되겠다는 계획에는 변함이 없습니다. 또 60세에는 방송국의 사장이 되어 좋은 방송을 세상에 전하고 싶다는 꿈이 있습니다.

<table>
<tr><td rowspan="2">친구의<br>진로<br>로드맵</td><td>**이름**: 장수진</td></tr>
<tr><td>**학년**: 중학교 1학년</td></tr>
</table>

좋은 드라마 극본을 써서 사람들을 울고 웃게 만들고 싶다는 수진이는 TV 드라마를 챙겨 보는 것 외에는 뭘 해야 할지 몰랐습니다. 그러다 보니 만날 TV만 본다고 엄마에게 혼나기 일쑤였지요. 그러나 진로 로드맵을 작성하면서 무엇을 어떻게 노력해야 할지 알았고, 어렴풋하게만 보였던 드라마 작가의 길이 훨씬 구체적으로 보이는 것 같다고 합니다.

이제 수진이는 고려대학교 국어국문학과에 들어가서 폭넓고 기초적인 공부를 하는 동시에, 방송작가교육원에서 드라마 작가가 되는 데 필요한 실질적인 훈련을 하겠다는 계획을 세웠습니다. 그리고 좀 더 새롭고 실험적인 드라마를 쓰기 위해 공중파보다는 케이블방송으로 진출해 경험을 쌓고, 33세에는 국민 드라마 작가가 되고 싶다는 꿈이 생겼지요. 또 50세부터는 방송작가가 되고 싶어 하는 학생들을 가르치고, 김수현 작가처럼 70대까지도 인기 드라마를 쓰는 현역 작가로 남고 싶다고 합니다.

# 정직한 대안을 제시함으로써 신뢰를 주는 언론인 / 방송국 설립자

| 시기 | 20~25세 | 26~32세 | 33~39세 |
|---|---|---|---|
| **시기별 목표(지위)** | • 서강대학교 신문방송학과 진학<br>• 단기 어학연수 | • 군대 다녀오기<br>• 27세 : 서강대학교 신문방송학과 석사 진학 및 졸업<br>• 30세 : B방송사 입사(기자) | • 보도부 기자<br>• B방송사 00지역 지사장 |
| **해야 할 공부**<br><br>**갖춰야 할 자격(증)** | • 영어 공부<br>• 방송국 보도부 기자 활동<br>• 전문지식 쌓기<br>• 다양한 나라 배낭여행(문화 체험, 문화 일기 남기기) | • 게이트 키핑과 프레임에 대한 공부<br>• 중국어/영어 공부(토익)<br>• 다양한 나라 배낭여행 통해 아마추어 취재 일기 남기기<br>• 스피치 학원<br>• 기자 시험 | • 방송 관련상 수상(3건 이상)<br>• TOEIC 고득점, HSK 4급 취득, IELTS 고득점 취득<br>• 영상 편집기술 습득<br>• 일식 조리사 자격증 취득 |
| **네트워크 (인맥)** | • 대학 친구 및 교수님<br>• 방송국에서 일하는 선배들 | • 언론 관련분야 전문인들의 모임 참여(선후배 포함)<br>• 다양한 나라에서 만나는 해외 친구들<br>• 직장인 크리스천들의 모임 | • 전국 B방송사 기자회 기자들과의 친목 유지<br>• 서강대학교 동문들<br>• 교수님들과의 지속적인 커뮤니케이션 |
| **가장 소중한 역할** | • 성실한 아들<br>• 공부 잘하는 학생 | • 언론계의 정직하고 능력 있는 전문인 | • 아내를 사랑하는 남편<br>• 부모님께 효도하는 아들<br>• 열정과 근성 있는 기자 |
| **필요한 경비** | • 학비<br>• 언론사 시험 준비 비용 | • 조교로서 등록금 충당<br>• 과외로 생활비 확보 | • 자녀 양육을 위한 지속적인 저축<br>• 자격증 취득 비용<br>• 아내와의 해외여행 비용 |

| 40~44세 | 45~49세 | 50~59세 | 60세 이후 |
|---|---|---|---|
| • B방송사 메인뉴스 앵커<br>• 탐사보도 전문 기자<br>• 영국 옥스퍼드대(저널리즘) 및 중국 옌볜과학기술대(언론학) 석사 | • B방송사 베이징 특파원<br>• 국제탐사보도 언론인연합회 회원<br>• 베이징대 박사 및 언론학 교수<br>• 한반도통일연구원 연구원 | • 모교 신방과 교수<br>• 국제탐사보도 언론인연합회 아시아 지역 회장<br>• 중국 동북3성 전문가<br>• 한반도통일연구원 펠로십 | • 평양 크리스천 방송국 사장<br>• 국제탐사보도 언론인연합회 회장<br>• 한민족발전연구원 이사 |
| • 한국기자협회 펠로십 합격<br>• 옥스퍼드대 저널리즘 대학원 수업 이수 및 석사학위 취득<br>• 중국 옌볜과학기술대 언론학과 대학원 수업 이수 및 석사학위 취득<br>• 스페인어, 라틴어 공부 | • 베이징대 대학원 언론학 수업 이수 및 박사학위 취득<br>• 서강대 대학원 저널리즘 수업 이수 및 박사학위 취득<br>• 중국어 동시통역사 취득<br>• 히브리어, 헬라어 공부 | • 신문방송학 저널리즘 공부<br>• 국제탐사보도 언론인연합회 지역별 자료 공부<br>• 남북한 통일 준비 공부<br>• 히브리어 동시통역사 취득 | • 방송국 운영, 경영 공부<br>• 통일한국 개발 관련 공부<br>• 성경 공부 |
| • 방송기자협회, 기자협회 기자들<br>• 언론학계 사람들<br>• 영국 및 중국 언론인들<br>• 국제탐사보도 언론인연합회 회원들 | • 중국 언론학자들<br>• 국제적 언론학자들<br>• 방송국 투자자들<br>• 국제탐사보도 언론인연합회 회원들 | • 한국언론학회 회원들<br>• 국제탐사보도 언론인연합회 회원 네트워크 강화, 확장 | • 세계언론학회 회원들<br>• 국제탐사보도 언론인연합회 활동 강화<br>• 한국 방송경영인들 |
| • 부모님께 효도하는 아들<br>• 후배 아끼는 차장 기자 | • 한 가정의 영적 가장<br>• B방송국 베이징 지사장<br>• 선후배의 사랑을 받는 부장 기자 | • 서강대학교 신문방송학과 유력한 교수<br>• 선후배가 존경하는 선배 | • 유력한 방송국 경영자<br>• 한국 언론계가 존경하는 선배 |
| • 영국 및 중국 대학원 석사학위 취득 비용<br>• 자녀들 교육비<br>• 부모님 회갑 및 칠순 비용 | • 베이징대 대학원 박사학위 취득 비용<br>• 자녀 학자금<br>• 조카 및 가족 결혼 비용 | • 국제탐사보도 언론인연합회 후원 비용<br>• 아랍권 선교 후원 비용<br>• 통일 후원 비용 | • 크리스천 방송국 개국 후원 비용<br>• 국제탐사보도 언론인연합회 후원 비용<br>• 자녀 학자금 |

# 최고의 드라마 작가로서 드라마와 함께 기억되기

| 시기 | 18세 | 20세 | 23세 |
|---|---|---|---|
| 시기별 목표(지위) | • 청심국제중학교에 이어서 청심국제고등학교 입학 | • 고려대학교 국어국문학과 입학 | • 케이블방송 드라마 보조작가로 데뷔하기 |
| 해야 할 공부 / 갖춰야 할 자격(증) | • 학교생활에 충실하기<br>• 꾸준한 글쓰기 연습<br>• 대학교 진학 준비<br>• 고등학교 국내반 지원 | • 학교생활에 충실하기<br>• 꾸준한 글쓰기 연습<br>• 자취 또는 다른 작가 지망생과 동거하며 글쓰기에 전념<br>• 여러 공모전 지원<br>• 방송작가교육원 다니기 | • 드라마 진행 돕기<br>• 학교생활에 충실하기<br>• 드라마 촬영장 방문 및 다음 드라마 계획 돕기<br>• 여러 공모전 지원 |
| 네트워크 (인맥) | • 고교 선배들과 동기<br>• 좋은 선생님들<br>• 같은 꿈 가진 친구들<br>• 청심국제중 후배들<br>• 나를 응원해주는 가족들 | • 고려대 동기들과 선배들<br>• 많은 교수님들<br>• 같은 꿈을 가진 친구들<br>• 방송작가교육원 동기들과 선배들<br>• 나를 응원해주는 가족들 | • 드라마 관련 스태프, 배우들 및 작가 선배, 동기들<br>• 많은 교수님들<br>• 고려대 동기들과 선후배들<br>• 나를 응원해주는 가족들 |
| 가장 소중한 역할 | • 학업에 충실한 학생<br>• 효도하는 딸이자 손녀<br>• 작가 지망생<br>• 영원한 우정을 지킬 수 있는 친구 | • 학업에 충실한 학생<br>• 작가 지망생<br>• 효도하는 딸이자 손녀<br>• 영원한 우정을 지킬 수 있는 친구 | • 신입 드라마 보조작가<br>• 효도하는 딸이자 손녀<br>• 한 사람의 여자친구<br>• 영원한 우정을 지킬 수 있는 친구 |
| 필요한 경비 | • 입학금, 학비, 교복 구입비<br>• 개인 생활비 및 지출 등 | • 입학금, 학비 등<br>• 개인 생활비 및 지출 등 | • 드라마 공부 관련 지출<br>• 개인 생활비 및 지출 등 |

## 친구의 진로 로드맵

| 29세 | 33세 | 50세 | 68세 |
|---|---|---|---|
| • 드라마 작가로 데뷔<br>• 데뷔작 시청률 20% 기록 | • 국민 드라마의 작가 되기<br>• 시청률 50% 돌파 | • 서울예술대학교 극작과 교수 또는 방송작가교육원 강사 | • 데뷔 40년차 국민 드라마 작가 |
| • 드라마 촬영장 매회 방문 및 진행 돕기<br>• 선배님들과 동기들에게 도움받기<br>• 다음 드라마 계획하기<br>• 캐스팅, 대본 리딩 등으로 방송국 방문 | • 드라마 촬영장 매회 방문 및 진행 돕기<br>• 선후배님과 동기들에게 도움받기<br>• 많은 배우들과 작품 같이 하기 | • 작가 지망생 가르치기 위해 극작법 강의 준비하기<br>• 후배 양성에 힘쓰기<br>• 드라마 대본 리딩에 참여해 연기 지도하기 | • 사람들 기억에 오래 남을 대표작 집필하기<br>• 자서전 출간하기 |
| • 드라마 관련 배우, 스태프들 및 작가 선후배들과 동기들<br>• 드라마 제작에 도움 주신 많은 관계자들<br>• 내 꿈을 이룰 때까지 기다려준 가족들 | • 많은 배우들과 드라마 작가 선후배들, 동기들<br>• 드라마 관련 스태프들<br>• 방송사 스태프들<br>• 나를 믿어준 가족들<br>• 같이 꿈을 이룬 친구들 | • 드라마 작가 지망하는 학생들<br>• 모교의 동료 교수들 또는 방송작가교육원 동료 강사들 | • 오랫동안 같이 작업해온 연출자 등 스태프들<br>• 자서전 출판 관련 출판사 스태프들 |
| • 유망한 신입 작가<br>• 효도하는 딸이자 손녀<br>• 한 사람의 아내<br>• 영원한 우정을 지킬 수 있는 친구 | • 국민 드라마의 작가<br>• 효도하는 딸이자 손녀<br>• 한 가정의 아내이자 엄마<br>• 영원한 친구 | • 후배들에게 실질적인 도움과 꼭 필요한 가르침을 주는 선배 작가<br>• 한 가정의 아내이자 엄마<br>• 나이 들어갈수록 따뜻하고 믿음을 주는 친구 | • 나이 들어도 감각 잃지 않고, 사람들에게 진한 감동을 주는 작가<br>• 무엇과도 바꿀 수 없는 동반자 같은 아내 |
| • 해외 드라마 DVD 구입비<br>• 가정생활 비용 및 개인생활 지출 등 | • 드라마 기획 관련 시장조사비<br>• 가정생활 및 개인생활 비용 | • 후배 양성 관련 지출<br>• 가정생활 및 개인생활 비용 | • 가정생활 비용<br>• 남편과의 여행 자금<br>• 건강관리 비용 |

# 문화·예술 분야

공연, 음악, 미술 등을 비롯한 문화·예술 분야는 창의력이 핵심입니다. 무언가를 창조해내고 그것으로 사람들의 마음을 움직이는 일이기 때문이지요. 최근 한류 열풍에서 볼 수 있듯이 문화·예술의 부가가치와 영향력은 대단합니다. 이 분야의 직업으로는 다들 잘 알고 있듯이 가수, 배우, 개그맨, 모델, 성우 등을 비롯해 화가, 음악가, 디자이너, 무용가 등이 있습니다. 또 영화감독, 방송작가, 음반기획가, 촬영기사 등도 포함됩니다.

평소 자신의 감성과 느낌을 잘 표현하고 뭔가를 창조하는 것을 좋아한다면, 또는 노래, 춤, 성대모사, 개그 등의 재주로 친구들을 즐겁게 해주는 데 능하다면 이 분야에서 빛을 발휘할 수 있습니다. 틀에 박힌 것을 싫어하고 자유롭게 상상하며 창조하고 싶다면 이 분야에 관심을 가져보길 바랍니다.

<table>
<tr><td rowspan="3">멘토의<br>진로<br>로드맵</td><td>**이름**: 유태영</td></tr>
<tr><td>**나이**: 32세</td></tr>
<tr><td>**직업**: A사 디자인팀 직원</td></tr>
</table>

태영 씨는 초등학교 때부터 미술을 했습니다. 중학교에 들어가서는 학업에만 매진할지, 미술을 계속할지 결정해야 했는데 그때 처음 진로에 대해 진지하게 고민하게 됐습니다. 태영 씨는 그림 그리는 것이 자신이 좋아하고 가장 잘할 수 있는 일이라는 것을 깨달았습니다. 미술 관련 직업들을 탐색한 끝에 태영 씨는 디자이너가 되기로 결심했습니다. 특히 자주 이용하는 온라인 디자인에 열정이 생겼습니다.

디자인학과에 진학한 뒤 유명 온라인 회사인 A사에 관심을 갖게 되면서 입사를 위해 독창적인 포트폴리오를 준비했습니다. 그리고 30세에 드디어 A사 디자인팀에 입사했습니다. 현재 A사 콘텐츠 디자인팀에서 일하고 있는데, 이곳에서 제공하는 모든 서비스의 디자인을 책임지는 업무입니다.

태영 씨는 앞으로 팀장, 실장 등으로 승진하고 성장해서 55세 이후에는 디자인학과 교수로 제2의 인생을 살고자 합니다. 제자들을 키우고 우리나라 디자인 발전에 도움이 되고 싶다는 꿈을 가지고 있습니다.

<table>
<tr><td rowspan="2">친구의<br>진로<br>로드맵</td><td>**이름**: 박창진</td></tr>
<tr><td>**학년**: 중학교 1학년</td></tr>
</table>

창진이는 유재석, 신동엽처럼 많은 사람들에게 웃음을 주는 예능 MC가 되는 것이 꿈입니다. 원래는 돈 잘 벌고 안정적이라는 이유로 의사가 되고 싶었지만, 솔직히 의대에 갈 자신은 없었습니다. 그러다 진로 프로그램에 참여하면서 말을 잘하는 것이 자신의 가장 큰 특징이자 장점임을 발견하게 되었습니다. 그전에도 말하는 것은 자신 있었지만 그것을 진로로 연결시킬 생각은 못 했던 것이지요.

적성과 목표에 대해 확신을 갖게 된 창진이는 이전보다 훨씬 더 적극적인 학생이 되었습니다. 그냥 남들 다 하니까, 눈치 보기 싫어서 하던 공부도 뚜렷한 목표가 생기니까 힘들다는 생각이 덜 든다고 합니다. 뿐만 아니라 나중에 자신이 진행하는 프로그램에 외국인 게스트가 나와도 멋지게 대화할 수 있도록 영어와 일본어 공부도 열심히 하고, 다양한 분야의 책도 많이 읽어서 유능한 MC의 자질을 키울 계획입니다.

# 목표 ▷ 우리나라 디자인 발전에 기여하는 디자이너

| 시기 | 20세 | 27세 | |
|---|---|---|---|
| 시기별 목표(지위) | • 성균관대학교 디자인학과 입학<br>• 다방면의 많은 인맥 쌓아놓기 | • 성균관대학교 졸업생<br>• 선배들 회사에서 인턴 | |
| 해야 할 공부<br><br>갖춰야 할 자격(증) | • 기초적인 디자인 컴퓨터 프로그램 학습<br>• 학점 관리<br>• 다양한 공모전 경험<br>• 영어 공부 | • 충분하게 진로를 고려하고 다양한 상담 등이 선행돼야 함<br>• 사회 전공과 관련하여 매체를 통한 현실적인 공부<br>• 다양한 공모전 수상 실적 | |
| 네트워크 (인맥) | • 학교 행사, 술자리 등에 잘 참석<br>• 수업시간에 활발히 참여해 교수님들과도 친분을 쌓음<br>• 동아리 활동 및 다양한 학교 활동 | • 지식 및 경험을 알려주실 대학원 교수님들 선배님들<br>• 다양한 분야에서 일하고 있는 친구들과 선배들 | |
| 가장 소중한 역할 | • 패기 넘치는 새내기<br>• 골고루 인맥이 넓은 인정 있는 사람 | • 사회에 첫발을 내딛는 당당한 사회인<br>• 모범을 보이는 선배 | |
| 필요한 경비 | • 과 특성상 많은 재료비와 전시회비, 프린팅비, 사진 비용 등(아르바이트로 부모님의 부담을 덜어드림) | • 회사 근처에서 자취하는 비용(인턴으로 번 돈과 기존의 아르바이트, 공모전 상금으로 충당) | |

**멘토의 진로 로드맵**

| | 30세 | 40세 | 55세 이후 |
|---|---|---|---|
| | • A사 디자인팀 입사 | • 사내 디자인부서 팀장에 이어 실장 이상의 직위 | • 디자인학과 교수 |
| | • 영어 공부가 필수<br>• 많은 것을 보고 느끼는 경험<br>• 플래시 다루는 법 공부<br>• 먼저 인턴사원의 경험이 있어야 함 | • 대중들에게 어필할 수 있는 시대의 디자인 흐름을 잘 파악<br>• 회사 이미지 향상에 크게 기여하는 디자인을 위해 연구<br>• 높은 실적 달성과 사내 모범 임원 되기 | • 교수법 공부<br>• 디자인학 공부 |
| | • 사회생활을 이끌어줄 학교 선배님들<br>• 관련 분야에서 먼저 일하고 계시는 분들을 소개받음 | • 직장 내 높은 직위 사람들에게 신임을 얻음<br>• 여러 디자이너들과의 교류를 통해 다양한 감각을 갖춘 사람이 됨 | • 동료 교수들<br>• 동료 디자이너<br>• 제자들 |
| | • 열정을 가진 신입사원<br>• 자상한 새신랑 | • 집안의 든든한 가장<br>• 회사의 믿음직스러운 동료이자 상사 | • 우리나라 디자인업계의 선배<br>• 학생들의 멘토 |
| | • 회사 근처에 신혼집 마련<br>• 출퇴근용 자가용 구입비 (그동안 모아놨던 돈과 부모님께 받은 돈으로 충당) | • 아이들 양육비<br>• 주택구입 비용<br>• 부모님 부양비 (알뜰하게 생활해야 함) | • 노후자금 준비 |

## 목표   많은 사람들에게 웃음을 주는 예능 MC

| 시기 | 14~16세 | 17~19세 | 20~25세 | 26~30세 |
|---|---|---|---|---|
| 시기별 목표(지위) | • 웅변대회 입상<br>• 학급 임원으로 활동하기<br>• 학생회 가입하기 | • 세화고등학교 전교 30등 안에 들기<br>• 학교 동아리 개설 | • 서울예술대학교 방송연예과 입학<br>• 동아리 회장 | • 방송국에 입성<br>• 버라이어티 쇼 프로그램 메인 MC 되기 |
| 해야 할 공부 / 갖춰야 할 자격(증) | • 웅변대회, 토론대회에 자주 참가<br>• 체력 단련 위해 꾸준히 운동(복싱)<br>• 여러 분야의 책 읽기<br>• 기초상식 습득<br>• 한자 3급 따기 | • 영어 공부(학원에서뿐만 아니라 외국인과 마주치면 적극적으로 대화하기)<br>• 일본어 독학으로 공부하기 | • 전공 공부 열심히 하기<br>• 세계 여러 나라 여행 많이 다니기<br>• 대학 축제에서 사회 맡기 | • 방송국 입사 준비<br>• 맡겨진 일 유능하게 해내서 프로그램에 입성할 기회 얻기<br>• 체력 관리 꾸준히 하기 |
| 네트워크 (인맥) | • 여러 친구들과의 교류<br>• 학급 임원들<br>• 학생회, 동아리 친구들 | • 평생 친구 만들기<br>• 초중고 동창들<br>• 먼저 다가가는 친구 되기<br>• 어떤 일이든 편하게 말할 수 있는 말동무 되기 | • 외국 친구 만들기<br>• 유쾌한 술친구/여러 분야의 친구 사귀기<br>• 방송국에서 일하는 선배나 PD와 친하게 지내기 | • 방송국 선후배들과 끈끈한 유대<br>• 초중고 동창들과 계속 잘 지내기<br>• 연기자 친구 만들기 |
| 가장 소중한 역할 | • 유쾌하고 활발한 친구<br>• 안 까부는 동생<br>• 공부 열심히 하는 학생 | • 믿고 이야기할 수 있는 친구<br>• 친구들에게 인정받는 친구<br>• 학교 게임 일인자 | • 똑 부러지는 해병대<br>• 잘 노는 대학생<br>• 일 잘하는 아르바이트생 | • 웃음 제조기<br>• 일 잘하는 선후배<br>• 없으면 안 될 존재 |
| 필요한 경비 | • 학비<br>• 대회 참가비 등 | • 학비 | • 학비<br>• 생활비 | • 학원비<br>• 생활비 |

| 31~39세 | 40대 | 50대 | 60대 |
| --- | --- | --- | --- |
| • 내 이름을 건 토크쇼 진행하기<br>• 연예대상 타기<br>• 책 출판하기 • 결혼하기 | • 개그맨 박성호, 이영자처럼 개그학 교수 되기 | • 개그맨 이경규처럼 방송계의 거장으로서 계속 활동하기 | • 은퇴 후 세계 여행<br>• 미국에 집 짓기<br>• 우리나라 곳곳에 별장 짓기 |
| • 활발한 방송활동으로 입지 굳히기<br>• 꾸준한 운동으로 체력 관리<br>• 책 집필을 위한 다독 | • 교수가 되기 위해 필요한 공부<br>• 방송 꾸준히 출연하기 | • 꾸준한 건강관리<br>• 뒤처지지 않기 위해 여러 분야의 책 읽기 | • 세계 여행에 필요한 정보 습득<br>• 건축에 관한 도서들 읽고 집 짓는 데 필요한 아이디어 얻기 |
| • 다양한 분야의 친구들 사귀기<br>• PD, 영화감독 및 연기자들과 친분 쌓기 | • 다양한 분야의 친구들과 지속적인 만남<br>• PD, 영화감독 및 연기자들과 친분 돈독히 유지 | • 함께 나이 들어가는 초중고 동창들<br>• 방송국 선후배들 | • 어릴 적 친구들<br>• 방송국에서 함께 일했던 동료들 |
| • 같이 있으면 즐거운 아빠<br>• 연예대상 수상자<br>• 성공한 효자 | • 능력 있는 개그학 교수<br>• 젊은 MC들의 멘토 | • 개그계의 살아 있는 전설<br>• 젊은 MC들의 멘토<br>• 존경받는 아버지 | • 기부로써 노블레스 오블리주를 실천하는 인사<br>• 따뜻한 할아버지 |
| • 결혼 비용<br>• 생활비 | • 학비<br>• 생활비 | • 생활비<br>• 후배들 밥 사주는 비용 | • 세계여행 비용<br>• 집 건축비<br>• 기부 비용 |

# 마케팅·홍보 분야

마케팅은 소비자의 숨은 욕구를 발견하고 그 욕구에 맞는 제품을 개발해 알리는 활동입니다. 상품을 성공적으로 판매하기 위해 상품 개발에서부터 가격, 포장, 광고, 유통까지 전반적인 관리를 합니다. 홍보는 제품뿐만 아니라 기업이나 정당 등의 조직, 혹은 연예인이나 정치인 등의 개인을 대중에게 알리고 긍정적인 이미지를 심어주는 것이 주요 목적입니다. 마케팅이 광고 등을 통해 직접 자신을 알린다면 홍보는 다른 사람을 통해 알린다고 생각하면 쉽습니다. 주로 언론 기사를 통해 간접적으로 알리지요.

21세기는 마케팅과 홍보의 시대라고 해도 과언이 아닙니다. 웬만한 기업이나 조직은 마케팅과 홍보가 필수적이기에 별도로 전담 부서를 두고 있습니다. 아니면 외부 대행사를 이용하기도 합니다. 사람들이 점점 더 많은 것을 온라인을 통해 해결하는 추세이므로 앞으로는 특히 온라인 마케팅과 홍보 분야의 전문가들이 더 많이 요구될 것으로 보입니다.

**이름**: 황민혁

**나이**: 43세

**직업**: 외국계 기업 기술마케팅 팀장

기술마케팅은 여러분에게 조금 낯선 용어일 텐데요. 기술이나 발명 아이디어 등을 제품으로 만들 수 있는 기업을 대상으로 마케팅해서 그 기술을 판매하는 것입니다. 특허나 디자인, 상표 등 무형의 지식재산권을 거래하도록 돕는 역할이지요.

고등학교 시절 민혁 씨는 화학자를 꿈꿨습니다. 그러나 연구실에 틀어박혀 연구만 하면서 살고 싶지는 않았습니다. 그러다 직업 탐색을 하는 과정에서 마케팅 분야에 관심을 갖게 됐습니다. 과학자와 마케터 중 어느 쪽을 택해야 할지 고민하던 민혁 씨는 두 가지를 결합한 직업인 기술마케팅을 알게 되면서 방향을 정했습니다. 연구원으로 일하다 그 경험을 활용해 기술마케터가 되겠다는 목표였습니다.

진로 계획에 따라 민혁 씨는 화학과에 진학해서 마케팅을 부전공으로 택했습니다. 그리고 화학으로 석사학위까지 딴 다음 연구소에서 경력을 쌓았고, 계획보다 조금 이른 31세에 외국계 기술마케팅 회사로 이직해서 현재 팀장으로 일하고 있습니다. 이 회사에서 한국 지사의 CEO 또는 본사의 관리자 지위까지 오르는 것이 민혁 씨의 다음 목표입니다.

**이름**: 정재민

**학년**: 중학교 2학년

재민이는 스포츠라면 껌벅 죽는 학생입니다. 운동을 직접 하는 것은 별로지만 보는 것은 무척 좋아합니다. 운동에는 소질이 없으니 스포츠와 관련된 다른 직업이 없을까 고민하다가 스포츠 마케터에 대해 알게 됐습니다. 스포츠 에이전트는 운동선수나 스포츠클럽을 대신해서 연봉 협상, 광고 출연 등의 계약을 처리하는 일을 합니다. 따라서 스포츠뿐만 아니라 마케팅, 법, 광고 등 다양한 지식이 필요하지요.

재민이는 이 직업에 대한 정보와 지식을 찾으면서 진로 로드맵을 그려나갔습니다. 이제 진로를 설계하는 법을 알게 됐으니 나중에 혹시 꿈이 바뀌더라도 대처할 수 있는 자신감이 생겼다고 합니다.

**목표** → 국내 연구 발전에 기여하는 (연구자를 위한) 마케팅 전문가(MKT)

| 시기 | 20~25세 | 26~28세 | 29~31세 |
|---|---|---|---|
| 시기별 목표(지위) | • 대학 전공(화학과)<br>• 부전공(마케팅) | • 군대 전역<br>• 대학원 입학(화학 분야) | • 대학원 석사 졸업<br>• 관련 연구소 입사 |
| 해야 할 공부<br><br>갖춰야 할 자격(증) | • 전공과목 상위성적 유지<br>• 광고회사 경험 갖기<br>• 포토샵 기능 독학<br>• 무역 관련 공부 | • 학교 연구실 소속 연구원 활동<br>• 대학원 성적 올 A+<br>• 관심 분야 기술논문 섭렵<br>• 영어 실력 높이기 | • 석사학위 취득<br>• 연구소 입사에 필요한 분야별 자격증 취득<br>• 경영학 기초 쌓기<br>• (선후배들과) 연구 논문 세 편 이상 쓰기 |
| 네트워크 (인맥) | • 화학 전공하는 선후배<br>• 관련 교수님들<br>• co-work 하는 기업연구소 마케팅 전공자 친구 | • 화학 전공하는 선후배<br>• 관련 교수님들<br>• co-work 하는 기업연구소 마케팅 전공자 친구 | • 각종 연구소의 선배들과 친목 도모<br>• 다른 분야 연구생들과 관계 유지<br>• 교수님과 지속적인 연구 관계 |
| 가장 소중한 역할 | • 성실한 학생<br>• 집안일 도와주는 아들 | • 시간을 허비하지 않기 위해 최선을 다하는 군인<br>• 최선을 다하는 학생 및 연구원 | • 최선을 다하는 학생 및 연구원<br>• 선후배들에게 도움이 되는 선배이자 후배 |
| 필요한 경비 | • 대학 등록금<br>• 생활비 | • 영어 교육비<br>• 생활비 | • 대학원 등록금<br>• 생활비 |

## 멘토의 진로 로드맵

| 32~40세 | 41~48세 | 49~60세 |
| --- | --- | --- |
| • 다양한 연구자들 간에 매개체 역할<br>• 외국계 기술마케팅 회사로 이직(연구소 경력을 활용) | • 기술마케팅 팀장<br>• 회사 중역으로서의 포지션 | • 지사장 또는 본사 경영자 |
| • 경영학 관련 강의 듣기<br>• 시장 파악 및 소속 회사의 위치 확인<br>• 관련 분야 전문가로서의 능력 갖추기(기술, 소통, 영업 능력 등)<br>• 외국어(협상과 소통을 위한 영어 실력)<br>• 법 관련 지식 쌓기(기술 관련 규제사항들에 대한 정보) | • 제2외국어 회화 능력 키우기<br>• MBA 교육 과정<br>• 회계 관련 공부하기 | • 세계시장 분석을 통한 한국시장의 연구 방향성 확인<br>• 한국 사회에 기여할 수 있는 기술 개발(사회공헌 프로그램 등)<br>• 리더십을 위한 공부 및 훈련 |
| • 외국계 회사 본사 매니저<br>• 기업/국가 연구소 및 전문 분야의 박사님들, 학교 교수님들<br>• 학회 및 협력사<br>• 선후배 및 회사 직원들 | • 본사 경영진 및 관리자<br>• 국내 교수님들과의 네트워크<br>• 각국 매니저 | • 본사 경영진 및 관리자<br>• 국내 교수님과의 네트워크<br>• 각국 매니저 |
| • 회사에서 꼭 필요로 하는 기술 마케팅 전문가<br>• 충실한 남편, 자상한 아빠<br>• 선후배 및 관련 협력사들 간 소통 창구 역할 | • 직원들에게 모범이 되는 능력 있는 팀장<br>• 자녀들의 친구 같은 아빠<br>• 부모님의 든든한 아들 | • 친구 같은 남편<br>• 직원들의 멘토 역할<br>• 친구들 간 소통 창구 역할 |
| • 외국어 공부 및 그 외 자기계발비<br>• 차량 유지 및 생활비<br>• 결혼 자금 및 자녀 양육비 | • MBA 취득비<br>• 영어 교육비<br>• 가정생활비<br>• 네트워크 유지비 | • 가정생활비 및 노후생활비<br>• 기술개발비<br>• 자기계발비 및 네트워크 유지비 |

## 목표 스포츠 선수들을 뒷받침하는 스포츠 마케터

| 시기 | 20~25세 | 26~33세 | |
| --- | --- | --- | --- |
| 시기별 목표(지위) | • 연세대학교 또는 고려대학교 경영학과 입학 | • 국내 스포츠 에이전시 취직 | |
| 해야 할 공부 / 갖춰야 할 자격(증) | • 언어, 외국어 만점<br>• 수학 3% 이내<br>• 스포츠 마케터 직업 탐방 | • 제2외국어 공부<br>• FIFA 공인 에이전트 자격증<br>• ILS 코퍼레이션 같은 기관에서 공부<br>• 교환학생 프로그램<br>• 영어 어학연수 | |
| 네트워크 (인맥) | • 같은 꿈을 가진 친구들<br>• 인터넷 카페 회원들 | • 대학 친구, 교수님<br>• 인터넷 카페 회원들 | |
| 가장 소중한 역할 | • 듬직한 아들 | • 믿음직한 사원 | |
| 필요한 경비 | • 대학 학비 | • 어학공부 비용<br>• 자격증 취득 비용 | |

| | 34~39세 | 40~45세 | 46세 이후 |
|---|---|---|---|
| | • 미국이나 영국의 에이전시 취직 | • 스포츠 에이전시 창업<br>• 50명 정도의 선수들 관리 | • 선수 관리하면서 강의하기 |
| | • 직장 경력 쌓기<br>• 외국어 공부<br>• 경기 보러 다니며 선수들 발굴하기 | • 마케터들과 끊임없이 교류하기<br>• 선수들과 친밀해지기 | • 스포츠경영 강의하기<br>• 체력 키우기 |
| | • 회사 동료들<br>• 스포츠 선수들 | • 스포츠 선수들<br>• 동료들 | • 학생들<br>• 스포츠 선수들 |
| | • 신뢰 가는 스포츠 마케터<br>• 좋은 남편 | • 최고의 스포츠 마케터<br>• 이해심 많은 아버지 | • 좋은 교수<br>• 사람들에게 도움을 주는 사람 |
| | • 어학공부 비용 | • 에이전트 회사를 차리기 위한 비용 | • 체력단련 비용<br>• 강의를 위한 연구비 |

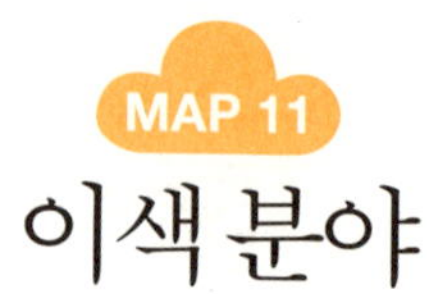

# 이색 분야

세상의 변화에 따라 수많은 직업들이 사라지고 생겨납니다. 예를 들어 2014년에는 정부가 사립탐정, 이혼상담사, 정신대화사, 사이버 평판관리사 등 국내에 없는 신종 직업 44개를 육성하겠다는 계획을 발표하기도 했지요. 사회가 변하면 사람들에게는 새로운 필요가 생깁니다. 그러면 그 필요를 충족시키기 위한 직업들이 탄생합니다. 아직은 생소하거나 많은 사람들이 찾지 않는 직업일지라도 비전과 전망이 있으면 도전해볼 가치가 있습니다.

남들이 하는 것을 따라 하기보다 새로운 일을 개척하고 도전하는 것을 좋아한다면 이색 분야를 탐색해보세요. 지금은 이색 분야지만 머지않아 인기 많고 대중적인 직업이 되어 있을지도 모릅니다. 우리나라에는 아직 드물지만 외국에서는 활성화된 직업을 찾아보는 것도 좋은 방법입니다.

## 멘토의 진로 로드맵

**이름**: 조인혜
**나이**: 32세
**직업**: 웨딩플래너

웨딩플래너는 말 그대로 웨딩(결혼)을 플랜(계획)해주는 사람입니다. 예비 신랑신부가 원하는 결혼식을 만들어주는 것이지요. 웨딩플래너는 드레스, 메이크업, 결혼식 장소 등 결혼 과정의 모든 것을 계획하는 한편, 고객과의 관계를 잘 형성하고 유행에도 민감해야 합니다. 또 계획을 잘 짜고 차질 없이 진행하기 위해서는 꼼꼼함도 필요하지요.

어려서부터 계획 짜는 것을 좋아하던 인혜 씨는 고등학교 시절 진로탐색을 하면서 웨딩플래너라는 직업을 접하고 금세 마음이 끌렸습니다. 일생일대의 중요한 이벤트를 내 손으로 기획해서 꿈의 결혼식을 현실로 만들어준다는 점이 정말 매력적이었습니다.

부모님이 꼭 4년제 대학에 가기를 바랐기 때문에 인혜 씨는 철학과나 심리학과에 가겠다는 계획을 세웠습니다. 웨딩플래너는 사람을 많이 상대하고 고객과의 관계가 중요하므로 사람을 잘 이해하는 능력이 필요하다고 판단한 것이지요. 인혜 씨는 계획한 대로 심리학과에 진학했고, 대학을 졸업하자마자 웨딩컨설팅 회사에서 일을 시작했습니다. 그후 같은 회사의 팀장을 거쳐 더 큰 회사에 실장으로 입사했습니다. 현재 실장으로서 많은 직원들에게 자신의 노하우를 전해주고 있습니다.

인혜 씨는 36세가 되면 자신의 회사를 시작하기 위해 경영 공부를 하고 저축도 열심히 합니다. 50대에는 웨딩플래너학과의 교수가 되어 제자들을 양성하고, 60대에는 웨딩숍과 꽃집을 결합한 웨딩 플라워숍을 여는 것을 목표로 하고 있습니다.

## 친구의 진로 로드맵

**이름**: 이성훈
**학년**: 고등학교 1학년

성훈이는 파충류를 번식시키는 브리더가 되고 싶다는 이색적인 꿈을 가졌습니다. 그만큼 열정과 탐구심도 대단한 학생입니다. 사실 예전에는 막연히 흥미만 좇았고 공부에는 관심이 없었습니다. 그러나 진로 로드맵을 작성하면서 자신의 흥미를 진학으로 연결하게 됐습니다. 꿈을 더욱 명확하게 설정하고, 한결 구체적이고 체계적인 계획을 세울 수 있었지요. 무엇보다 성훈이는 진로 로드맵 덕분에 학교생활과 흥미 사이에서 균형을 잡게 되었습니다.

## 사람들과 깊이 공감할 줄 아는 진정성 있는 웨딩플래너 업계의 대가

| 시기 | 19~23세 | 24~26세 | 27~28세 | 29~35세 |
|---|---|---|---|---|
| 시기별 목표(지위) | • 철학과 및 심리학과 진학(사람에 대한 이해 높이기) | • 웨딩 R컨설팅 회사 취업(직원)<br>• 실제 현장 경험 쌓기 | • 웨딩 잡지사 업계 컨설팅 회사 팀장 | • 대형 컨설팅 회사 실장 |
| 해야 할 공부<br><br>갖춰야 할 자격(증) | • 다양한 분야의 사람들 만나는 동아리 활동<br>• 결혼 시장 관련 브랜드에 대한 지식 축적(패션, 액세서리 등)<br>• 이미지 메이킹 방법론 배우기 | • 웨딩업체 정보 축적<br>• 업계 네트워킹<br>• 다양한 분야 및 그 사람들에 대한 이해 높이기<br>• 웨딩 전문가로서의 자질 쌓기 | • 예식 진행<br>• 웨딩 카페 및 블로그를 통한 고객 유치방법 공부 및 실행<br>• 개인 플래너로서의 역량 키우기 | • 예식 진행<br>• 웨딩 박람회 기획 및 진행<br>• 신입직원 교육<br>• 플로리스트 자격증 취득<br>• 결혼 및 출산 |
| 네트워크 (인맥) | • 다양한 동아리 활동을 통해 인맥 쌓기 | • 관련 업체와의 좋은 관계 유지(이미지 메이킹) | • 진행 신부와의 네트워킹 형성<br>• 관련 업체와 좋은 관계 유지<br>• 팀 직원과의 관계 | • 진행 신부와의 네트워킹 형성<br>• 관련 업체와 좋은 관계 유지<br>• 투자자금 유치를 통한 관계 형성 |
| 가장 소중한 역할 | • 자유로운 대학생<br>• 연애하는 여대생 | • 예비 플래너로서 충실한 팀원 | • 전문적인 플래너<br>• 부모님의 든든한 장녀 | • 전문적인 플래너<br>• 남편의 동반자<br>• 든든한 장녀<br>• 후배들에게 모범이 되는 실장 |
| 필요한 경비 | • 학비: 부모님 의지<br>• 생활비: 월 40만 원(아르바이트) | • 생활비: 월 70만 원(아르바이트) | • 생활비: 월 90만 원<br>• 적금: 월 50만 원 | • 생활비: 월 120만 원<br>• 결혼 자금 준비: 월 100만 원 |

| 36~40세 | 41~50세 | 51~60세 | 61세 이후 |
|---|---|---|---|
| • 웨딩 컨설팅 회사 오픈 | • 웨딩 컨설팅 회사 운영<br>• 웨딩플래너학과 교수 | • 웨딩플래너 학과 교수 | • 서울 근교에서 자연과 더불어 살기<br>• 웨딩 플라워숍 운영 |
| • 예식 진행<br>• 경영지식 습득<br>• 경영 노하우 축적 및 경험<br>• 예산 관리, 기획, 계약, 협상, 현장 관리, 사후 평가 등의 지식과 경험 | • 나만의 강의 커리큘럼 만들기<br>• 프레젠테이션 스킬 습득<br>• 웨딩 관련도서 출간 | • 웨딩 플라워숍 운영 준비<br>• 웨딩플래너 분야 제자 양성 | • 플라워숍 운영에 관련된 지식 습득<br>• 꽃에 대한 지식 습득<br>• 건강에 대한 지식 습득 |
| • 진행 신부와의 네트워킹 형성<br>• 업체와 전략적인 관계 유지 | • 다른 업종 대표들과의 관계<br>• 컨설팅 관련 업체와의 관계 유지 | • 다른 업종 대표들과의 관계 형성 | • 플라워숍 운영에 도움이 되는 사람들과 함께하기 |
| • 정직한 엄마<br>• 경영자로서의 역할<br>• 든든한 장녀<br>• 직원들에게 정직한 리더로서의 역할 | • 친구 같은 엄마<br>• 귀감이 되는 교수<br>• 든든한 장녀<br>• 직원들에게 정직한 리더로서의 역할 | • 친구 같은 아내<br>• 귀감이 되는 교수<br>• 든든한 장녀<br>• 친구 같은 엄마 | • 남편의 영원한 동반자<br>• 친구 같은 엄마 |
| • 회사 운영비: 월 1,000만 원<br>• 노후 자금: 월 50만 원<br>• 적금: 월 100만 원<br>• 자녀 교육비 월 100만 원 및 부모님 용돈 월 30만 원 | • 회사 운영비: 월 3,000만 원<br>• 자녀 교육비 월 120만 원 및 부모님 용돈 월 50만 원<br>• 노후 자금: 월 50만 원<br>• 적금: 월 100만 원 | • 부모님 용돈: 월 50만 원<br>• 노후 자금: 월 50만 원<br>• 적금: 월 100만 원 | • 부모님 용돈: 월 50만 원<br>• 노후 자금으로 웨딩 플라워숍 오픈 |

## 파충류에 대해 연구하는 한국 최고의 브리더

| 시기 | 17~19세 | 20~29세 | |
|---|---|---|---|
| 시기별 목표(지위) | • 중앙대 동물생명공학과 입학<br>• 레오파드게코 부화시키기 | • 중앙대학교 동물생명공학과 장학생<br>• 펫테일게코 부화시키기 | |
| 해야 할 공부<br><br>갖춰야 할 자격(증) | • 수학, 영어 3등급 이상<br>• 입학사정관제 준비<br>• 파충류에 대한 공부 | • 나만의 사육방 만들기<br>• 유튜브에 파충류 관련 동영상 올리기<br>• 촬영법 공부하기<br>• 영어, 일본어 공부(세계적인 브리더들과 원활한 의사소통 위함) | |
| 네트워크 (인맥) | • 같은 꿈을 가진 친구들<br>• 파충류를 주로 다루는 대학교 수<br>• 해외의 개인 브리더 | • 파충류계의 대부들과 친분 쌓기<br>• 파충류 수의사 | |
| 가장 소중한 역할 | • 자랑스러운 아들 | • 동물을 사랑하는 사람<br>• 자랑스러운 아들<br>• 자랑스러운 남편 | |
| 필요한 경비 | • 파충류 입양 비용(50만~100만 원) | • 카메라 장비<br>• 사육방 만드는 비용(약 10평, 80만 원) | |

| | 30~39세 | 40~59세 | 60세 |
|---|---|---|---|
| | • 파충류 300마리 이상 관리하는 능력 있는 브리더 | • 20여 종 이상의 파충류들 부화시키는 브리더 | • 파충류 브리더계의 대가<br>• 파충류 분야의 명강연자<br>• 브리더 양성을 위한 교육 기관 설립 |
| | • 사육방 규모 넓히기<br>• Reptile Show 참가<br>• 나만의 웹사이트 만들기<br>• 웹사이트 관리하는 법 배우기<br>• 다양한 파충류에 대한 심화 학습 | • 파충류에 대한 연구 계속하기<br>• 해외로 파충류 채집 가기 | • 파충류 관련 도서 집필하기<br>• 강연 위해 연구 게을리하지 않기 |
| | • 파충류 종류별 브리더 | • 파충류 종류별 브리더 | • 파충류 종류별 브리더<br>• 파충류계의 후배들<br>• 출판사 편집자 |
| | • 한국 최고의 브리더<br>• 자랑스러운 아들, 남편 | • 세계 최고의 브리더<br>• 자랑스러운 아버지 | • 브리더계의 전설<br>• 존경받는 할아버지 |
| | • 사육방 전세금<br>• 개체 입양비<br>• Reptile Show 경비 | • 서울 근교에 작은 땅 구입하고 건물 지을 비용 | • 교육기관 설립 비용<br>• 출판 관련 비용<br>• 노후 비용 |

ROAD
MAP

## Special Thanks to

진로코칭에 몸담은 짧지 않은 세월 동안 수많은 학생, 학부모, 그리고 롤모델 및 멘토들을 만나는 것은 그 자체로 배움의 시간이었다. 그들과 더불어 웃고 울고, 고민하고 토론하면서 함께 성장하고 있음을 깨닫는다. 이 책에는 저마다 다른 장벽에 가로막혀 어찌할 바를 모르다 진로설계를 통해 벽을 돌파한 학생들과 자식의 등 뒤를 지켜준 부모들의 숨결이 묻어 있다. 그리고 인생의 후배들을 위해 분야별 멘토링을 아끼지 않았던 직업인들의 심지 깊은 마음 또한 담겨 있다.

특히 김하림, 조동훈, 김용성, 임지언, 정현호, 김나영, 황대식, 양예린, 박찬진, 이상형, 이송희, 김하연, 이재명, 이예찬, 박지훈, 김승찬, 정민정 학생에게 감사의 마음을 전하고 싶다. 그리고 후배들의 진로 찾기에 도움을 주고자 한 김주순, 이용철, 권혁남, 임락형, 박용수, 손새봄, 김성욱, 정지연 멘토에게 존경과 감사의 마음을 표한다. 무엇보다 늘 넘치는 사랑으로 학생들과 함께해주는 TMD교육그룹의 진로코치 정윤경, 정윤숙, 박찬화, 안신희 컨설턴트에게도 고마움을 전하고 싶다. 마지막으로 내 인생의 로드맵에 함께하시는 하나님께 감사드린다.